KB237030

형식의미론과 인지의미론에서 본 어휘의미론

형식의미론과 인지의미론에서 본 어휘의미론

형식의미론과 인지의미론에서 본 어휘의미론

오예옥 지음

도서출판 역락

20세기의 언어학의 흐름을 지배해 온 객관주의자들은 언어의 의미를 세상에 관한 언어사용자의 경험이나 이해와 상관없이 이미 객관적으로 주어진 것, 그리고 고정된 것이라고 간주해 왔다. 이와 반대로, 주관주의자들은 언어의 의미는 개인적인 것, 전체적인(totalitär) 것, 수학공식처럼 정형화될 수 없는 어떤 것, 구조적으로 분석될 수 없는 어떤 것이라고 간주해 왔다. 이와 같은 객관주의와 주관주의의 장점은 살리고, 약점은 극복하고자 했던 인지론자들은 인간의 언어능력을 태어난 후 환경 속에서 이루어지는 경험과 더불어서 형성되어 가는 개념과 인지기능을 표현하는 능력으로 간주한다. 이는 인간의 언어능력을 외부세계의 경험과는 무관한 보편적, 선험적인 것이라고 보는 객관주의자들의 입장과는 완전히 다른 입장이 된다.

이 책에서는 객관주의적 입장에서 출발한 형식의미론과 객관주의와 주관주의의 문제점들을 보완하고자 했던 인지의미론에서 언어의 의미가 어떻게 상이하게 설명될 수 있는가를 토론해 봄으로써 언어의 의미가 장차 어떠한 방향으로 연구되어야 할 것인지를 독자들과 함께 생각해 보고자 한다.

인간의 언어능력을 상이하게 규정하는 객관주의자들과 인지론자들은 세상과 그 세상 속에 존재하는 인간 또한 상이하게 규정한다. 객관주의자들은 세상을 그 안에 존재하는 인간이 어떻게 그것을 경험하고 이해하는가 하는 것과는 상관없이, 마치 전지전능한 신에 의해 창조된 하나의 완전무결한 구조물로 보고, 인간은 그러한 구조물을 이해할 수 있는 초월적 이성을 지닌 존재로 본다. 인지론자들은 세상은 고정된 것이 아니고 변화무쌍한 것으로 보고, 인간은 오히려 동일한 외부적인 환경 속에서 세상을 경험하고 이해하는 환경구속적, 경험구속적 존재이므로, 신과 달리 완벽한 세상을 구성할 수도 없고, 이해할 수도 없는 것으로 본다. 그렇다면 두 입장에서 언어의 의미가 상이하게 분석되는 것은 당연한 일이 될 것이다. 예를 들면, 이 책의 연구대상인 조어의 다의적 현상도 형식의미론자들에 의하면 언어사용자의 세상경험과는 무관한 언어자체의 정적인 현상으로서 이미 객관적으로 주어지고, 고정된 것으로 설명되는 반면, 인지의미론자들에 의하면 세상경험과 더불어 진행되는 언어사용자의 사고와 관련된 현상으로서 원형, 은유, 환유같은 마음의 상상의 구조를 통해 동적인 것으로 설명된다.

이 책은 필자가 20여 년 동안 어휘의미론을 연구하고 가르치는 과정에서 얻은 성과와 경험들을 모아 놓은 것으로, 크게 전통적 어휘의미론, 형식적 어휘의미론, 인지적 어휘의미론 등의 세 부분으로 구성된다.

2장에서는 동의관계, 반의관계, 하위/상위관계 등 뜻의 관계에 의거한 의미분석, 의미장이론에 의거한 의미분석과 동사의 결합가/의미역에 의거한 의미분석 등 전통적 어휘의미론에서 토론되고 있는 단어의 의미분석이 다루어진다.

3장과 4장에서는 형식의미론에 의거한 어휘의미론에 관한 토론이 진행된다. 3장에서는 구조주의 의미론에서 시작되어 60년대, 70년대의 생성문법론자들에 의해 이론적인 발전을 보게 된 성분분석론에 관한 토론이 이루어진다. 4장에서는 형식의미론자들의 입장에 의거하여 -er-명사, 축소명사, 사건명사, 그리고 합성어의 다의적 현상을 분석한다. 이를 통해 접미사는 다의형태소인 동시에 파생명사의 의미를 규정하는 의미핵으로 간주되어야 한다는 점이 밝혀지게 된다. 그러나 형식의미론자들의 이러한 입장은 조어의 다의적 현상을 설명하는데 심각한 문제를 불러일으키게 된다는 점도 밝혀지게 될 것이다.

5장에서 9장까지는 형식의미론자들이 안고 있는 문제점들을 해결할 방법을 모색하기 위해 인지의미론에 관해 토론한다. 5장에서는 인지의미론을 수용하게 된 배경을 설명하고, 세상을 경험하는 가운데 마음의 상상을 펼침으로써 얻게 되는 원형, 은유, 환유 등의 개념을 소개한다. 6장, 7장, 8장에서는 각각 다의어로 사용되는 -er-명사, 축소명사, 사건명사의 다의적 현상을 5장에서 소개한 원형, 은유, 환유 등의 개념을 통해 설명한다. 9장에서는 한정어와 피한정어의 어휘적 의미로부터 경험적으로 얻어낼 수 있는 개념들 간의 양립가능한 관계를 통해서 합성어의 다의적 현상을 설명한다. 토론 결과 조어의 다의어현상은 문법현상으로 설명할 수 있는 언어 자체의 문제가 아니라, 세상경험과 더불어서 동적으로 이루어지는 인간의 사고와 관련된 문제임이 밝혀지게 된다.

형식의미론자들과 인지의미론자들은 인간의 언어능력을 상이하게 규정하기 때문에 명사접미사에 관한 입장에 있어서도 다를 수밖에 없다. 형식의미론자들에게는 명사접미사가 자기 고유의 여러 가지 의미를 갖는 다의형태소인 동시에 파생명사의 의미를 규정하는 의미핵으로 간주될 수 있는 반면, 인지의미론자들에게는 명사접미사가 기저와 결합하지 않은 상태에서는 아무런 의미나 기능을 갖지 않고, 기저와 결합할 때 비로소 해당명사의 원형의미를 규정하는 기능소의 역할을 하는 것으로 간주될 수 있다. 10장에서는 이에 관한 토론이 이루어진다.

이 책에서는 주로 -er-명사, 축소명사, 사건명사, 일부 합성어의 다의적 현상을 토론했다. 접두파생어나 형용사파생어, 나머지 합성어의 다의적 현상까지 함께 설명했더라면 조어의 다의적 현상에 관한 좀 더 폭넓고 설득력 있는 설명이 될 수 있었을 터인데, 이 작업은 아쉽게도 다음 기회로 미루어지게 되었다. 끝으로, 이 책에서는 주로 독일어 예들이 등장하지만, 이 책에서의 논의는 한국어, 영어, 일본어, 중국어 등 독자들이 연구하고 있는 다른 개별 언어들에서 나타나는 다의어현상을 분석하는 데에도 참고가 되리라 믿는다.

학자로서의 길이 쉽지 않음은 글을 쓸 때마다 느끼는 바이지만, 이 책을 준비하는 과정에서는 특히 이를 절감하지 않을 수 없었다. 특정 이론들을 이해하는 것도 쉽지 않지만, 그것의 문제점을 구체적인 자료를 통해 밝혀내고, 그 문제점들을 해결하는 데 도움이 될 적절한 이론을 받아들여 그것의 타당성을 검증하는 것에 이르기까지의 작업은 모두 그리 쉬운 작업이 아니었다. 그렇게 힘을 들여 보았지만, 이 책에서 다룬 이론이란 것들도 결국 남들이 만들어 놓은 이론들이다. 남들이 해결 못하는 많은 문제점들을 시원하게 해결해 줄 자신의 독창적 이론을 만들어 낸다는 것이 외국어를 연구하는 언어학자에게는 언제까지나 그저 꿈으로 남을 수밖에 없는 것일까 싶어서 회의와 쓸쓸함을 떨쳐버릴 수 없었다. 그럼에도 불구하고 지금까지 나온 방법들을 연구·검토하고 앞으로의 언어의미의 연구방향을 제시하는 데에 있어서 이 책이 기여하는 바가 있다면 약간이나마 그 회의와 쓸쓸함이 달래질 것이다.

독일어를 모르는 독자들을 위해 이 책에서 예로 제시된 독일어문장이나 텍스트들은 한글로 번역되었다. 그러나 번역과정에서 몇 가지 경우들이 발생하였다. 첫째, 독일어문장이나 텍스트에 나타난 저자나 화자의 감정이나 의도들이 번역된 한글문장이나 텍스트에 제대로 표현되지 않은 경우들이 있다. 둘째, 비문의 독일어문장을 한글문장으로 번역하면, 오히려 번역된 한글문장이 정문이 되는 경우가 있다. 셋째, 정문의 독일어문장을 한글문장으로 번역하면, 오히려 번역해 놓은 한글문장이 비문이 되는 경우가 있다. 이 모든 경우들은 필자의 완전하지 못한 번역능력의 탓으로 돌리겠다.

이 책이 독자들 앞에 모습을 드러낼 수 있게 되기까지 물심양면으로 도와주

지은이의 말

신 몇몇 분들께 감사의 말씀을 전하는 것을 빠뜨릴 수 없다. 먼저 딸에게 늘 정신적인 힘이 되어주시는 90세의 노부모님, 출판관계를 도와주신 김차균 교수님께 이 자리를 빌어 고마운 마음을 전하고 싶다. 전공서적의 출판 사정이 열악함에도 불구하고 이 글의 출판을 쾌히 승낙해 주신 亦樂 이대현 사장님과 여러분께도 진심으로 감사의 말씀을 전해 드리고자 한다.

2003년 7월 16일
오예옥 씀

차 례

차 례

차 례

차 례

제 1 장 의미분석에 관한 이론적 배경

언어의 의미분석의 이론에 관해 잠시 생각해 보는 것에서부터 시작해 보기로 하자. 언어의 의미분석에 관한 이론적 입장은 두 가지로 대별될 수 있다. 객관주의자들의 입장에서 출발한 형식의미론이 하나이고, 객관주의자들과 주관주의자들의 문제점을 보완하려는 입장에서 출발한 인지의미론이 다른 하나이다.

인지의미론은 비트겐슈타인의 후기철학의 의미사용이론과 무관하다고 볼 수 없다. 주지하듯이, 비트겐슈타인의 철학적 입장은 전기와 후기로 확연하게 구별된다. 그는 전기철학의 핵심을 이루는 의미그림이론에서 언어의 유일한 본질적 기능을 세상구조를 기술하는 것으로 간주한 바 있다. 그리하여 그는 언어사용자의 세상경험에서 단어나 문장의 의미적 다양성을 무시하고 그것들의 지시대상만을 통해 언어의 의미를 규명하고자 했던 바, 이 때문에 언어의미의 다양성을 설명하는 데에는 실패할 수밖에 없었다.

나중 언어의미의 다양성을 인식하게 된 비트겐슈타인은 후기철학에서 어휘들의 의미가 그것들의 쓰임(사용)에 따라 규정되어야 한다고 주장하게 된다.[1] 단어들의 다양한 의미를 바로 그것의 사용에서 규명해야 한다는 비트겐슈타인의 새로운 인식은 바로 비트겐슈타인 자신이 전기철학에서 주장했던 의미그림이론을 포기할 수밖에 없도록 했던 근본적인 이유가 되었다고 볼 수 있다. 이제

---

1) Wittgenstein(1994:44)를 참조할 것.

후기철학의 의미사용이론에서 비트겐슈타인은 언어의 의미를 의미그림이론에서처럼 언어사용자를 배제시킨 상태에서 언어와 세계와의 관계 속에서 규명하는 것이 아니라, 언어와 그것을 사용하는 인간의 관계에 초점을 맞추어 규명하게 된다. 언어가 다양한 세상경험을 하는 인간들에 의해 사용되는 만큼, 그것의 의미는 다양한 세상경험을 언어화하는 과정에서 인간들이 그것을 어떻게 사용하는가에 따라 다양하게 표현될 수 있다고 보게 되었다는 것이다.

필자는 이와 같은 비트겐슈타인의 후기철학에 공감하면서, 자연언어의 다양한 구조와 의미의 복잡성은 언어 자체의 구조를 통해서 해명할 것이 아니라, 끊임없이 변하는 복잡하고 다양한 세상에 관한 경험과 이해의 기반 위에서 인간의 사고의 구조를 통해 해명해야 한다고 본다. 이는 이 책에서의 필자의 이론적 입장이 인지의미론의 그것이 될 것임을 의미하는 것이기도 하다.

이제 이 책에 관해 아주 간단하게 언급해 두고자 한다. 이 책은 인지의미론의 입장에서 다의어로 사용되는 조어의 현상을 설명하는 것을 목적으로 삼는다. 본론에 앞서 먼저 형식의미론과 인지의미론의 발생 배경을 언급하고자 하는데, 이는 이 작업이 조어의 다의적 현상과 관련하여 이 글이 부각시키려고 하는 문제점이 어디에서 유래하게 되었는지를 알아보고, 이 문제점이 앞으로 어떠한 방향으로 연구되어야 할 것인지를 검토하는 작업의 중요한 기초를 제공할 것으로 생각되기 때문이다.

1.1 객관주의자들의 견해

객관주의자들의 의미에 관한 견해는 다음과 같이 몇 가지로 요약될 수 있다.[2] 첫째, 의미는 세상에 관한 사람들의 경험과 이해와는 상관없이 이미 객관적으로 주어진 것이다. 둘째, 의미는 자연언어를 사용하는 사람들의 육체와는 분리된다. 셋째, 단어는 세상에 관한 인간의 경험이나 이해와는 무관하게 항상

---

2) Lakoff/Johnson(1980:198ff.)를 참조할 것.

고정된 의미만을 갖는다. 넷째. 의미론은 진리론이다. 이는 객관주의자들에게는 진리는 객관적이고 절대적인 것이므로, 그들의 최대 관심사는 문장의 의미구조가 어떻게 세상의 구조와 일치할 수 있는가를 보여주기 위한 객관적인 진리조건을 규명하는 것이기 때문이다. 다섯째, 의미는 사용과 상관없이 객관적이어야 하므로, 객관주의자들은 은유적인 것, 환유적인 것, 화맥적인 것, 문화적인 것, 이해방식과 관련되는 모든 주관적인 것을 의미규명에서 배제한다. 여섯째, 의미는 합성성의 원칙에 의거하여 규명된다. 이는 세상을 대상들로 구성된 조직체로 간주하고, 대상을 그들 고유의 속성을 갖는 것으로 보고, 그리고 다른 대상들과 관계를 맺는 것으로 보는 객관주의자들의 세상관에서 비롯된 것이다. 이러한 조직체로 형성된 세상이 언어로 표현되는 과정에서 형식의미론자들은 대상들은 이름으로, 즉 고유명사나 명사구로 표현되고, 대상들이 갖는 고유 속성은 1항 술어로, 그리고 임의의 대상과 다른 임의의 대상 사이의의 관계는 2항 술어로, 그리고 임의의 대상과 여러 대상들 사이의 관계는 다항 술어로 표현되는 것으로 본다. 그러므로 객관주의자들은 합성성의 원칙에 의거하여 복합표현(문장, 구, 조어 등)의 의미를 그것의 구성성분들의 의미의 합으로 규정한다. Lewis(1972), Montague(1970/1973) 같은 형식의미론자들은 이러한 객관주의자들의 입장에 의거하여 어떻게 언어의 의미구조가 언어사용자인 인간의 중재 없이 세상의 구조와 직접 일치할 수 있는가를 보여 주는 의미모델을 제시하고 있다.

　　인간의 언어사용이 고정적, 정태적으로 이루어진다면, 객관주의자들의 견해는 큰 문제없이 계속 학문세계를 지배하게 될 것이다. 그러나 인간의 언어사용은, 앞으로 5장, 6장, 7장, 8장, 9장에서 보게 되겠지만, 인간들의 세상경험이 쌓여감에 따라서 실제로는 아주 역동적으로 발전해 가게 된다. 그러므로 세상에 관한 경험과 이해를 고려하지 않는 객관주의자들의 입장은 이처럼 역동적으로 발전해 가는 언어사용을 설명하는데 한계에 부딪치게 된다. 세상경험이나 이해는 주관적인 것임에도 불구하고, 상상이나 연상과 관련된 원형, 은유, 환유 같은 인간의 사고를 배제시키고, 언어의 의미를 순전히 객관적, 이성적인 것으로 간주하고, 공식에 따라 수학 문제를 풀듯이 언어의 의미를 객관주의적으로 설명하려고 하는 객관주의자들의 견해는 따라서 더 이상 유지될 수 없게 된다.

1.2 주관주의자들의 견해

　　의미에 관한 주관주의자들의 견해는 다음과 같다.[3] 첫째, 의미는 개인적인 것이다. 그러므로 의미는 항상 언어를 사용하는 당사자(주로 화자)에게 의미심장한 것이 되고, 중요한 것이 된다. 나아가서, 그것이 언어사용자에게 의미심장하고 중요해지게 되는 것은 언어사용자의 이성보다는 그의 개인적인 경험이나, 느낌, 상상, 감각 같은 것들에서 비롯되는 것이다. 둘째, 경험은 전체적인(totalitär) 것이므로, 구조를 가지지 않는다. 즉, 구조적으로 분석될 수 없다. 누군가가 인간의 경험을 구조적으로 설명한다면, 이는 완전히 인위적인 것일 것이다. 셋째, 의미는 구조를 갖지 않는다. 그러므로 누군가에게 이해되는 의미는 그의 개인적인 경험, 느낌, 감각의 문제로서 완전히 전체적인 것이므로, 구조를 가질 수 없다. 넷째, 문맥은 구조화되지 않는다. 다섯째, 의미는 정확하게 정의될 수 없다. 왜냐하면 의미는 누군가의 경험, 느낌, 감각적인 통찰에 의한 것이므로 구조화될 수 없고, 아울러 의미를 이해하는데 필요한 문맥도 구조화될 수 없기 때문이다.

　　그러나 의미가 주관주의자들이 말하듯이 화자에게 이해되는 바로 그것이라면, 어떤 화자는 특정한 의미에 관한 경험을 했지만, 그의 대화 파트너인 청자는 그 의미에 관한 경험을 하지 못했을 수도 있고, 했다고 하더라도 화자와는 다른 방식으로 했을 수도 있을 것이므로, 화자와 청자 사이의 의사소통이 성공적으로 이루어지지 못할 수도 있다. 그런데 이 대목에서 주관주의자들은 화자와 청자간의 의사소통이 성공적으로 이루어지기 위해 어떻게 중재되어야 하는가 하는 문제에 관해 어떠한 해결책도 제시하지 않고 있다.[4]

　　간단히 언급한 객관주의자들의 견해와 주관주의자들의 견해는 어떻게 보면 우리의 삶 속에 공존한다고 볼 수 있다. 수학이나 논리학의 문제는 객관주의자들의 입장에 의거하여 더 잘 분석될 수 있을 것이고, 개인의 감정, 느낌 등의 문제는 주관주의자들의 입장에 의거하여 더 잘 분석될 수 있을 것이기 때문이다.

---

3) Lakoff/Johnson(1980:223ff.)를 참조할 것.
4) 주관주의자들의 견해가 갖는 다른 문제점들에 관해서는 Lakoff/Johnson(1980)의 23-29장을 참조할 것.

물론 사람에 따라서, 또 문화에 따라서, 객관주의적 입장과 주관주의적 입장에 의하여 지배를 받는 삶의 비율은 다를 수도 있다. 그러나 문제는 우리들의 언어 사용의 구조가 객관주의나 주관주의 어느 한 쪽의 견해만으로는 충분히 설명될 수 없다는 데에 있다. 이러한 맥락에서 우리들의 언어사용의 구조를 적절하게 설명해 줄 수 있을 것으로 보이는 견해로 Lakoff/Johnson(1980/1998))의 은유론을 살펴보기로 하자.

1.3 Lakoff/Johnson(1980)의 은유론

Lakoff/Johnson(1980)은 화자와 청자가 경험을 공유하지 않은 상태에서 부분적으로나마 성공적인 의사소통이 이루어질 수 있게 해 주는 요인으로 은유를 제시하고, 이를 통해 주관주의자들의 문제점들을 극복하려고 한다. (1)의 예문을 보자.[5]

> (1) Die Inflation **hat** die Grundfeste unserer Volkswirtschaft **erschüttert**.
> 인플레이션이 우리 국민경제의 토대를 **흔들어** 놓았다.

인플레이션에 관해 경험이 없는 사람은 인플레이션이 무엇인지, 얼마나 무서운 것인지 모를 것이다. 그런 사람들을 이해시키기 위해 DIE INFLATION IST EIN GEGNER라는 은유를 제시한다면, 그는 이를 통해 인플레이션이 무엇인지, 얼마나 무서운 것인지를 어느 정도나마 이해할 수 있게 될 것이다. 그는 인플레이션이 말하자면 마치 우리의 적처럼 우리를 공격하거나 해칠 수도 있고, 우리에게서 무엇을 빼앗아갈 수도 있고, 때로는 우리를 파괴할 수도 있는 무서운 힘을 가진 존재임을 이해하게 될 것이다.

Lakoff/Johnson(1980:56ff.)은 은유를 언어(단어)의 문제가 아니라, 인지체계와

---

5) Lakoff/Johnson(1998:22ff.)를 참조할 것.

관련되는 인간의 사고의 문제로 본다. 그러므로 개념들은 순전히 그 자체로서만 이해되는 것이 아니라, 다른 경험들과의 상호작용을 통해 이해된다고 할 수 있다. 예컨대 공간적인 개념 OBEN, UNTEN은 우리의 공간적인 경험과의 상호작용, 즉 우리들의 기립자세와 관련된 운동기능과의 상호작용을 통해 이해된다.[6] 예를 들면 GLÜCKLICH SEIN IST OBEN, TRAURIG SEIN IST UNTEN 같은 개념적 은유는 행복의 감정과 슬픔의 감정을 기립자세 같은 신체적인 경험과의 상호작용에 의거해서 이해될 수 있다.[7] 그리하여 독일사람들은 전자의 은유에 의거하여 (2)와 같은 문장을 발화하고, 후자의 은유에 의거하여 (3)과 같은 문장을 발화한다고 볼 수 있다.[8]

(2가) Ich fühle mich heute **obenauf**. 내 기분은 오늘 **정상에 있다**.

(2나) Meine Stimmung **stieg**. 내 기분은 **상승되었다**.

(2다) Das **beflügelte** meinen Geist. 그것은 내 영혼에 **활기를 복돋아 주었다**.

(2라) Du bist in **Hochstimmung**. 너의 기분은 **최고조다**.

(3가) Ich fühle mich **niedergedrückt**. 나는 기가 **꺾였다**.

(3나) Er ist zur Zeit wirklich **unten**. 그는 지금 정말 **바닥이다**.

(3다) Ich **verfiel** in eine tiefe Depression. 나는 깊은 우울상태에 **빠졌다**.

(3라) Meine Stimmung **sank**. 내 기분은 **가라 앉았다**.

우리들은 누구와 논쟁을 할 때 상대방을 적으로 생각하고, 그를 공격하고, 우리자신을 방어함으로써 이길 수도 있고 패할 수도 있다. 그리고 논쟁을 하는 가운데 우리는 확실한 기반을 얻을 수도 있고, 그렇지 못할 수도 있다. 논쟁에서 이기기 위해 우리는 전략을 짜고, 그 전략을 이용한다. 만약에 우리들이 우리들의 입장을 방어하지 못하면 우리들은 기존의 전략을 포기하고, 새로운 공격선을 취한다. 그러므로 우리들의 언어상의 논쟁은 공격, 방어, 재공격 같은 전쟁의 구

---

6) 공간적인 개념에는 OBEN-UNTEN말고 INNEN-AUSSEN, VORNE-HINTEN, NAH-FERN 등이 포함될 수 있다.

7) 물론 GLÜCKLICH SEIN IST OBEN, TRAURIG SEIN IST UNTEN 같은 개념적 은유는 단순히 신체와 관련되는 것만은 아니고, 광범위한 문화적인 배경과도 관련된다고 본다.

8) (2)와 (3)의 예문은 Lakoff/Johnson(1998:23)에서 인용한 것임.

조를 통해서 이루어진다고 볼 수 있다. 이러한 과정을 생각하면, (4)의 문장에는 ARGUMENTIEREN IST KRIEG같은 개념적 은유가 적용되었다고 볼 수 있다.[9]

(4가) Ihre Behauptungen sind **unhaltbar.**
당신의 주장은 **유지되기가 어렵다.**
(4나) Er **griff** jeden Schwachpunkt in meiner Argumentation **an.**
그는 내 논쟁에서 나타난 모든 **약점을 공격했다.**
(4다) Ich habe noch nie eine Auseinandersetzung mit ihm **gewonnen.**
나는 그와의 논쟁에서 결코 **이겨본** 적이 없다.
(4라) Wenn du nach dieser **Strategie** vorgehst, wird er dich **vernichten.**
네가 이 전략에 따라 먼저 가면, 그는 너를 **섬멸할** 것이다.
(4마) Er **machte** alle meine Argumente **nieder.**
그는 나의 모든 논증을 **무너뜨렸다.**

그러므로 은유를 통해 우리는 이해하기 어려운 단어들을 쉽게 설명할 수도 있게 되고, 쉽게 설명할 수 없는 추상적인 경험들을 이미 알고 있는 구체적인 측면들을 통해 알기 쉽게 표현해 줄 수도 있게 된다. 이처럼 은유는 매우 창조적인 언어표현수단이 되기도 한다.[10] 그래서 우리들은 (5)와 같은 표현들을 할 수 있는 것이다.

(5가) **Frühling** des Lebens 인생의 **봄**
(5나) **pochender** Schmerz **망치로 두들겨 맞는 것 같은** 아픔
(5다) **süße** Stimme **달콤한** 목소리

(5가,나,다)에서는 피어오르는 인생의 시기를 봄에 비유하고, 아픈 고통을 망치로 두들겨 맞는 것에 비유하고, 목소리의 아름다움을 달콤함에 비유하고 있다. 그러므로 은유는 사람들의 언어창조의 수단으로서 의미확장에 중요한 역할을 하는 인간의 사고의 한 유형으로 볼 수 있다.

---

9) (4)의 예문은 Lakoff/Johnson(1998:12)에서 인용한 것임.
10) Schwarz/Chur(1993:108)을 참조할 것.

필자는 객관주의자들과 주관주의의자들의 장점은 살리고, 약점은 극복하고자 하는 Lakoff/Johnson(1980/1998)의 은유론이 매우 유용하다는 판단에서, 인지의미론에 입각하여 다의어로 사용되는 조어의 의미들을 분석해 보고자 한다. 즉, 세상경험과 이해 속에서 형성되는 원형, 은유, 환유 같은 상상의 구조를 통해 조어의 의미들을 분석해 볼 것이고, 이를 통해 20세기 후반부의 언어학의 흐름을 지배해 온 객관주의자들의 입장을 수정, 보완할 수 있는 새로운 대안을 모색해 볼 방향을 제시할 것이다. 이에 관한 토론에 앞서, 2장에서는 전통적으로 의미들이 어떻게 규명되어 왔는가를 볼 것이다.

제2장 전통적 어휘의미론

2.1 뜻의 관계에 의거한 의미분석

사람들은 일상생활에서 사용되는 많은 단어들간의 여러 가지 뜻의 관계를 식별해 낸다. 이러한 식별능력도 인간의 의미론적인 언어능력의 일부로 간주할 수 있으므로, 전통적 어휘의미론에서 제시된 단어들간의 뜻의 관계를 보는 것은 인간의 의미론적인 언어능력을 기술해 본다는 측면에서 의의가 없지 않을 것이다.

2.1.1 동의관계

(1)에서와 같이 소리와 철자만 다르고, 의미는 같은 두 단어는 동의관계에 있는 단어쌍이라고 볼 수 있다.

(1가) Streichholz - Zündholz
(1나) Apfelsinne - Orange
(1다) Samstag - Sonnabend
(1라) anfangen - beginnen

그러므로 (1)에 제시된 동의어쌍들은 그들이 나타나는 문맥에서 서로 교환되는 경우라고 하더라도 결과적으로 의미상의 변화를 일으키지 않는다.[11)

한편, 동일한 대상을 지시한다고 하더라도 상이한 감정상의 평가로 인해 서로 다른 암시적 의미를 나타내는 경우들도 있다.[12) 예컨대 얼굴을 지시하는 독일어 단어들을 보자. 우선 *Gesicht*가 있는데, 이는 아주 중립적인 표현으로서 문체론적인 감정을 나타내지 않는다. 그러나 *Antlitz, Angesicht, Visage*도 마찬가지로 얼굴을 지시하는 단어이기는 하지만, 앞의 두 단어는 고상한 평가를, 그리고 마지막의 단어는 저속한 평가를 나타내는 표현이 된다. 그밖에, (2)에 제시된 동의어쌍들도 상이한 감정을 나타내는 단어들로서 서로 다른 암시적 의미를 표현하는 경우들로 볼 수 있다.

> (2가) sterben - verscheiden - abkratzen
> (2나) Mutter - Mutti - Mama - Mami
> (2다) Lehrer - Pauker
> (2라) Pferd - Gaul - Ross

사람들은 자주 특정한 문맥에서 동일한 대상을 지시하기 위해 서로 다른 표현을 사용하기도 한다. 예를 들면 (3)의 *mein Nachbar*와 *der Arme*를 보자.

> (3) Marias Freund hat sich Selbstmord begangen; der Arme war mondsüchtig.
> 마리아의 친구가 자살을 했어; 그 불쌍한 애는 몽유병환자였어.

(3)에서 *mein Nachbar*와 *der Arme*는 동일한 대상을 지시한다고 하더라도 동의관계에 있는 단어쌍으로 볼 수는 없다. 왜냐하면 동의관계에 있는 단어쌍들은 의미적인 측면에서만 고려되어야 하기 때문이다.[13)

---

11) 그러나 이러한 교환법칙은 동의관계에 있는 모든 단어쌍에 적용되는 것은 아니다. Grewendorf/Hamm/Sternefeld(1987:300ff.)는 *Beerdigung*과 *Bestattung*이 서로 동의관계에 있는 단어라 하더라도 *Feuer*와 결합하여 합성어 *Feuerbestattung*과 *Feuerbeerdigung*을 형성할 경우에 의미상의 차이를 일으킨다고 한다. 그러나 *Beerdigungsunternehmen*과 *Bestattungsinstitut*는 동의관계에 있는 합성어로 간주한다.

12) Vater(1994:164ff.)를 참조할 것.

13) 이에 관해서는 Schwarze(1980:77)를 참조할 것.

2.1.2 하위/상위관계

(4)의 단어쌍들에서 A열의 단어들이 B열에 있는 단어들의 자질들을 모두 갖고 있고, 그 반대는 성립되지 않을 때 A열의 단어들은 B열의 단어들과 하위관계에, 그리고 B열의 단어들은 A열의 단어들과 상위관계에 있다고 볼 수 있다.

```
            A          B
(4가)   Nelke   -  Blume
(4나)   Apfel   -  Obst
(4다)   Frau    -  Mensch
(4라)   Tanne   -  Baum
(4마)   Klavier -  Musikinstrument
(4바)   Auto    -  Fahrzeug
(4사)   bechern -  trinken
```

이 때 각 단어쌍에서 A에 속하는 개체들은 모두 같은 단어쌍의 B에 속할 수 있지만, 역으로 B에 속하는 개체들은 같은 단어쌍의 A에 속할 수 없다. 따라서 하위관계, 상위관계에 있는 단어들은 이행관계에 있을 수는 있지만, 대칭관계에는 있을 수 없다. 예를 들면 *Collie*는 *Hund*의 하위어이고, *Hund*는 *Tier*의 하위어일 때, *Collie*는 *Tier*의 하위어가 된다. 반대로 *Tier*가 *Hund*의 상위어이고, *Hund*가 *Collie*의 상위어라면, *Tier*는 *Collie*의 상위어가 된다. 그러나 *Collie*가 *Hund*의 하위어이고 동시에 *Hund*가 *Collie*의 하위어일 수 없듯이, *Hund*가 *Collie*의 상위어이고 동시에 *Collie*가 *Hund*의 상위어일 수 없다.

2.1.3 양립불능관계

두 단어 A와 B가 양립불능의 관계에 있으려면 A가 지시하는 집합에 속하는 동시에 B가 지시하는 집합에도 속하게 되는 개체가 없어야 한다. 예를 들면 *nüchtern*과 *sternhagelvoll*이 양립불능의 관계에 있는 경우로 볼 수 있다. 이 두 단어는 마시는 술의 양에 따라 달라지는 취기의 정도에 있어서의 차이를 나타낸다. 술을 마시는 사람은 어느 누구도 *nüchtern*의 상태와 그리고 동시에 *sternhagelvoll*의 상태에 처할 수 없게 된다. 물론 둘 중의 어느 하나의 상태에 처할 수는 있지만, 동시에 두 상태에 처할 수는 없게 된다. 그러므로 양립불능의 관계는 동일한 영역에서 사용되는 단어들 사이에서 나타나는 의미관계로 볼 수 있다. Linke/Nussbaumer/Portmann(1991:143)은 요일명, 월명, 색깔명 같은 영역에서 사용되는 단어들도 양립불능의 관계에 있는 것으로 본다. 양립불능의 관계에 있는 단어들은 (5가,나)에서와 같이 순서에 따라 열거될 수도 있고, (5다)에서와 같이 그렇지 않을 수도 있다.

    (5가) Sonntag - Montag - Dienstag - ···
    (5나) Januar - Februar - März - ···
    (5다) blau - grün - gelb - rot - ···

(5)의 예들을 일차원적인 측면에서 분석될 수 있는 양립불능의 관계로 본다면 (6)의 단어들은 다차원적인 측면에서도 분석될 수 있는 양립불능의 관계로 볼 수 있다.[14]

    (6가) Bach - Teich - Fluss - See - ···
    (6나) klirren - scheppern - rasseln - ···
    (6다) trippeln - laufen - gehen - ···

(6가,나,다)의 예들은 각각 GEWÄSSER, GERÄUSCH, AUF DEM BODEN AUFRECHT FORTBEWEGEN 같은 상위개념에 속하는 단어들로서 동일한 의미영역 내에서 상이한 규모와 행동방법을 나타내는 소위 '어휘장'을 구성하는 단어들로 볼 수 있다.

---

14) Linke/Nussbaumer/Portmann(1991:143), Vater(1994:173)을 참조할 것.

2.1.4 상보관계

두 단어 A와 B가 상보관계에 있으려면, 서로 양립불능의 관계에 있는 동시에 A에 속하지 않는 모든 개체는 B에, 그리고 B에 속하지 않는 모든 개체는 A에 속해야 한다. 예컨대 *nüchtern*과 *sternhagelvoll*은 비록 양립불능의 관계에 있다고 하더라도 상보관계에 있는 것은 아니다. 왜냐하면 술을 마신 사람들 중에서 *nüchtern*의 상태에도 처해 있지 않으면서 *sternhagelvoll*의 상태에도 처해 있지 않는 사람들이 있을 수 있기 때문이다. 그러므로 상보관계는 임의의 개체들을 두 가지의 그룹으로만 분류할 수 있을 때에 비로소 성립될 수 있게 된다. 따라서 (7)의 예들은 상보관계에 있는 단어쌍들로 볼 수 있다.

> (7가) tot - lebendig
> (7나) männlich - weiblich
> (7다) ledig - verheiratet

상보관계는 (8)에서와 같이 부정접두사나 부정사로 표현될 수도 있다.

> (8가) endlich - unendlich
> (8나) Maria ist im September geboren. - Maria ist nicht im September geboren.
> 마리아는 9월에 태어났다. - 마리아는 9월에 태어나지 않았다.
> (8다) Der Hase ist tot. - Der Hase ist nicht tot.
> 토끼는 죽었다. - 토끼는 죽지 않았다.

그러나 논리적으로 상보관계에 있는 단어쌍이라고 해서 현실세계가 꼭 그 두 가지 그룹으로만 파악되는 것은 아니다. 예컨대, 사람들의 혼인상태나 가족상황을 나타내는 *verheiratet*와 *ledig*는 상보관계에 있다고 볼 수 있는 단어쌍이지만, 현실세계에서는 *verheiratet - ledig - geschieden - verwitwet*에서와 같이 이혼한 상태, 과부(홀아비)가 된 상태 등이 끼어들 수도 있도록 되어 있다.[15]

---

15) Schwarze(1980:80)를 참조할 것.

2.1.5 반의관계

뜻의 측면에서 서로 대립적인 관계에 있는 (9)의 단어쌍들은 반의관계에 있는 예들로 볼 수 있다.

(9가) groß - klein
(9나) krank - gesund
(9다) gut - schlecht/böse
(9라) alt - jung/neu
(9마) hoch - tief

(9)의 예들은 척도를 나타내는 형용사로서 상보관계에 있는 형용사들과 달리 비교변화를 하게 된다. 왜냐하면 척도는 두 단계로만 표현될 수 있는 것이 아니라, 오히려 양극사이에 존재하는 여러 중간단계들을 통해 표현될 수 있는 경우들이 많기 때문이다. 예를 들면 *warm*의 반의어는 *kalt*인데, *warm*의 상태와 *kalt*의 상태사이에 *lau*나 *lauwarm*같은 중간단계가 있다. 이러한 중간단계는 반의관계에 있는 단어들과 그들의 부정간의 추론관계를 통해서도 알 수 있다.[16) 이와 관련하여 (10가,나)와 (11가,나)를 보자.

(10가) Hans ist nicht groß. 한스는 키가 크지 않다.
(10나) Hans ist klein. 한스는 키가 작다.

(11가) Hans ist nicht klein. 한스는 키가 작지 않다.
(11나) Hans ist groß. 한스는 키가 크다.

예를 들어 성인 남성의 표준키를 170cm로 보고, 175cm이상이면 큰 키에, 그리고 165cm이하이면 작은 키에 속한다고 보자. 이 상황을 도표로 나타내면 (12)와 같다.

---

16) Schwarze(1980:78)를 참조할 것.

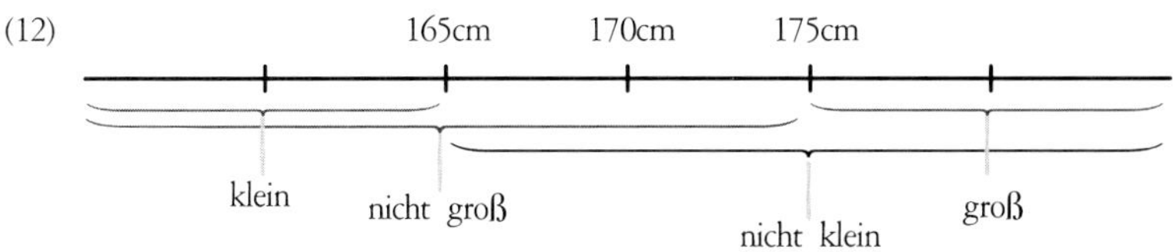

(10가,나)를 도표 (12)에 의거하여 설명해 보자. (10가)에서 말하듯이 한스가 크지 않다면, 한스의 키는 175cm이하라는 것을 알 수 있다. 그리고 (10나)에서 말하듯이 한스가 작다면, 한스의 키는 165cm이하라는 것을 알 수 있다. 그러므로 한스의 키가 실제로 165cm에서 175cm사이에 있을 경우 (10나)는 (10가)에서 추론될 수 없게 된다. (11가,나)도 (12)의 도표를 통해 같은 방법으로 설명될 수 있다. 그러므로 A와 B가 반의관계에 있을 때 "x ist nicht A"에서 "x ist B"가 추론될 수 없고, "x ist A"에서 "x ist nicht B"가 추론될 수 없다. 이러한 점에서 반의관계에 있는 단어쌍들이 자주 비교문장에서 사용되는데, 이는 우연이 아니라는 것을 알 수 있다.

(13가,나)의 예문을 통해 비교급인 *kleiner*와 원급인 *klein*간의 추론관계를 보자.

(13가) Hans ist kleiner als Peter. 한스는 페터보다 작다
(13나) Hans ist klein. 한스는 키가 작다.

예를 들면 한스의 키가 177cm이고, 페터의 키가 180cm일 때 (13가)에서 말하듯이 한스는 페터보다 작다. 그러나 남성의 평균키를 170cm로 볼 경우, 한스와 페터는 둘 다 큰 키의 소유자가 된다. 이러한 상황에서 (13나)에서와 같이 한스는 작다고 말할 수 없다. 그러므로 (13가)는 평균치보다 키가 큰 한스와 페터사이에서 키를 비교하는 경우에 발화될 수도 있으므로, (13나)는 (13가)에 의해 추론될 수 없다.

*groß*와 *klein*은 공간적인 규모를 나타내는 반의관계의 단어들인데 (14)의 예문에서는 이 둘이 함께 사용되고 있다.[17] 따라서 (14)는 일견 모순문장같이 보이지만, 실제로는 이해에 아무 문제가 없는 아주 정상적인 문장이다.

---

17) (14)의 예문에 관해서는 Schwarze(1980:79)를 참조할 것.

> (14) Eine große Maus ist ein kleines Tier.
> 큰 쥐는 작은 동물이다.

왜냐하면 (14)에서 *eine große Maus*는 쥐의 평균적인 크기보다 큰 쥐를 나타내고, *ein kleines Tier*는 동물의 평균적인 크기보다 작은 동물을 나타내므로, 쥐의 평균적인 크기보다 큰 쥐는 동물의 평균적인 크기보다 작은 동물이 될 수 있기 때문이다. 그래서 상보관계의 형용사를 절대적 형용사로 부른다면, 반의관계에 있는 형용사들은 상대적 형용사로 부를 수 있을 것이다.

2.1.6 전환관계(Ⅰ)

전환관계(Ⅰ)은 때로는 넓은 의미의 반의관계로 흡수될 수도 있겠지만, 자세히 보면 그 나름대로의 특징을 갖는다. 즉 전환관계(Ⅰ)은 동일한 사태를 서로 대립되는 입장에서 관찰하는 관계를 말한다. 이와 관련하여 (15)의 단어쌍들을 보자.[18)

> (15가) kaufen - verkaufen (der x kauft vom y das z. - der y verkauft dem x das z.)
> (x는 y한테 z를 산다. - y는 x에게 z를 판다.)
> (15나) Mutter/Vater - Kind
> (15다) hinauf - herauf
> (15라) kommen - gehen (Frieda geht nach Hamburg. - Frieda kommt nach Hamburg.)
> (프리다는 함부르크로 간다. - 프리다는 함부르그로 온다.)

(15가)는 파는 사람의 입장과 사는 사람의 입장에서 관찰될 수 있고, (15나)는 엄마/아버지의 입장과 자식의 입장에서 관찰될 수 있다. 그리고 (15다)는 예를 들면 산 아래에 있는 사람의 입장과 산 위에 있는 사람의 입장에서 관찰될 수 있고, (15라)는 가는 사람의 입장과 맞이하는 사람의 입장에서 관찰될 수 있다. 그러므로 (15가,나,다,라)의 단어쌍들은 동일한 사태를 서로 대립되는 입장에

---

18) 이에 관해서는 Linke/Nussbaumer/Portmann(1991:144)을 참조할 것.

서 관찰될 수 있으므로, 전환관계(Ⅰ)에 놓여 있는 예로 볼 수 있다.

전환관계(Ⅰ)은 일부 능동문과 수동문 사이에서도 일어난다고 볼 수 있다. 예를 들면 (16가)의 능동문은 주는 사람의 입장에서, 그리고 (16나)의 수동문은 받는 사람의 입장에서 한스와 마리아의 전환관계가 제시된다고 볼 수 있다.[19]

>　(16가) Hans schenkt Maria ein Buch.
>　　　　 한스는 마리아에게 책을 선물한다.
>　(16나) Maria bekommt ein Buch von Hans geschenkt.
>　　　　 마리아는 한스로부터 책을 선물받았다.

2.1.7 전환관계(Ⅱ)

전환관계(Ⅱ)는 전환관계(Ⅰ)과 달리 동일한 입장에서 서로 대립되는 사태를 관찰하는 (17)과 같은 단어쌍들 사이에서 나타난다.[20]

>　(17가) hinauf - hinunter
>　(17나) kommen - gehen (ein stetes Kommen und Gehen)
>　　　　　　　 (끊임없이 오고 그리고 가는 것)
>　(17다) kaufen - verkaufen (Ich habe das Haus erst letztes Jahr gekauft und nun
>　　　　　　 schon wieder verkauft.)
>　　　　　　　　　　　 (나는 이집을 지난해에 샀는데, 다시 팔아버렸어)

예를 들어 어떤 사람이 암벽을 오르다말고 계속 올라가야 할지 아니면 그만 내려가야 할지 결정하지 못하고 있다고 하자. 이러한 상황에서 *Soll ich weiter hinauf oder hinunter?* 라고 말한다면 (17가)의 *hinauf* 와 *hinunter* 는 동일한 입장에서 서로 대립되는 사태를 나타내는 전환관계(Ⅱ)를 보인다고 할 수 있다. 그리고 화자

---

19) Schwarze(1980:82)는 영어의 3격수동문을 독일어로 번역할 때에도 전환관계(Ⅰ)이 나타난다고 하는데, 이는 독일어에서 능동문의 3격 목적어를 수동문의 주격으로 세울 수 있는 방법으로 동사 *bekommen* 에 의거한 수동문만이 가능하기 때문이다. (가) John was given a book by his father. (나) John bekam ein Buch von seinem Vater.

20) Linke/Nussbaumer/Portmann(1991:145)를 참조할 것.

가 처해 있는 임의의 장소에서 볼 때 누군가가 끊임없이 오고 가고 한다면 (17 나)의 *kommen*과 *gehen*도 전환관계(II)로 볼 수 있다. 누군가가 작년에 집을 샀다가. 일년도 못되어 이 집을 다시 팔았다고 하자. 그렇다면 *kaufen*과 *verkaufen*사이에서도 전환관계(II)가 성립된다고 볼 수 있다.

2.1.8 함의관계(II)

Linke/Nussbaumer/Portmann(1991:145)은 함의관계를 두 가지, 즉 함의관계(I)과 함의관계(II)로 구분한다. 함의관계(I)은 이미 2.1.2에서 언급한 하위관계, 상위관계로 볼 수 있다. 즉 함의관계(I)은 상위관계가 하위관계를 함의하지만, 반대의 경우는 성립하지 않는 경우를 말한다. 그러나 (18)의 단어쌍은 함의관계(II)를 보인다.

(18) töten - sterben

예를 들면 *Peter hat Petra getötet.*의 문장은 *Petra ist gestorben.*을 함의하므로, (18)의 단어쌍들은 함의관계(II)를 보인다고 할 수 있다. 그러므로 함의관계(II)는 함의관계(I), 즉 상위관계, 하위관계로는 설명될 수 없다.

2.1.9 다의관계

지금까지는 두 단어 때로는 그 이상의 단어들에서 나타나는 뜻의 관계에 관해 언급했는데, 다의관계는 임의의 단어가 갖는 여러 가지 의미들 간의 관계를 말한다. 다의관계에서 중요한 것은 임의의 단어가 갖는 여러 가지 의미들 사이에 어떤 연관성이 있다는 것이다. 예를 들어 *Flügel*은 새의 날개를 의미할 수도 있고 그랜드피아노를 의미할 수도 있는데, 이 둘의 의미를 다의관계로 간주할 수 있는 것은 [-abstrakt]의 자질 외에 그랜드피아노의 뚜껑 모양이 새의 날개 모양과 비슷하다는 점 때문일 것이다. *Bank*는 비록 복수형이 상이하다고 하더라도 벤치(복수형: *Bänke*)도 되고 의자(복수형: *Banken*)도 될 수 있다. 이 둘의 의미관계를 Vater(1999:163)는 2.1.10에서 설명할 동음이의관계로 보는 반면, Schwarze/Chur(1993:56)는 *Bank*가 중세 시대에 돈을 바꿔 주던 환전자의 긴 책상을 나타내는 *banca*에서 도출된 것으로, 바로 여기에서 은행의 의미가 유래되었다는 점에서 다의관계로 본다. 다시 말해서 *Bank*의 두 가지 의미에서 어떤 의미적인 연관성을 찾아 볼 수 있으므로, *Bank*는 다의어로 간주할 수 있게 된다는 것이다.

다의어는 조어에서도 자주 나타나는데, 예를 들면 -*er*-명사는 (19)에서와 같이 사람, 도구, 산물, 사물, 동물 등 여러 가지 의미를 나타내는 다의어로 사용된다.

(19가) 사람과 도구 : Obstentsafter, Bohrer, Heuwender
(19나) 사람과 산물 : Lyoner, Emmentaler
(19다) 사람과 사물 : Schwimmer, Binder, Fünfziger
(19라) 사람과 동물 : (Frühlings) Spinner
(19마) 생산자와 산물 : Seufzer, Rülpser, Hopser

축소명사도 다의어현상을 보인다. 왜냐하면 축소명사는 (20)에서와 같이 작은 사이즈의 개체뿐만 아니라 (21), (22)에서와 같이 작은 사이즈의 개체에게서 느낄 수 있는 화자의 다양한 주관적인 - 긍정적인 것이든 부정적인 것이든 - 감정을 나타내는 데에, 또 (23)에서와 같이 강조의 감정을 나타내는 데에 사용되기 때문이다.

(20) 작은 사이즈 : Restaurantchen, Vollkornbrötchen, Spiegellein, Lämpchen

(21가) 친밀감 : Mütterchen, Küsschen, Schwätzchen, Majorchen, Mamachen
(21나) 고상함/고풍스러움 : Mütterlein, Kindlein, Mägdellein
(21다) 귀여움 : Köpfchen, Kätzchen, Stiefelette
(21라) 부드러움 : Stimmchen
(21마) 섬세함 : Härchen

　　(22가) 경멸 : Muttersöhnchen, Bürschchen, Kabalierlein, Freundchen, Rühmlein,
　　　　　　　　　　Witzchen, Späßchen, Stühlchen, Dichterling, Reimerling, Schmiedl
　　(22나) 중요하지 않음: Dinglein, Dingelchen

　　(23) 강조 : Tröpfchen, Zuckerchen, Windchen, Lüftchen

다의관계는 - *ung* -사건명사에서도 나타난다.

　　(24가) Die Änderung des Anzugs durch Maria dauerte fünf Stunden.
　　　　　마리아의 양복저고리 **수선**은 다섯 시간 걸렸다.
　　(24나) Die Änderung des Anzugs durch Maria war schwer herzustellen.
　　　　　마리아의 양복저고리 **수선**은 힘들게 이루어졌다.
　　(24다) Die Änderung des Anzugs durch Maria hat mir große Freude gemacht.
　　　　　마리아의 양복저고리 **수선**은 나에게 많은 기쁨을 주었다.
　　(24라) Die Änderung des Anzugs durch Maria ist gar nicht schöner als das Original.
　　　　　마리아의 양복저고리 **수선**은 고치기전보다 전혀 더 예쁘지 않다.

*Änderung des Anzugs durch Maria*는 (24가)에서는 마리아가 양복을 수선하기 시작해서 끝날 때까지의 사건을, (24나)에서는 그러한 사건의 결과를, (24다)에서는 마리아가 양복을 수선했다는 사실을, 그리고 (24라)에서는 마리아가 수선한 양복을 나타낸다. 그러므로 *Änderung*은 다양한 사건유형들을 나타낸다. -*er*-명사, 축소명사, 사건명사의 다의어현상에 관해서는 6장, 7장, 8장에서 자세히 언급할 것이다.

Bierwisch(1983:81)는 (25)의 문장을 통해 일반명사 *Schule*의 다의어현상을 제시한다.

　　(25가) Die Schule steht neben dem Sportplatz.
　　　　　학교는 운동장 옆에 있다.
　　(25나) Die Schule wird von der Gemeinde unterstützt.
　　　　　학교는 지방자치단체에서 지원을 받는다.
　　(25다) Die Schule langweilt ihn nur gelegentlich.
　　　　　학교가 그를 자주 지루하게 한다.

(25라) Die Schule ist aus der Geschichte Europas nicht wegzudenken.
　　　 학교는 유럽의 역사에서 빼놓고 생각할 수 없다.

*Schule*는 (25가)에서는 건물로, (25나)에서는 기관으로, (25다)에서는 학교에서 제공되는 프로그램으로, 그리고 (25라)에서는 제도의 유형으로 이해된다. Bierwisch(1983:77f.)는 *Schule*의 이러한 다양한 의미를 "개념적으로 조직화된 백과사전적인 지식"의 측면에서 설명한다. 다시 말하면 *Schule*의 개념가족 안에 **건물, 기관, 프로그램, 제도** 등이 들어 있어서, 이들 중 임의의 개념이 (25가,나,다,라)의 문장에서 선택되어 *Schule*의 의미가 결정된다는 것이다. 그러므로 Bierwisch (1983)는 *Schule*의 여러 가지 의미가 의미적으로 규정되는 것이 아니라 문맥에서 개념적으로 규정되는 것으로 본다.

2.1.10 동음이의관계

동음이의관계는 임의의 단어가 갖는 여러 가지 의미들 사이의 관계를 말하는데, 이 경우 그 의미들은 서로 어떤 연관성을 갖지 않아야 한다. 예를 들면 *Schloss*는 성을 의미할 수도 있고 자물쇠를 의미할 수도 있다. 성과 자물쇠가 의미적으로 어떤 관련성이 있는 것 같지는 않다. *Bauer*는 농부와 건축가, 그리고 새장의 의미로 이해되는데, 전자의 두 의미로 이해될 때는 남성이고, 후자의 의미로 이해될 때에는 중성이다. 성의 차이에도 불구하고, 농부와 건축가 그리고 새장은 의미적으로 어떤 관련성은 없는 것 같다. *Futter*는 동물의 먹이와 안감의 의미를 지니는데, *Bauer*와 *Futter*가 갖는 여러 가지 의미들 사이에도 어떤 특별한 의미적인 연관성은 없는 것 같다. 물론 한 단어가 갖는 여러 가지 의미들 사이에 어떤 의미상의 관련이 있는가를 판단하기란 그리 쉬운 일은 아니다.

일부 학자들은 동음이의어가 나타내는 여러 가지 의미들을 하나의 개별 단어로 묶어서, 예를 들면 $Schloss_1$, $Schloss_2$, $Bank_1$, $Bank_2$, $Bauer_1$, $Bauer_2$, $Bauer_3$으로 표기하기도 한다. 그 외, 발음은 같은데 철자와 의미가 다른 *mehr*(더 많이), *Meer*(바다, 대양) 같은 경우도 있다.[21] 또한 철자는 같은데 강세의 차이로 인해 상이한

---

21) 이 경우를 독일어 용어로 "Homophonie"로 부른다.

의미를 보이는 *übersétzen*(번역하다)/*übersezen*(교통편으로 건너편 물가로 건너가다) 같은 경우도 있다.[22]

2.1.11 뜻의 관계에 의거한 의미분석의 문제점

뜻의 관계를 통해 단어들 간의 의미관계를 규명하는 방법은 특히 학교문법에서 외국어를 가르칠 때 많이 사용된다. 예를 들면 (26)의 문장을 설명하려고 하는데, 어떤 학생이 *Pferd*의 뜻을 모른다고 하자.

(26) Zwei Pferde haben den Wagen gezogen.
　　 두 마리의 말이 그 차를 끌었다.

그런데 선생님이 이 학생에게 *Pferd*의 뜻을 설명하기 위해 (27)과 같이 *Pferd*의 상위어, 하위어, 동의어 등을 사용하였다고 하자.[23]

(27가) 상위어 : Lebewesen, Tier, Säugetier
(27나) 하위어 : Schimmpel, Rappe, …,　Wildpferd, Reitpferd, Zugpferd, Roß,
　　　　　　　　　　　　Klepper, Gaul, Stute, Hengst, Fohlen, Wallach
(27다) 동의어 : Ross[24]
(27라) 암컷 : Stute
(27마) 숫컷 : Hengst

(27)의 설명을 들은 학생은 드디어 *Pferd*의 뜻을 이해할 것이다. 아울러 *Pferd*의 뜻은 알지만 *Stute*의 뜻을 모르는 학생에게 *Stute*는 *Pferd*의 하위어로서 암컷을 가리킨다고 설명한다면, 그는 *Stute*의 의미를 바로 이해할 것이다. 이처럼 뜻의 관계에 의거한 단어의 의미분석은 외국어를 배우는 학생들에게 단어의 뜻을 설명하는데 도움이 될 것이다.

---

22) 이 경우를 독일어 용어 "Homographie"로 부른다.
23) Schwarze(1980:83)을 참조할 것.
24) *Ross*는 남부독일지방의 방언을 암시함.

그러나 뜻의 관계에 의거한 단어의 의미분석은 어떤 체계적인 이론의 바탕 위에서 이루어지는 것이 아니라, 단순히 단어들 간의 뜻의 관계만을 기술하고 있다는 점에서 한계를 안고 있고, 구조주의의 의미분석방법인 성분분석론이 등장하게 되자 더 이상 학문적인 이론으로서 발전하기 못하게 되었다. 성분분석론에 관해서는 3장에서 토론할 것이다.

2.2 의미장이론에 의거한 의미분석

2.2.1 어휘장에 의거한 의미분석

사람들은 새로이 습득한 단어의 의미를 각기 고립된 상태로 정신적 사전 속에 저장하는 것이 아니라, 이미 저장된 기존의 다른 단어들의 의미영역과 비교하고, 그것들과의 관계도 고려하여 적절한 영역에 저장한다고 볼 수 있다. 이러한 점에서 대부분의 단어들은 다른 단어들과의 특정한 의미적 관련을 가지면서 그들 나름대로의 의미의 조직체계를 형성한다고 볼 수 있다. 단어들 간의 이러한 조직체계를 어휘장이라고 부른다. 어휘장에 의거한 의미분석은 단어들을 그들의 의미적 속성을 통해 특정한 영역으로 분류할 수 있는 인간의 의미론적인 능력의 일부를 기술할 수 있게 한다는 점에서 지나쳐서는 안될 것이다.[25]

의미적으로 유사한 단어들은 그들이 공유하는 공통의 의미적 속성을 통해 하나의 어휘장으로 묶일 수 있다. 예를 들면 *Vater, Mutter, Großvater, Großmuter, Tante, Onkel, Neffe, Nichte, Cousine, Cousin* 등은 친족명의 어휘장으로 묶일 수 있고, *schwarz, weiß, rot, gelb, grün, braun* 등은 색깔명의 어휘장으로, *Apfel, Birne, Traube, Pflaume, Pfirsich* 등은 과일이름의 어휘장으로, 그리고 *Rose, Flieder, Nelke, Chrysantheme, Azalie* 등은 꽃이름의 어휘장으로 묶일 수 있다. 명사뿐만이 아니라 동사

---

25) Miller/Johnson-Laird(1976:524ff.)는 단어들이 고립되어 저장되는 것이 아니라, 세상지식과 연결되는 그물망의 형태로 저장되어 있다고 보고, 어휘장을 화자의 인지론적인 기본장비라고 주장한다.

의 의미도 어휘장으로 묶일 수 있는데, 예를 들면 *koch-, brat-, back-, brüh-, dämpf-, sied-* 등은 요리동사의 어휘장으로, 그리고 *geh-, lauf-, bummel-, schreit-, wandel-* 등은 땅 위에서의 직립이동을 나타내는 동사의 어휘장으로 묶일 수 있다.[26] Schwarz/Chur(1993:61)가 제시하는 동사 *sprech-*의 어휘장 (28)을 보면, 말하는 사람의 여러 가지 상태에 의거 세밀하게 조직되어 있음을 알 수 있다.

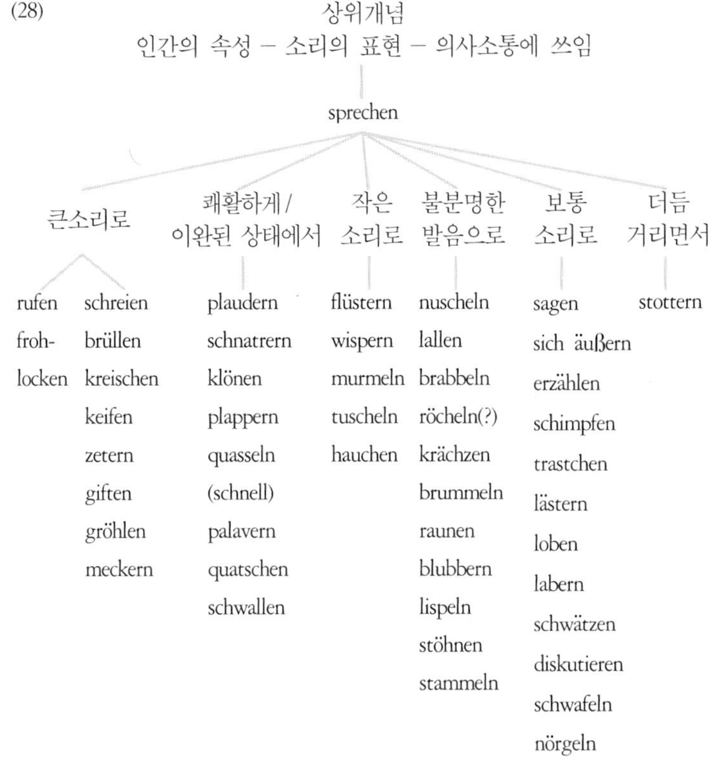

    인간의 장기기억장치의 일부인 정신적인 사전에는 항상 동일한 품사의 단어들만 동일 어휘장으로 묶여 저장되는 것은 아니다. Schwarz/Chur (1993:61f.)는 품사가 상이하다고 하더라도 그들이 주는 정보가 유사할 경우 얼마든지 함께

---

26) 동사 *lauf-*은 지역적인 차이로 인해 일부지방에서는 "빨리 걷다"의 의미로 사용되지 않고, "걸어서 가다"(영어의 *walk*)의 의미로 사용된다.

동일 어휘장으로 묶여 저장될 수 있다고 본다. 예를 들어 *Hund*와 *bell-*, *Haar*와 *blond*, *Auto*와 *fahr-*, *Nacht*와 *dunkel*, *Gras*와 *grün*, *Sonne*와 *hell*은 깊은 의미적 관련이 있으므로 함께 동일한 어휘장에 저장될 수 있다.

2.2.2 어휘공백에 의거한 의미분석

전통적 어휘장이론에서는 어휘장을 마치 모자이크처럼 빈틈없이 꽉 짜여진 그물망 같은 것으로 보고, 이를 통해 특정한 영역의 표현들의 의미를 분석한다. 그러나 인간이 갖고 있는 개념들은 모두 단어로 표현되는 것이 아니므로 어휘장에 들어 있는 단어들이 우리 삶의 모든 영역을 남김없이 다 표현해 준다고 말할 수는 없다.[27] 예를 들면 독일사람들은 배가 고픈 상태를 *hungrig*로 표현하고, 밥을 먹은 후 배부른 상태가 되면 이를 *satt*로 표현한다. 그리고 갈증이 나는 상태를 *durstig*라고 표현하지만, 물을 마신 후 갈증이 사라진 상태를 표현하는 단어를 갖고 있지는 않다. 이 상태를 굳이 독일어로 표현한다면, *Ich bin nicht mehr durstig.*로 표현할 수밖에 없다. *nick-*는 머리를 앞으로 끄덕이면서 조는 모습을 나타내지만, 머리를 옆으로 끄덕이면서 조는 모습을 표현할 단어가 독일어에는 없다. 그러므로 전통적 어휘장이론에서 말하는 어휘장은 어휘공백으로 인해 한계를 보이게 된다.

어휘공백현상은 독일어와 영어의 단어를 대조해 보는 것만으로도 쉽게 알 수 있다. 예를 들면 독일어에서 책장, 찬장, 옷장은 *Schrank*를 피한정어로 하고 *Bücher*, *Küche*, *Kleider*를 한정어로 하는 합성어, 즉 *Bücherschrank*, *Küchenschrank*, *Kleiderschrank*로 표현된다. 이러한 합성어는 우리말에서도 유사하게 '책장', '찬장', '옷장'으로 표현된다. 그러나 영어에서 책장, 찬장, 옷장은 *bookcase*, *cupboard*, *wardrobe*로 표현되어, 독일어와 한국어에서 보이는 한정어와 피한정어간의 의미적 연관성을 전혀 알 수 없다. 독일어에서 벽과 담은 각각 *Wand*, *Mauer*로 표현되는데 반해, 영어에서는 두 경우 모두 다 *wall*로 표현된다. 성(곽)과 대궐은 독일

---

27) 2.2.2에서 제시될 예들은 Schwarz/Chur(1993:62ff.)에서 인용한 것임.

어에서 각각 *Burg, Schloss*로 표현되는데, 영어에서는 두 경우 모두 다 *castle*로 표현된다. 집세와 소작료도 독일어에서는 각각 *Miete, Pacht*로 표현되는데 영어에서는 두 경우 다 *rent*로 표현된다. 동사에서도 두 언어의 표현에는 차이가 있다. 예를 들면 영어에는 독일어 *schweig-*에 해당하는 동사가 없다. 그래서 영어에서는 *to be silent, to say nothing* 등으로 표현된다. 독일어에는 눈을 표현하는 단어로 *Schnee*가 있지만, 에스키모어에는 떨어지는 눈, 녹는 눈, 얼어붙은 눈, 물기 있는 눈 등 여러 가지 눈의 모습을 표현하는 단어들이 있다고 한다. 반면 따듯한 지방에 사는 멕시코인들은 얼음, 눈 등 추운 것을 표현하는 단어가 하나밖에 없다고 한다

이처럼 전통적 어휘장이론에서 말하는 어휘장은 어휘공백으로 인해 한계를 보이게 되므로 의미장이론에 의거한 의미분석은 이를 해결할 수 있는 어떤 이론적인 틀이 마련되지 않는 한 더 이상 발전할 수는 없을 것이다.

2.3 동사의 결합가/의미역에 의거한 의미분석

의존문법의 창시자로 볼 수 있는 Tesniére(1959)는 문장에서 가장 중요한 성분은 동사이고, 동사 이외의 성분들은 동사에 의존된다고 보고, 문장구조를 동사와 동사에 의존하는 요소들 간의 관계로 설명한다. 그럴 경우, 문장에 나타나는 여러 요소들을 동사에 직접 의존하는 요소들과 그렇지 않은 요소들로 분류하여 설명할 수 있다. 전자는 주로 생물체나 사물로서 동사가 나타내는 사건에 직접 관여하는 성분으로 문장에 필수적으로 나타나야 하는 보족어로 간주되고, 후자는 정도, 상황, 방법, 시간, 장소 등을 설명하는데 참여하는 성분으로 문장에 굳이 나타나지 않아도 되는 상황어로 간주된다.

문장에 몇 개의 보족어가 나타나야 하는가 하는 것은 동사에 의해 결정되는데, 보족어의 수를 결정하는 동사의 속성을 Tesniére(1959)는 동사의 결합가 내지는 원자가라고 부른다. 동사의 결합가는 마치 화학성분들 간의 결합구조에서 보이는 임의의 원자와 다른 원자들의 결합관계 처럼 설명될 수 있다. 예를 들면

물은 산소와 수소의 결합체인데, 산소가 2가 원소이므로, 1가 원소인 수소 두 개
와 결합해서 H_2O의 결합체를 이룬다. 이러한 결합방법을 동사와 그것의 보족어
간의 결합에 적용하여, 예를 들면 (29)에서 동사 *lieb-*는 두 개의 보족어, 즉 *Hans*
와 *Maria*와 결합하는 2가 동사로 간주할 수 있게 된다.

(29)

이처럼 동사를 그것이 요구하는 보족어의 수에 따라 분류하면 (30)과 같다.

(30가) 0가 동사 : regn-, schnei-, donner-
(30나) 1가 동사 : schlaf-, renn-, ankomm-
(30다) 2가 동사 : lieb-, schlag-, help-
(30라) 3가 동사 : schenk-, geb-, nenn-

(30가)는 비인칭동사로서 많은 경우 날씨와 관련된 0가 동사를 말하고, (30
나)는 보족어 하나를 취하는 자동사나 행위격 동사같은 1가 동사를 말하고, (30
다)는 보족어 두 개를 취하는 타동사, 즉 2가 동사를 말하는데, 여기에서 두 개
의 보족어 중 하나는 주어로, 그리고 다른 하나는 4격목적어나(*lieb-, schlag-*의 경
우) 3격목적어로(*help-*의 경우) 나타난다. (30라)는 보족어 세 개를 취하는 3가 동사
인데, 여기서 보족어 하나는 주어가 되고, 주어를 제외한 나머지 두 개의 보족어
는 동사에 따라 3격목적어와 4격목적어로(*schenk-, geb-*의 경우), 아니면 둘 다 모두
4격목적어로(*nenn-*의 경우) 나타난다.

그러나 동사의 어휘적인 의미와 관계되는 결합가는 단순히 동사가 몇 개의
보족어를 취하는지에만 관심이 있으므로, 동사의 보족어가 문장에서 어떠한 의
미역할을 하는지, 보족어가 문장에서 몇 격으로 나타나는지, 보족어들이 어떠한
순서로 나타나는지에 관해서는 설명을 하지 못한다. 후자의 두 문제는 통사론의
과제이므로 여기서 자세히 다루지 않겠지만, 의미구조는 때로는 통사구조와 함
께 설명되어야 하므로, 통사정보를 의미구조에서 완전히 배제시킬 수 없을 것이

다. 예를 들면 (31가,나)의 문장이 왜 비문이 되는가는 *wohn-*의 통사구조와 의미구조를 통해 함께 설명되어야 한다.

> (31가) *Der Traum wohnt auf dem Gras.
>   꿈이 잔디 위에서 살고 있다.
> (31나) *Maria wohnt.
>   마리아가 거주하고 있다.

동사 *wohn-*은 특정한 지역에 거주하는 사람을 주어로 취해야 하는데, (31가)는 사람이 아닌 *der Traum*이 주어로 나타나므로 동사의 선택제약을 어기게 되어 의미적으로 비문법적이게 된다. 이러한 선택제약을 어기지 않음에도 불구하고 (31나)는 *wohn-*이 의미적으로 요구하는 장소보족어가 통사적으로 나타나지 않아서 동사의 하위범주화자질에 위배되어 통사적으로 비문법적이게 된다. 이러한 문제들은 Chomsky(1981)의 의미역이론으로 해결된다.

Chomsky(1981)의 의미역이론에 의하면 문장에 어떠한 의미역이 나타나는가 하는 것은 동사의 어휘적 속성과 관련된다. 먼저 동사의 보족어들이 취할 수 있는 의미역의 종류를 몇 개만 보기로 하자.[28]

> (32가) 행위자(AG) : 동사가 나타내는 행위를 행하는 살아 있는 개체
> (32나) 경험자(EX) : 동사가 나타내는 상태를 경험하는 살아 있는 개체
> (32다) 주제(TH)/수동자(PA) : 동사가 나타내는 행위나 상태로부터 영향을 받
>   는 개체
> (32라) 도구(IN) : 동사가 나타내는 행위와 관련된 무생물의 도구, 또는 동사
>   가 나타내는 행위를 행하는 무생물의 개체
> (32마) 목적지(ZI) : 동사가 나타내는 행위에 의거해서 개체가 도착되는 장소.
> (32바) 장소(OR) : 동사가 나타내는 행위나 상태가 진행되는 장소
> (32사) 시간(ZT) : 동사가 나타내는 행위나 상태가 진행되는 시간

Chomsky(1981)의 의미역이론에서 모든 의미역은 하나의 논항에만 할당되어야 하고, 모든 논항은 하나의 의미역만을 할당받아야 한다는 의미역기준과, 의

---

28) 의미역은 Fillmore(1971)로 거슬러 올라간다.

미역은 구조적으로 정의되는 주어([NP, S]), 직접목적어([NP,VP]), 전치사격목적어([NP,PP]) 같은 문법적인 기능에만 할당된다는 구조적 의미역할당원칙, 그리고 이렇게 할당된 의미역은 D-구조, S-구조, LF에 꼭 나타나야 한다는 투사원칙을 통해 (32)의 의미역들이 어떻게 할당되어야 하는가를 설명한다.[29] 이와 관련하여 (33)을 보자.

<blockquote>

(33가) <u>Maria</u> öffnet <u>die Tür.</u>
     AG   TH
마라아가 문을 연다.

(33나) <u>Der Wind</u> öffnet <u>die Tür.</u>
     IN   TH
바람이 문을 연다.

(33다) <u>Maria</u> wohnt <u>in Köln.</u>
     TH   OR
마리아가 쾰른에 거주하고 있다.

(33라) <u>Hans</u> gibt <u>seiner Tochter</u> <u>eine schöne Puppe.</u>
     AG   ZI   TH
한스는 자기 딸에게 예쁜 인형 하나를 준다.

(33마) <u>Die Sitzung</u> dauert <u>drei Stunden.</u>
     TH   ZT
회의는 세 시간 걸린다.

</blockquote>

예를 들면 동사 *öffn-*은 어휘적으로 두 개의 의미역, 즉 AG와 TH를 요구하므로, (33가)에서 주어 *Maria*에는 AG가 할당되고, 목적어 *die Tür*에는 TH가 할당된다. 그러나 (33나)에서는 *der Wind*가 *öffn-*의 주어로 나타나 의미역 IN을 할당받는다. *wohn-*은 어휘적으로 TH와 OR의 의미역을 요구하므로, (33다)에서는 주어에 TH의 의미역이, 그리고 전치사격목적어에는 OR의 의미역이 할당된다. (33라)에서 *geb-*이 취하는 의미역 AG, ZI, TH이 각각 주어 *Hans*, 간접목적어 *seiner Tochter*, 직접목적어 *eine schöne Puppe*에 할당된다. (33마)에서 *dauer-*은 TH와 TE의 의미역을 요구하므로 전자는 주어 *die Sitzung*에, 후자는 *drei Stunden*에 할당된다. 그러므로 의미역기준, 의미역할당원칙, 투사원칙들이 지켜지지 않으면, (34)와 같은 비문들이 생겨나게 된다.

---

29) 의미역이론에 의거한 통사구조에 관한 설명은 관련 문헌들을 참고바란다.

(34가) *Maria wohnt. 마리아가 거주하고 있다.
(34나) *Schenkt seiner Tochter eine Puppe. 자기 딸에게 인형을 준다.
(34다) *Petra schenkt ihrer Tochter. 페트라는 자기 딸에게 선물한다.
(34라) *Petra schenkt eine Puppe. 페트라는 인형을 선물한다.
(34마) *Die Sitzung dauert. 회의는 걸린다.

(34가)는 동사 *wohn-*의 의미역 OR이 통사적으로 나타나지 않아서 비문이 된다. (34나,다,라)는 각각 동사 *schenk-*의 의미역 AG, TH, ZI이 통사적으로 나타나지 않아서 비문이 된다. (34마)는 동사 *dauer-*의 의미역인 ZT가 나타나지 않아서 비문이 된다. 같은 방법으로 (31가,나)의 비문법성도 설명될 수 있다. 즉 (31가)에서는 동사 *wohn-*이 요구하는 의미역 AG가 주어로 나타나야 하는데, AG가 될 수 없는 *der Traum*이 주어로 나타나기 때문에 비문이 되고, (31나)에서는 *wohn-*의 장소의미역인 OR이 통사적으로 나타나지 않아서 비문이 된다.

그러나 때로는 문장에 어떠한 보족어들이 필수적으로 나타나야 하는가를 설명해 주는 통사적 결합가와 의미적·화용적으로 어떠한 보족어들이 요구되는가를 설명해 주는 의미적·화용적 결합가를 구별해야 한다. 예를 들면 누군가가 *Wem schenkt Petra eine Puppe?* 혹은 *Was schenkt Petra ihrer Tochter?*라고 묻는다면, (34다,라)는 그러한 질문에 대한 대답으로 얼마든지 가능한 문장이 될 수 있다. 왜냐하면 (34다,라)는 통사적 결합가의 측면에서는 비문이 되지만, 의미적·화용적 결합가의 측면에서는 정문이 될 수 있기 때문이다. 이처럼 통사적 결합가와 의미적·화용적 결합가가 항상 일치하는 것은 아니다. 이와 관련하여 (35)의 문장을 보자.

(35가) Maria wohnt gut. 마리아는 잘 살고 있다.
(35나) Franz hat sich schlecht benommen. 프란츠는 행동이 나빴다.
(35다) Die Sitzung dauert lang. 회의는 오래 걸린다.

(33다)에 의하면 동사 *wohn-*은 AG와 OR의 의미역을 가져야 하는데, (35가)에서는 OR대신에 삶의 질을 나타내는 *gut*이 나타난다. Van der Elst(1990:49f.)은 (35가)의 *gut*를 *wohn-*이 의미적으로 요구하는 보족어로 간주한다. 이와 동일한 맥락

에서 (35나,다)의 *schlecht, lang*도 이해하면 될 것이다.

동사의 어휘적 의미와 관련되는 결합가는 형식논리학의 술어논리에도 나타난다. 문장을 가장 작은 기본단위로 보는 명제논리와 달리, 술어논리에서는 합성성의 원리에 의거하여 개별 문장의 의미를 주어와 술어의 의미의 합으로 규명한다. 그러므로 술어가 취하는 논항의 수에 따라 술어를 1항 술어에서부터 n항 술어까지 분류할 수 있다. 술어논리에서 말하는 논항은 결합가에서 말하는 보족어로 생각하면 될 것이다. 그리하여 독일어 동사들은 논항의 수에 따라 (36)과 같이 분류된다.

    (36가) 1항 술어 : schlaf-, schwimm-, wein-
    (36나) 2항 술어 : lieb-, schlag-, treff-
    (36다) 3항 술어 : geb-, schenk-, schick-
    (36라) 4항 술어 : kauf-[30]

자동문장의 의미는 주어가 지시하는 개체가 술어가 나타내는 속성을 갖는 원소들의 집합에 속하면 진으로 규명되고, 타동문장의 의미는 논항 두 개의 쌍이 2항 술어가 나타내는 관계의 집합에 속하면 진으로 규명된다. 3항 술어, 4항 술어의 경우도 논항이 하나씩 증가하므로 관계가 그만큼 복잡해진다. 그러므로 (35가,나,다)의 동사 *wohn-, sich benehm-, dauer-*는 동사가 요구하는 논항의 수에 따라 (37)에서와 같이 2항 술어로 분류된다.[31]

    (37가) wohn- (Maria, gut)
    (37나) sich benehm- (Franz, schlecht)
    (37다) dauer- (Sitzung, lang)

동사의 결합가와 의미역이론은 문장의 통사구조와 의미구조 분석의 초석이 됨으로써 형식의미론과 생성문법의 발전에 일익을 담당했다고 볼 수 있다. 그러면 객관주의자들의 입장에서 제시된 의미분석방법을 보기로 하자. 먼저 3장에

---

30) *Maria hat dieses Buch für 52Euro beim Buchhändler.*을 참조할 것.
31) Van der Elst(1990:50)을 참조할 것.

서는 구조주의 의미론에서 시작되어 60년대, 70년대의 생성문법론자들에 의해 이론적인 발전을 보게 된 성분분석론을 보고, 4장에서는 형식의미론에 의거한 어휘의미분석을 보기로 하겠다.

제3장 성분분석론

3.1 의미자질에 의거한 의미분석

성분분석론자들은 단어들의 의미가 더 이상 분해될 수 없는 원자와 같은 것이 아니라, 더 작은 의미단위, 즉 의미자질로 분해될 수 있다고 하는 가설에서 출발한다. 예를 들면 생물체 중에서 사람일 수 있는 것은 *Mann, Frau, Kind, Junge, Mädchen* 등이고, 사람일 수 없는 것은 *Kuh, Stier, Kalb* 등이다. 그리고 생물체일 수 없는 것은 *Tisch, Komputer, Auto* 등이다. 이러한 단어들의 의미는 성분분석론자들에 의하면 [±belebt], [±menschlich] 같은 의미자질로 설명된다. 성분분석론자들은 자질들을 항상 "+"와 "-"의 이분법으로 표기하는데, "+"는 언급된 자질의 속성을 갖고 있다는 의미로, 그리고 "-"는 언급된 자질의 속성을 갖고 있지 않다는 의미로 사용된다. 이미 언급된 의미자질 [±belebt], [±menschlich] 말고 성과 성장상태를 나타내는 [±weiblich], [±erwachsen] 같은 의미자질도 도입된다면 *Mann, Frau, Kind, Junge, Mädchen*의 의미는 (1)과 같이, *Kuh, Stier, Kalb*의 의미는 (2)와 같이, *Tisch, Komputer, Auto*의 의미는 (3)과 같이 분석될 수 있을 것이다.[32]

---

32) 이러한 자질들은 서로 다른 문헌들에서 'Sememe,' 'Plereme,' 'semantische distinktive Merkmale,' 'semantische Kategorien' 등의 독일어 용어로 불려지고 있다.

(1가) Mann : [+belebt, +menschlich, -weiblich, +erwachsen, …]
(1나) Frau : [+belebt, +menschlich, +weiblich, +erwachsen, …]
(1다) Kind : [+belebt, +menschlich, oweiblich, -erwachsen, …]
(1라) Junge : [+belebt, +menschlich, -weiblich, -erwachsen …]
(1마) Mädchen : [+belebt, +menschlich, +weiblich, -erwachsen …]

(2가) Kuh : [+belebt, -menschlich, -weiblich, +erwachsen, …]
(2나) Stier : [+belebt, -menschlich, +weiblich, +erwachsen, …]
(2다) Kalb : [+belebt, -menschlich, oweiblich -erwachsen, …]

(3) Tisch, Komputer, Auto : [-belebt, …]

여기에 [±verheiratet]의 자질이 추가로 도입되면 *Mann*의 하위어인 *Junggeselle*의 의미는 (4)와 같이 분석될 수 있다.

(4) Junggeselle : [+belebt, +menschlich, -weiblich, +erwachsen, -verheiratet, …]

이미 제시된 단어들의 의미는 지금까지 제시된 의미자질들 외에도 얼마든지 더 많은 다른 자질들에 의해서 설명될 수 있다. 이러한 점에서 (1), (2), (3), (4)에 제시된 자질들의 묶음에 "…"을 표시하였다.

[+Gewässer]의 자질로 설명될 수 있는 *Bach, Teich, Fluss, (der) See, Kanal*을 보자. 이들은 무생물을 가리키고 있기는 하지만 (3)에서와 같이 [-belebt]로만 설명될 수 있는 것은 아니다. 이들의 의미는 의미자질 [±fliessend], [±groß], [±natürlich] 등을 통해서 (5)와 같이 분석될 수 있다.[33]

(5가) Bach : [-belebt, +Gewässer, +fliessend, -groß, +natürlich, …]
(5나) Teich : [-belebt, +Gewässer, -fliessend, -groß, +natürlich, …]
(5다) Fluss : [-belebt, +Gewässer, +fliessend, +groß, +natürlich, …]
(5라) See : [-belebt, +Gewässer, -fliessend, +groß, +natürlich, …]
(5마) Kanal : [-belebt, +Gewässer, +fliessend, -natürlich, …]

---

33) Linke/Nussbaumer/Portmann(1991:146)을 참조할 것.

　　그러므로 성분분석론자들의 의미분석방법은 (6)의 도표에서도 볼 수 있듯이 몇 개의 의미자질로 꽤 많은 단어들의 의미관계를 체계적으로 분석할 수 있다는 점에서 60년대, 70년대에 많은 발전을 보게 되었다.[34]

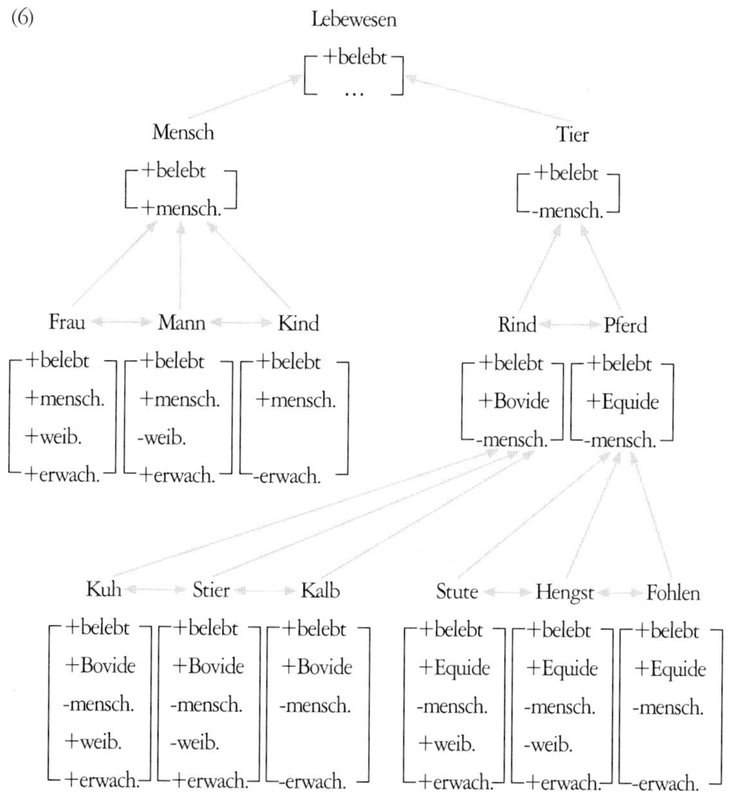

　　(6)의 구조에는 하위관계에 있는 단어들과의 의미관계들을 더 계속해서 표기할 수 있는데, 예를 들면 *Kind*의 자질에 [±weiblich]의 자질을 도입하면, *Mädchen*과 *Junge*는 *Kind*의 하위관계에 있는 단어들로 (7)과 같은 자질들의 합으로 규명된다.

---

34) Grewendorf/Hamm/Sternefeld(1987:307)을 참조할 것.

(7가) Mädchen : [+belebt, +menschlich, -erwachsen, +weiblich]
(7나) Junge : [+belebt, +menschlich, -erwachsen, -weiblich]

(6)의 계층구조는 경제적인 구조로서 인간의 사고를 정리해 주고, 의사소통도 원활하게 해 주고, 문장들 간의 추론과정도 쉽게 도출해 낼 수 있게 해 주고, 또 추론된 결과를 검토할 수 있게 해 주고, 임의의 단어의 의미를 다른 단어의 의미로 설명할 수 있게 해 주고, 임의의 단어와 다른 단어들 간의 의미관계를 하위관계, 상위관계 등으로 체계적으로 설명해 줄 수 있다는 점에서 많은 이점을 갖고 있다. (6)에서 하위개념은 상향 화살표로 표시되고 있다. 이에 의거하면 *Mensch, Tier*는 *Lebewesen*의 하위어라는 것을 알 수 있다. 왜냐하면 전자는 후자의 자질 [+belebt]를 갖고 있는데, 후자는 전자의 자질 [+belebt, +menschlich], [+belebt, -menschlich]를 모두 갖고 있지 않기 때문이다. 동일한 방법으로 *Frau, Mann, Kind*는 *Mensch*의 하위어라는 것을, *Rind, Pferd*는 *Tier*의 하위어라는 것을, *Kuh, Stier, Kalb*는 *Rind*의 하위어라는 것을, 그리고 *Stute, Hengst, Fohlen*은 *Pferd*의 하위어라는 것을 일목요연하게 볼 수 있다.

또한 성분분석론은 언어보편성의 측면에서도 타당성을 지니는 이론으로 볼 수 있다. 왜냐하면 성분분석론에서 제시된 의미자질들은 어느 정도는 언어보편성을 지니는 자질들로 볼 수 있기 때문이다. 그러므로 여기서 제시된 의미자질들은 독일어로 표기되고 있지만, 얼마든지 다른 개별언어로 표기되어, 그 언어의 단어들의 의미를 분석하는데 사용될 수 있다. 이렇게 많은 이점을 지니고 있는 성분분석론은 관계명사와 형용사, 그리고 동사의 의미분석에도 사용될 수 있다. 먼저 관계명사와 형용사의 의미가 어떻게 성분분석론에 의거 분석될 수 있는가를 보기로 하자.

3.2 관계명사와 형용사의 의미분석

Vater, Mutter, Tochter 같은 관계명사의 의미는 말 그대로 다른 개체와의 관계를 통해 설명되어야 한다. 즉 *Vater*와 *Mutter*의 의미는 *Kind*의 의미와의 관계 속에서 분석되어야 하고, *Tochter*의 의미는 *Vater*나 *Mutter*의 의미와의 관계 속에서 분석되어야 한다. 따라서 *Vater, Mutter, Tochter*의 의미는 ELTERNTEIL VON, KIND VON 같은 관계자질을 통해 (8가,나,다)와 같이 분석될 수 있다.[35]

(8가) Vater : [X ELTERNTEIL VON Y UND X NICHT-WEIBLICH UND X BELEBT UND X ERWACHSEN UND Y BELEBT]
[X는 Y의 부모중의 한분이고, X는 여성이고, 생명체이고, 성인이며, Y는 생명체이다.]

(8나) Mutter : [X ELTERNTEIL VON Y UND X WEIBLICH UND X BELEBT UND X ERWACHSEN UND Y BELEBT]
[X는 Y의 부모중의 한분이고, X는 여성이고, 생명체이고, 성인이며, Y는 생명체이다.]

(8다) Tochter : [X KIND VON Y UND X WEIBLICH UND X BELEBT UND Y BELEBT UND Y ERWACHSEN]
[X는 Y의 자식이고, X는 여성이고 생명체이며, Y는 생명체이고 성인이다.]

(8가)에서 *Vater*는 Y의 부모로서 성인남성을 의미하며, (8나)의 *Mutter*는 Y의 부모로서 성인여성을 의미한다. (8다)의 *Tochter*는 성인인 Y의 자식으로서 여성을 의미한다. 의미자질에 의거한 단어들의 의미분석방법은 *töten, geben* 같은 인과동사에도 적용된다.

(9가) töten : [X VERURSACHT (Y WIRD VERÄNDERT ZU (Y LEBT NICHT MEHR) UND X BELEBT UND Y BELEBT]
[X는 살아 있는 Y가 더 이상 살 수 없게 되게끔 상태의 변화를

---

35) Vater(1999:163f.)를 참조할 것.

야기한다.]
(9나) geben : [X VERURSACHT (Y HAT Z) UND X BELEBT UND Y BELEBT]
        [생명체의 X가 생명체의 Y로 하여금 Z를 갖게끔 야기한다.]

(9가)에서 *töten*은 'x가 살아있는 y를 죽게 하는 행위'로 해석되고, (9나)에서 *geben*은 'x가 y로 하여금 z를 갖게끔 하는 행위'로 해석된다. 그러므로 (9가,나)에는 행위자와 행위자가 일으킨 사건과의 관계를 나타내는 [VERURSACHEN]의 자질이 도입되었는데, 이는 *stellen, tränken, setzen* 같은 다른 인과동사의 의미를 분석하는 데에도 적용될 수 있다.

상대적 형용사인 *lang*의 의미도 관계자질에 의거해서 (10)과 같이 해석될 수 있다.

(10) lang : [Y IST GRÖSSER ALS N UND Y HAT DIMENSION VON N UND
        Y IST MAXIMAL]
        [Y가 일반적인 평균치 N보다 크고, Y는 N의 길이, 폭, 두께 등을
        가지며, Y는 그 중에서 최대치가 된다.]

(10)에서 N은 Y의 평균치를 말한다. 물론 평균치 N은 지시되는 대상에 따라 다를 수 있다. 예컨대 (11가)의 자도 길고 (11나)의 지우개도 길지만, 어느 쪽이 더 긴지를 양자의 절대로 길이를 비교해서 말할 수는 없다. 이 경우에는 자와 지우개의 평균치를 근거로 하여 상대적으로 비교되어야 한다.

(11가) Dieses Lineal ist lang. 이 자는 길다.
(11나) Dieser Radiergummi ist lang. 이 지우개는 길다.

■ 3.3 동작태에 의거한 동사의 의미분석

동사의 의미는 동작태를 근거로 분석될 수 있다. 동작태를 분류하는 입장도

학자들마다 약간씩 다르고, 동일한 동사라 하더라도, (12)에서 볼 수 있듯이, 통사구조에 따라 상이한 동작태를 보인다.

(12가) Ich sehe undeutlich.
나는 명확하게 보지 못한다.
(12나) Ich sah ihn die Straße überqueren.
나는 그가 길을 횡단하는 것을 보았다.
(12다) Ich sah sie ein Schmuckkästen entdecken.
나는 그녀가 보석상자 하나를 발견하는 것을 보았다.
(12라) Ich sehe jetzt ein helles Licht.
나는 지금 밝은 불빛을 본다.

동사 *seh*-는 (12가)에서는 동작태 '상태'를, (12나)에서는 '종료'를, (12다)에서는 '순간'을, 그리고 (12라)에서는 '진행'을 나타내므로, 각각 상태동사, 종료동사, 순간동사, 진행동사로 분류될 수 있다. 여기에서는 Vendler(1957), Mourelator (1978), Dowty(1979) 등의 입장에 의거하여 동사구를 중심으로 동작태를 분류할 것이다.

3.3.1 상태동사

동작태 '상태'는 어떤 특정한 행위를 나타내는 것이 아니라 동사구가 나타내는 사람들의 지속적인 심리상태를 말한다. 그러므로 (13)의 동사 *lieb-, hass-, kenn-, glaub-, verehr-, versteh*-는 상태동사로 볼 수 있다.

(13가) Peter liebt diese Weinsorte. 페터는 이 포도주 종류를 좋아한다.
(13나) Anya hasst Katzen. 안야는 고양이를 싫어한다.
(13다) Mein Bruder kennt Platon. 내 오빠는 플라톤을 안다.
(13라) Er glaubt dir. 그는 너를 믿는다.
(13마) Maria versteht Hans. 마리아는 한스를 이해한다.

그러므로 상태동사는 (14)에서와 같이 속도를 나타내는 *langsam, schnell*과 같은 부사나 시간의 제한을 나타내는 *in einer Stunde, in einer Woche* 같은 전치사구와 함께 나타날 수 없다.

(14) *Peter glaubt/hasst/kennt Maria langsam/schnell/in einer Stunde/in einer Woche.
페터는 마리아를 천천히/빨리/한 시간내에/일 주일내에 믿는다/증오한다/안다.

3.3.2 순간동사

동작태 '순간'은 순간적으로 일어나는 사건이나 행위를 말한다. 여기서 순간이라 함은 더 이상 쪼갤 수 없는 가장 작은 시간단위를 말한다.[36] 이러한 의미에서 (15)의 동사 *lossing-, find-, verlier-, erinner-* 등은 순간동사로 볼 수 있다.

(15가) Der Sänger sang los. 그 가수는 노래를 부르기 시작했다.
(15나) Vera hat das Osterei gefunden 베라는 부활절 달걀을 찾았다.
(15다) Er verlor gestern seine Uhr. 그는 어제 시계를 잃어버렸다.
(15라) Peter erinnert sich an Maria. 페터는 마리아를 기억하고 있다.

그러므로 순간동사들은 *seit zwei Jahren, zwei Jahre lang* 등과 같이 지속적인 시간의 흐름을 나타내는 부사들과는 문장에 함께 나타날 수 없다.

(16가) *Peter erreicht den Zug zwei Stunden lang.
페터는 두 시간동안 기차에 도달했다.
(16나) *Paula entdeckt seit heute morgen ein Naturgesetz.
파울라는 오늘 아침부터 자연법칙 하나를 발견했다.
(16다) *Hans tötete die ganze Nacht den Einbrecher.

---

36) 문맥에 따라 동작태 '순간'은 (i)에서와 같이 순간적으로 일어나는 사건을 나타낼 수도 있고, (ii)에서와 같이 지속적인 시간의 흐름 속에서 일어나는 사건을 나타낼 수도 있다(Storch: 1978:203) : (i) Der Fechter stach blitzschnell zu. (ii) Der Pantomime stach ganz langsam zu.

한스가 밤새동안 그 강도를 죽였다.

순간동사들은 또한 *zu Ende*와 함께 문장에 나타날 수 없다. 왜냐하면 *zu Ende* 는 어느 정도 지속되는 시간의 흐름 속에서 일어나는 사건이나 행위를 나타내 는 동사와 자연스럽게 결합하는데, 순간동사는 순간적으로 일어나는 사건이나 행위를 나타내기 때문이다. 그러므로 (17)의 문장들은 비문이 된다.

(17가) *Anya erreichte den Zug zu Ende.
 안야는 기차에 도달하는 것을 끝냈다.
(17나) *Paul bemerkte den alten Bettler zu Ende.
 파울은 늙은 거지를 알아차리는 것을 끝냈다.
(17다) *Peter empfing den Brief zu Ende.
 페터는 편지를 받는 것을 끝냈다.
(17라) *Carlos sang ein Lied zu Ende los.
 카를로스는 노래부르기 시작하는 것을 끝냈다.

순간동사들은 그들이 나타내는 순간적인 사건이나 행위의 시작과 관련되는 진입동사와 순간적인 사건이나 행위의 끝과 관련되는 진출동사로 분류된다. 전 자는 [+ingressiv]의 자질로, 그리고 후자는 [-ingressive]의 자질로 (18가,나)와 같이 분류될 수 있다.

(18가) [+punktuell, +ingressiv] : loslach-, lossing-, anfahr-, angaloppier-,
 erkling-, erwachs-, eindös-, einpass-,
 entglimm-, aufleuchten, aufglüh-, anspiel-,
 anschneid-, anmäh-
(18나) [+punktuell, -ingressiv] : verlier-, entdeck-, find-, abbrech-, töten,
 erblick-, erhalt-, bekomm-, erreich-, fall-,
 explodier-

3.3.3 완료동사

동작태 '완료'는 지속적인 시간의 흐름 속에서 진행되다가, 어느 시점에서 완료되는 사건이나 행위를 말한다. 예를 들면 (19)에 제시된 *besteig-, verfass-. mal-* 같은 동사들은 '완료'를 나타내는 동사들로 볼 수 있다.

(19가) Peter bestieg den Berg. 페터는 산정상까지 올라갔다.
(19나) Peter verfasste einen Rundbrief. 페터는 회람장 하나를 작성했다.
(19다) Peter malte ein Bild. 페터는 그림 하나를 그렸다.

완료동사들은 현재의 시제에서는 해당행위가 아직 완료되지 않았음을 나타내므로, (20)에서와 같이 완료동사들이 진행형의 문장에 나타난다 해도 동사가 나타내는 사건이나 행위가 완료되었다는 것을 의미하지는 않는다.

(20가) Peter ist gerade dabei den Berg zu besteigen. ↛ Peter bestieg den Berg.
　　　 페터는 산정상으로 올라가고 있다. ↛ 페터는 산정상까지 올라갔다.
(20나) Peter ist gerade dabei einen Rundbrief zu verfassen. ↛ Peter schrieb einen Rundbrief.
　　　 페터는 회람장 하나를 작성하고 있다. ↛ 페터는 회람장 하나를 작성했다.
(20다) Peter ist gerade dabei ein Bild zu malen. ↛ Peyter malte ein Bild.
　　　 페터는 그림 하나를 그리고 있다. ↛ 페터는 그림 하나를 그렸다.

동작태 '완료'는 시간의 흐름에 따라 의도했던 행위나 사건, 임무 등이 완성되는 것을 말한다. 따라서 '완료'는 일정한 시간간격 내에서 완성을 향해 하나하나의 작은 행동들을 해나가는 것을 말한다. 그러므로 [±gequantelt]의 자질을 도입한다면, 동작태 '완료'는 [+gequantelt]로 설명될 수도 있을 것이다. 이는 바로 왜 완료동사들이 (21가)에서와 같이 완료를 나타내는 *in einer Stunde, in zwei Stunden*과는 함께 나타날 수 있는데 반해, (21나)에서와 같이 시간의 지속을 나타내는 *eine Stunde lang, zwei Tage lang*과는 함께 나타날 수 없는지를 이해할 수 있게 해 준다.

> (21가) Peter hat in zwei Stunden ein Bild gemalt.
> 페터는 두 시간내에 그림 하나를 그렸다.
> (21나) *Peter hat zwei Stunden lang ein Bild gemalt.
> 페터는 두 시간동안 그림 하나를 그렸다.

[±gequantelt]의 자질은 명사구를 의미적으로 분류할 때에도 적용된다. 예를 들면 *ein Apfel, zwei Äpfel, eine Beethoven Sonate*는 셀 수 있다는 점에서 [+gequantelt]로 설명될 수 있고, 관사 없이 사용되는 복수명사 *Äpfel, Sonaten*과 물질명사 *Wasser, Gold, Silber*는 셀 수 없다는 점에서 [-gequantelt]로 분류될 수 있다. 재미있는 사실은 전자의 명사구와 결합하는 (22)의 동사들은 동작태 '완료'를 나타낸다고 볼 수 있는 데 반해, 후자의 명사구와 결합하는 동사들은 동작태 '진행'을 나타낸다는 점이다. 후자에 관해서는 3.3.4에서 언급할 것이다.

> (22가) Hans hat ein Glas Bier getrunken.
> 한스는 맥주 한 잔을 마셨다.
> (22나) Maria hat zwei Äpfel gegessen.
> 마리아는 사과 두 개를 먹었다.
> (22다) Anya hat eine Beethoven Sonate gespielt.
> 안야는 베토벤의 소나타 한 곡을 연주했다.
> (22라) Franzis hat zwei Schuhe geputzt.
> 프란치스는 구두 두 켤레를 닦았다.

동작태 '완료'의 또 다른 특성은 동일한 행위가 반복되지 않는다는 점이다. 이와 관련하여 (23)의 문장을 보자.

> (23) Hans hat eine Katze heute dreimal getötet
> 한스는 고양이를 오늘 세 번 죽였다.

(23)은 (24가,나)와 같이 두 가지 의미를 갖는다.

(24가) (∃x) (Katze(x) & (3t) (Zeitpunkt(t) & Hans hat x heute zu t getötet))

(24나) (3t) (Zeitpunkt(t) & (∃x) (Katze(x) & Hans hat x heute zu t getötet))

(24가)는 고양이 한 마리가 있는데, 바로 이 고양이를 한스가 오늘 다른 세 시점에서 죽였다는 것을 의미하고, (24나)는 오늘 다른 세 시점에서 한스가 고양이 한 마리씩 죽였다는 것을 의미한다. 즉 전자는 고양이 한 마리를 다른 세 시점에서 죽이고, 또 죽이고, 또 죽였다는 것을 의미하고, 후자는 다른 세 시점에서 서로 다른 고양이를 한 마리씩 죽였다는 것을 의미한다. 그러므로 (24가,나)는 각각 (25가,나)의 함수관계로 나타낼 수 있다.

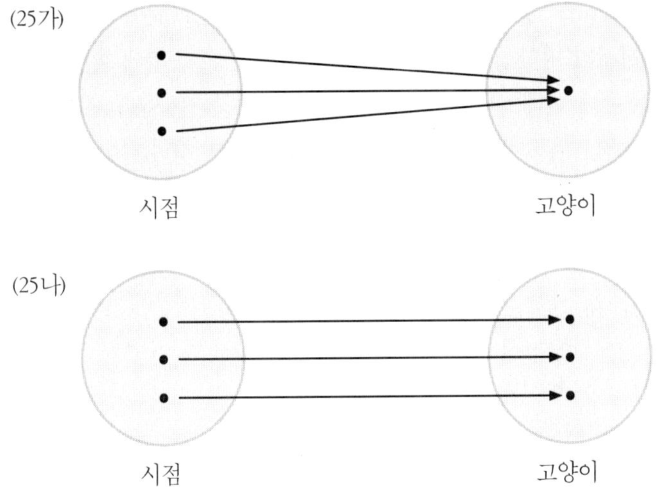

따라서 (25가)는 의미해석상 우스꽝스러운 것으로서 수용될 수 없고, (25나)는 의미해석상 동작태 '완료'를 나타내는 정상적인 내용으로 받아들여질 수 있다.

동일한 행위의 반복을 허용하지 않는 동작태 '완료'의 특성은 *einmal, dieses Mal, gerade, heute, an dem Tag* 같은 표현을 사용하는 (26가)의 문장과 *bis zum Bahnhof* 같은 특정한 목적지를 나타내는 방향의 전치사구 같은 표현을 사용하는 (26나,다)의 문장에서도 드러난다.

(26가) Franz aß ein Ei einmal/dieses Mal/gerade/heute/an dem Tag zum Frühstück.
프랑츠는 한 번/이 번/방금/오늘/그날 계란 하나를 아침식사 때 먹
었다.
(26나) Hans fuhr einen VW-Bus bis zum Bahnhof.
한스는 VW-버스를 역까지 운전했다.
(26다) Hans lief bis zur Universität durch den Wald.
한스는 숲을 통해 대학교까지 걸어갔다.

3.3.4 진행동사

동작태 '완료'와 달리 동작태 '진행'은 동일한 행위의 반복을 허용한다. 그러
므로 진행동사들이 (27가,나)에서와 같이 시간의 지속을 나타내는 *den ganzen Tag,
vier Stunden lang* 등과 결합하면 진행동사들이 나타내는 행위나 사건들은 해당시
간 내에 반복될 수 있다는 것을 의미한다.

(27가) Meine Mutter hat den ganzen Tag gearbeitet.
나의 엄마는 하루종일 일을 했다.
(27나) Sie hat vier Stunden lang an einem Bild gemalt.
그녀는 네 시간동안 그림을 그렸다.

그러므로 완료동사는 관련행위나 사건이 주어진 시간 내에 완료되었다는
데에 강조를 두는데 반해, 진행동사는 관련행위나 사건이 주어진 시간 내에 진
행되었다는 것에 강조를 둔다. 완료동사와 진행동사의 이러한 속성을 통해서 볼
때 완료동사의 문장이 진행형의 문장으로 표현되면, (20가,나,다)에서 알 수 있듯
이 완료동사의 행위가 완료되었다는 것으로 해석될 수 없고, 진행동사의 문장이
진행형의 문장으로 표현되면, (28가,나,다)에서 알 수 있듯이 진행동사의 행위가
어느 정도 진행되었다는 것으로 해석될 수 있다.

(28가) Uta ist gerade dabei ein Gepäckstück zu tragen. → Uta trug ein
Gepäckstück.

우타는 짐을 나르고 있다. → 우타는 짐을 날랐다.

(28나) Uta ist gerade dabei an einem Bild zu malen. → Uta malte an einem Bild.

우타는 그림을 그리고 있다. → 우타는 그림을 그렸다.

(28다) Uta ist gerade dabei zu schwimmen. → Uta schwamm.

우타는 수영을 하고 있다. → 우타는 수영을 했다.

(29가)의 문장을 (21가)의 문장과 비교해 보자. 편의상 (21가)의 문장을 (29나)에 제시한다.

(29가) Peter hat zwei Stunden lang an einem Bild gemalt.

페터는 두 시간동안 그림을 그리고 있다.

(29나) Peter hat in zwei Stunden ein Bild gemalt.

페터는 두 시간안에 그림 하나를 그렸다.

*malen*을 동사로 하는 (29가)와 (29나)는 한편으로는 목적어를 *an einem Bild*와 *ein Bild*로 표현하는 점과 다른 한편에서는 시간을 나타내는 *zwei Stunden lang*과 *in zwei Stunden*과 결합한다는 점에서 통사적인 차이를 보인다. 재미있는 사실은 이러한 통사적인 차이가 동작태의 차이를 보이게 된다는 점이다. 즉 (29가)는 페터가 두 시간동안 그림을 그렸다는 동작태 '진행'을, 그리고 (29나)는 페터가 두 시간 내에 그림 하나를 완성했다는 동작태 '완료'를 나타낸다고 하겠다.

독일어에서 현재와 과거는 때로는 습관이나 총칭의 의미로 이해되기도 하고, 때로는 상황적인, 즉 진행의 의미로 이해되기도 한다. 따라서 (30가,나,다,라)의 문장들은 습관적인 의미로 이해될 때 동작태 '진행'을 나타낸다고 볼 수 있는데, 이는 습관을 행위의 반복으로 볼 수 있기 때문에 가능한 것이라고 하겠다.

(30가) Er steht/stand früh auf.

그는 아침 일찍 일어난다./일어났다.

(30나) Angela bummelt/bummelte gern in der Stadt.

앙엘라는 시내에서 빈둥거리는 것을 좋아한다./빈둥거리는 것을 좋아했다.

(30다) Du sparst/spartest überhaupt nicht.

너는 전혀 절약하지 않는다./절약하지 않았다.
(30라) Seine Sekretärin raucht/rauchte.
그의 여비서는 담배를 피운다./담배를 피웠다.

(22가,나,다,라)의 예문에서 이미 언급했듯이, 결합하는 목적어의 종류에 따라 동작태가 때로는 '완료'가 되기도 하고 때로는 '진행'이 되기도 한다. 관사 없이 나타나는 복수명사 *Äpfel, Sonaten*과 물질명사 *Wasser, Gold, Silber*는 셀 수 없는 명사이므로 [-gequantelt]로 분류될 수 있다. 그러므로 이들 명사를 목적어로 결합하는 (31가,나,다)의 동사들은 동작태 '진행'을 나타낸다고 할 수 있다.

(31가) Hans hat Bier getrunken.
한스는 맥주를 마셨다.
(31나) Hans hat ein wenig Beethoven Sonaten gespielt.
한스는 베토벤의 소나타를 조금 연주했다.
(31다) Maria hat Flöhe auf dem Rücken ihres Hundes entdeckt.
마리아는 자기 개의 등에서 파리들을 발견했다.

동일한 행위의 반복을 허용하는 동작태 '진행'은 행위의 반복을 나타내는 (32가,나,다,라,마)와 같은 문맥에서도 나타난다.

(32가) Es ist sein Hobby, jedes Wochenende auf den Berg zu steigen.
주말마다 산에 오르는 것이 그의 취미이다.
(32나) Franz ass gerne/immer/gewöhnlich/oft/habituell ein Ei zum Frühstück.
프란츠는 기꺼이/항상/일상적으로/자주/습관적으로 계란 하나를 아침 식사 때 먹는다.
(32다) Ye-Ok bekommt jedesmal Heimweh, wenn sie koreanische Lieder hört.
예옥이는 한국음악을 들을 때면 언제나 향수에 젖는다.
(32라) Er wacht jeden Morgen früh auf.
그는 매일 아침 일찍 깬다.
(32마) Ich fahre zweimal im Jahr nach Rom.
나는 일년에 두 번 로마에 간다.

여기서 중요한 것은 빈도나 반복을 나타내는 *einmal in der Woche, dreimal in einem Monat, immer, oft* 등은, 셀 때 사용되는 *einmal, zweimal, dreimal* 등과는 구별된다는 점이다. (33가,나)의 문장을 보자.

> (33가) Maria spielte Tennis zweimal in der Woche.
>   마리아는 일주일에 두 번 테니스를 쳤다.
> (33나) Maria spielte zweimal Tennis.
>   마리아는 두 번 테니스를 쳤다.

(33가)는 마리아가 과거 어느 시기에 테니스를 일주일에 두 번씩 치는 습관을 갖고 있었다는 것으로 이해되고, (33나)는 마리아가 과거 언젠가 테니스를 두 번 쳐보았다는 것으로 이해된다. 그러므로 이중에서 (33가)만이 동작태 '진행'을 나타낸다고 할 수 있다.

지금까지 설명한 동작태를 [±Handlung], [±wiederholt], [±punktuell], [±ingressiv] 같은 자질들로 설명한다면 독일어의 동사들은 (34)와 같이 분류될 수 있을 것이다.

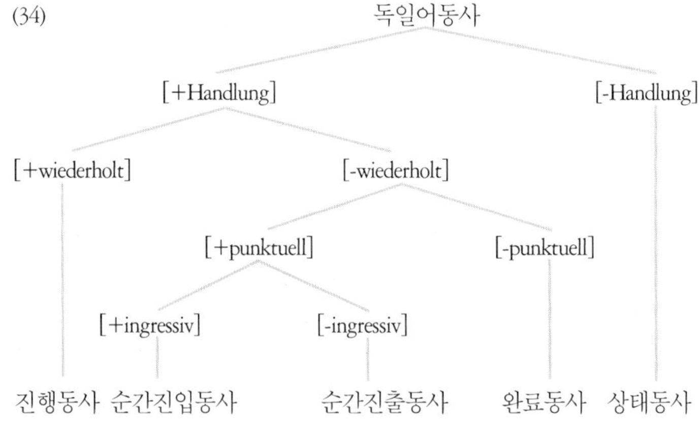

그러므로 독일어의 동사들은 (34)에 의거하여 (35)와 같은 자질들로 분류될 수 있다.

(35가) 상태동사 : [-Handlung]
(35나) 진행동사 : [+Handlung, +wiederholt]
(35다) 순간진입동사 : [+Handlung, -wiederholt, +punktuell, +ingressiv]
(35라) 순간진출동사 : [+Handlung, -wiederholt, +punktuell, -ingressiv]
(35마) 완료동사 : [+Handlung, -wiederholt, -punktuell]

지금까지 보았듯이 객관주의자들의 입장에서 출발한 성분분석론에서는 임의의 범주에 속하는 모든 구성원들이 예외 없이 특정한 속성들을 공유해야 한다는 필요충분조건에 의거하여 명사, 형용사, 동사 등 많은 단어들의 의미가 체계적으로 분석될 수 있게 된다. 이 점에서 성분분석론은 2.1에서 언급한 뜻의 관계에 의거한 의미분석론보다는 진일보한 이론임은 분명하다. 그러나 인간의 언어사용이 성분분석론자들이 주장하듯이 과연 자질들의 합에 근거를 두는 필요충분조건으로만 설명될 수 있겠는가 하는 점에서 끊임없이 문제가 제기되고 있다. 이에 관한 토론이 3.4에서 이루어질 것이다.

3. 4 성분분석론의 문제점

인간의 언어사용은 세상경험과 이해의 기반위에서 아주 동적으로 이루어지는데, 성분분석론에서 단어의 의미는 임의의 구성원이 특정한 범주 x에 속하기 위해 임의의 자질을 갖느냐 갖지 않느냐 하는 것으로 규정된다. 그러므로 의미자질은 양자택일 원칙의 기반 위에서 이분법으로, 즉 "+"의 값과 "-"의 값을 취하게 된다. 그러므로 임의의 구성원이 특정한 범주 x에 속하기 위해서 갖는 자질들의 합은 x의 범주에 속하기 위한 필요충분조건이 된다. 그러나 앞으로 몇 가지의 예에서 보겠지만, 성분분석론에서 제시하는 필요충분조건에 의거한 범주화작업은 실제로 인간의 언어사용에 들어맞지 않게 된다. 왜냐하면 사람들은 단어를 사용할 때 항상 사전적인 의미로만 사용하지 않고, 때로는 언어지식보다 세상경험에서 나온 비언어적인 지식을 더 중요하게 여기기 때문이다. 이와 관련하여 Schwarz/Chur(1993:39/41)에 제시되어 있는 예문 (36가,나)를 보자.

(36가) Der Hund hat da eine Pfütze gemacht.
　　　개가 거기에 웅덩이 하나를 파 놓았다.
(36나) Maria ist eine Frau, aber sie ist nicht erwachsen.
　　　마리아는 부인인데, 성숙하지는 않았다.

*Pfütze*와 *Lache*는 사전적인 의미로 평탄한 땅이 파여서 물이 고이게 된 웅덩이를 의미하지만, 전자는 자연적으로 빗물이 고여 생긴 웅덩이를, 그리고 후자는 인위적으로 땅을 파서 물이 고이게 한 웅덩이를 의미한다는 점에서 차이가 있다. 그러므로 사전적 의미지식에 의거하면 (36가)는 당연히 비문이 되어야 한다. 왜냐하면 자연적으로 생겨야 할 *Pfütze*를 개가 팠기 때문이다. 그런데 중요한 사실은 실제로 (36가)가 정보 전달에 전혀 문제가 없는 문장으로 사용된다는 점이다. *Frau*의 의미도 이미 (1다)에서 [+erwachsen]으로 설명된 바 있으므로 당연히 (36나)는 비문이 되어야 한다. 그러나 (36나)가 정보전달에 전혀 문제가 없는 문장으로 받아들여질 수 있는 것은 (1다)에 제시된 [+erwachsen]의 자질이 육체적인 성숙도를 의미했던 반면, (35나)의 형용사 *erwachsen*은 마리아의 정신적인 성숙도를 의미하기 때문이다. 이는 성분분석론이 언어사용자인 인간의 세상경험을 전혀 고려하지 않는다는 점, 그리고 예외를 허용하지 않는다는 점에서 언어의 의미분석에 중대한 오류를 범하고 있다는 것을 말해 준다고 하겠다.

가장 흔한 예로 새의 의미를 보자. 새의 범주에 속하기 위해서 임의의 구성원은 성분분석론에 의하면 [FEDERN HABEN], [FLIEGEN KÖNNEN], [SINGEN KÖNNEN], [EIER LEGEN] 등 새의 범주에 속하기 위한 여러 가지 속성들, 즉 자질들을 필수적으로 가져야 한다. 그러므로 이러한 자질들을 지니는 참새, 비둘기, 기러기 등은 새의 범주에 속하게 되고, 날지 못하는 펭귄이나 타조는 [FLIEGEN KÖNNEN]의 자질을 갖지 못한다는 점에서 새의 범주에서 제외된다. 그러나 우리들은 실제로 펭귄이나 타조를 새의 범주로 인지할 뿐만 아니라, 날 수 있는 새의 구성원들 사이에서도 날 수 있는 능력의 차이가 있고, 나는 방법에서도 차이가 있다는 것을 경험을 통해 인지하게 된다. 이는 (37)의 문장에서 알 수 있다.

    (37) Guck mal die Vögel, die durch die Luft fliegen!
       공중에 나는 저 새들 좀 봐!

    (37)의 문장을 들을 때 우리는 *die Vögel*의 지시대상을 어떻게 연상해 낼까? 상황에 따라서 *die Vögel*은 참새나 비둘기나 기러기 등으로 연상해 낼 수는 있겠지만, 닭이나 꿩 등으로 연상해 내지는 않을 것이다. 왜냐하면 닭이나 꿩은 참새, 비둘기, 기러기에 비해 나는 능력이 떨어질 뿐만 아니라 나는 높이에서도 차이가 있다는 것을 경험적으로 알고 있기 때문이다. 또한 (37)의 문장을 들을 때 우리들은 *die Vögel*의 지시대상으로 매를 연상하지는 않을 것이다. 왜냐하면 매는 주로 혼자 날지, 떼를 지어 날지는 않는 새라는 것을 알고 있기 때문이다.

    개의 의미를 보자. 성분분석론에 의하면 개의 범주에 속하기 위해서는 [VIER BEINE HABEN], [BELLEN] 등의 자질을 가져야 한다. 그렇다면 교통사고로 다리 하나를 잃은 개, 짖는 소리가 이웃에 피해를 준다고 해서 후두기관이 절제되어 더 이상 짖지 못하게 된 개 등은 성분분석론에서 제시하는 자질들의 필요충분조건에 의거하면 [VIER BEINE HABEN], [BELLEN] 등의 자질들을 갖지 못한다는 이유로 인해 개의 범주에서 제외되어야 한다. 그러나 우리들은 경험적으로 형성된 개의 이미지를 통해 세 발의 개도, 그리고 짖지 못하게 된 개도 모두 개로 인지한다.

    가구의 의미를 보자. 우리는 가구의 구성원으로 장롱, 경대, 침대, 소파 등을 제시할 수 있을 것이다. 문제는 텔레비전, 전화기 등도 가구의 범주로 볼 것인가 하는 점이다. 어떤 사람은 텔레비전이나 전화기를 살 때 집안의 분위기, 집에 있는 기존의 가구의 모양이나 색깔 등을 고려해 기능보다는 모양과 색깔 등에 더 신경을 쓰는가 하면, 어떤 사람은 집안분위기나 기존의 가구와는 상관없이 기능이나 성능에 더 신경을 쓸 것이다. 그렇다면 텔레비전이나 전화기는 전자에게는 가구의 일부로 인지된다고 볼 수 있고, 후자에게는 순전히 가전제품으로 인지된다고 볼 수 있다. 그러므로 텔레비전이나 전화기가 가구의 범주에 속하느냐의 여부는 사람에 따라서 다르게 판단된다고 할 수 있다. 그러나 텔레비전이나 전화는 그것들을 가구의 범주로 인지하는 사람들에게도 장롱, 경대, 침대, 소파 같은 가구의 핵심구성원과는 상당히 멀리 떨어져 있는 주변구성원으로 간주된다고 볼 수 있다.

동사의 동작태를 보자. 예를 들어 순간동사 *zustech-*는 이미 각주 36)에서 언급한 바 있는 *Der Pantomine stach ganz langsam zu.*의 문장에서는 결코 (35다)의 자질 [Handlung, -wiederholt, +punktuell, -ingressiv]을 가질 수 업게 된다. 왜냐하면 펜터마임을 하는 배우의 창을 찌르는 행위가 순간적으로 행해지는 것이 아니라, 아주 천천히 행해지기 때문이다.

새, 개, 가구 등의 의미와 동사의 동작태에서 보았듯이 성분분석론의 문제는 단어의 의미를 인간의 세상경험을 고려하지 않은 상태에서 마치 수학공식이나 논리학의 추론같이 필요충분조건으로 정확하게 분석하려는 데에서 기인한다고 볼 수 있다. 이러한 성분분석론의 문제는 세상을 그 안에 존재하는 인간이 어떻게 경험하고 이해하는가 하는 문제와는 상관없이 마치 전지전능한 신에 의거해서 창조된, 완벽하게 이해될 수 있는 하나의 완벽한 구조물로 간주하려는 객관주의자들의 입장으로 거슬러 올라가게 된다. 그러나 인간은 신과 달리 완벽한 세상을 구성할 수도 없고, 이해할 수도 없는 존재이다. 다시 말해서 인간은 결코 초월적 이성을 지닌 존재가 아니다. 인간은 오히려 세상을 동일한 외부적인 환경 속에서 경험하고 이해하는 환경구속적, 경험구속적 존재라 하겠다. 요컨대 인간의 언어사용은 세상경험과 이해 속에서 이루어지게 되는 것임에도, 객관주의자들의 입장에서 출발하여, 이런 사정을 무시하고, 언어의 의미를 수학적인 논리로만 분석하고자 하며, 예외를 허용하지 않고자 하는 성분분석론은 비판되어야 한다.

4장에서는 역시 객관주의자들의 입장에서 출발한 형식의미론자들의 의미모델에서 조어의 다의어현상이 어떻게 분석될 수 있는지, 그리고 이들의 문제점은 무엇인지에 관해 토론하기로 한다.

　　형식의미론자들이나 생성문법론자들은 객관적인 것을 이성적인 것으로, 그리고 인간의 경험이나 문화와 관련되는 주관적인 것을 비이성적이고 부정확하고 정당하지 못한 것으로 간주하는 데카르트 식의 객관주의적 입장에서 출발한다. 특히 형식의미론자들은 세상을 대상들로 구성된 것으로 보고, 그 대상들이 언어사용자인 인간의 세상경험과 상관없이 그것들 고유의 속성을 지니면서 다른 대상들과 다양한 관계를 갖고 있는 것으로 본다. 객관주의자들이 말하는 대상, 속성, 관계들은 언어로 표현될 때, 대상은 고유명사나 명사구 같은 이름으로, 속성은 일항술어로, 그리고 관계는 이항술어, 다항술어 등으로 표현된다. 그러므로 형식의미론자들은 문장의 의미를 합성성의 원칙에 의거하여 문장을 구성하고 대상, 속성, 관계 등을 나타내는 언어표현들의 의미의 합으로 규명한다.

　　조어의 의미도 형식의미론에서는 합성성의 원칙에 의거하여 그것의 구성성분들의 의미의 합으로 규명된다. 따라서 파생어의 의미도 합성성의 원칙에 의거하여 기저어휘의 의미와 접사들의 의미의 합으로 규명된다. 그러기 위해서 접사들은 기저와 마찬가지로 그들 고유의 의미를 지녀야 한다. 여기에 생성형태론자들의 핵의 원칙이 도입되면 조어의 의미를 규정하는 핵은 오른쪽성분으로 간주되므로, 합성어의 경우는 오른쪽성분인 피한정어가 핵이 되고, -er-명사, 축소명사, 그리고 사건명사 같은 파생명사의 경우는 오른쪽성분인 접미사가 핵으로 규정된다.[37] 그러므로 접미파생어의 의미분석에서 접미사가 중요한 역할을 하게 되므로, 접미파생어의 다의적 현상을 접미사를 중심으로 토론해 보는 것은 의미 있는 작업이라고 볼 수 있을 것이다.

접미사가 파생어의 의미규명에 중요하다는 것은 접미사에 관한 여러 학자들의 다양한 견해를 통해서도 볼 수 있다. 이러한 점에서 4.1에서는 접미사에 관한 여러 학자들의 입장들을 보고, 접미파생어의 다의적 현상들이 어떻게 분석되는지, 그리고 그런 분석들의 한계가 어디에 있는지를 살펴보고자 한다.

4.1 접미사에 관한 여러 가지 입장들

4.1.1 다의형태소와 의미핵으로서의 접미사

Montague(1970/1973)는 객관주의자들의 입장에 의거, 언어표현들의 의미가 어떻게 인간의 중재 없이 세상의 구조와 일치할 수 있게 되는가를 문장구조와 세계구조 간의 일치관계를 통해 보여주기 위해서 논리적이고 수학적인 진리조건을 밝혀 낼 수 있는 의미모델을 제시하였다. 그러면 실제로 조어의 의미가 Montague(1973)의 의미모델에 의거해서 어떻게 분석될 수 있는가를 보기로 하자.

접미파생명사의 의미는 합성성의 원리에 의거, 기저어휘의 의미와 접미사의 의미의 합으로 이루어져야 한다. Montague(1973)의 모델에 의거하면 기저어휘 P 는 P′으로 의미해석되겠고, 문제는 명사접미사의 의미인데, 이를 Oh(1985:86/1988:170ff.)는 (1)과 같이 해석한다.

(1) $\lambda x_i \exists x_1 \cdots, x_{i-1}, x_{i+1}, \cdots, x_n [P'_*(x_1, x_2, \cdots, x_n)]$

(1)에서 P는 *Prüfer, Prüfling, Entsafter, Entdeckung, Bäckerei* 같은 파생명사의 기저동사 *prüf-, entsaft-, entdeck-, back-*와 *Dortmunder, Viertürer* 같은 파생명사의 추상적

---

37) 조어의 핵에 관해서는 10.2에서 자세히 다루고 있다.

기저동사 'STAMM-', 'BESITZ-'를 말한다. x_1, x_2, $\cdots$, x_n은 기저동사인 P의 논항, 즉 행위자격 논항, 수동자격 논항, 도구격 논항, 사건격 논항 등을 말하며, 이들 논항 중 파생명사의 의미해석에 중요한 것은 'λ'로 묶여 있는 논항 x_i이다. 따라서 명사접미사의 의미는 (1)에 의거하면 기저동사의 임의의 논항 x_i의 집합으로 해석될 수 있다. 즉 (1)에서 x_i가 행위자격 논항이면 명사접미사의 의미는 행위자의 집합으로 해석되고, x_i가 수동자격 논항, 도구격 논항, 사건격 논항, 장소격 논항이라면 명사접미사의 의미는 각각 수동자, 도구, 사건, 장소의 집합으로 해석된다. 그러므로 x_1, x_2, x_3, x_4, x_5를 행위자격 논항, 수동자격 논항, 도구격 논항, 사건격 논항, 장소격 논항으로 보면, 다양한 접미사들의 의미는 (2)와 같이 해석될 수 있다.

$$(2가)\ \ \text{-er}_1 \Rightarrow \lambda x_1 \exists x_2, \cdots, x_n\,[P'_*(x_1, x_2, \cdots, x_n)]$$
$$(2나)\ \ \text{-ling} \Rightarrow \lambda x_2 \exists x_1, x_3, \cdots, x_n\,[P'_*(x_1, x_2, \cdots, x_n)]$$
$$(2다)\ \ \text{-er}_2 \Rightarrow \lambda x_3 \exists x_1, x_2, x_4, \cdots, x_n\,[P'_*(x_1, x_2, \cdots, x_n)]$$
$$(2라)\ \ \text{-ung/-er}_3 \Rightarrow \lambda x_4 \exists x_1, x_2, x_3, x_5, \cdots, x_n\,[P'_*(x_1, x_2, \cdots, x_n)]$$
$$(2마)\ \ \text{-erei/-ei/-er}_4 \Rightarrow \lambda x_5 \exists x_1, x_2, x_3, x_4, \cdots, x_n\,[P'_*(x_1, x_2, \cdots, x_n)]$$

여기에 생성형태론의 핵의 원칙이 도입되면 (2)와 같이 의미해석되는 명사접미사들은 사실 파생명사의 의미핵으로 간주되어 파생명사의 의미를 규정하게 된다. 따라서 접미파생명사들의 다양한 의미는 (3)에서와 같이 해석될 수 있다.

$$(3가)\ \ \text{Prüfer} \Rightarrow \lambda x_1 \exists x_2 \exists x_3\,[\text{prüf-}'_*(x_1, x_2, x_3)]$$
$$(3나)\ \ \text{Prüfling} \Rightarrow \lambda x_2 \exists x_1 \exists x_3\,[\text{prüf-}'_*(x_1, x_2, x_3)]$$
$$(3다)\ \ \text{Entsafter} \Rightarrow \lambda x_3 \exists x_1 \exists x_2\,[\text{entsaft-}'_*(x_1, x_2, x_3)]$$
$$(3라)\ \ \text{Prüfung} \Rightarrow \lambda x_4 \exists x_1 \exists x_2\,[\text{prüf-}'_*(x_1, x_2, x_4)]$$
$$\text{Seufzer} \Rightarrow \lambda x_4 \exists x_1 \exists x_2\,[\text{seufz-}'_*(x_1, x_2, x_4)]$$
$$(3마)\ \ \text{Bäckerei} \Rightarrow \lambda x_5 \exists x_1 \exists x_2\,[\text{back-}'_*(x_1, x_2, x_5)]$$
$$\text{sleeper} \Rightarrow \lambda x_5 \exists x_1 \exists x_2\,[\text{sleep}'_*(x_1, x_2, x_5)]$$

명사에서 파생된 *Frachter, Musiker, Gärtnerei* 같은 파생명사들은 명시적인 기저

동사가 없으므로 'TRANSPORTIER-,' 'SPIEL-,' 'ARBEIT-' 같은 추상동사를 (1)의
P로 가정하여 (4)와 같이 의미해석될 수 있을 것이다.

(4가) Frachter $\Rightarrow \lambda x_3 \exists x_1$ [TRANSPORTIER-$'_*$ $(x_1,$ Fracht, $x_3)$]

(4나) Musiker $\Rightarrow \lambda x_1$ [SPIEL-$'_*$ $(x_1,$ Musik)]

(4다) Gärtnerei $\Rightarrow \lambda x_5$ [ARBEIT-$'_*$ (Gärtner, x_5)]

형용사에서 파생된 명사들도 형용사를 (1)의 P로 간주한다면 (5)와 같이 의
미해석될 수 있다.

(5가) Säure $\Rightarrow \lambda x_2$ [sauer$'_*$ (x_2)]

(5나) Fläche $\Rightarrow \lambda x_2$ [flach$'_*$ (x_2)]

(5다) Feigling $\Rightarrow \lambda x_2$ [feig$'_*$ (x_2)]

Montague(1973)의 의미모델에 의거한 파생명사의 의미분석은 몇 가지로 요
약될 수 있다. 첫째, 명사접미사의 의미는 언어사용자의 세상경험과 상관없이
이미 (1)과 같이 객관적으로 주어진 것이고, (2가,나,다,라,마)와 같은 몇 개의 특
정한 의미로 고정되어 있다. 둘째, 명사접미사는 (1)과 같은 고유의 의미를 지니
는 형태소로 간주된다. 특히 접미사 -er는 (2가,다,라,마)에서 보았듯이 여러 가지
의미를 지니는 다의형태소로 간주된다. 셋째, 명사접미사는 파생명사의 의미핵
으로서 파생명사의 전체의미를 규정한다. 넷째, 파생명사의 의미는 합성성의 원
칙에 의거, 기저동사의 의미와 명사접미사의 의미의 합으로 이루어진다.

여기에서 핵심적으로 다루게 될 주요 테마는 조어의 의미해석과 관련하여
방금 몇 가지로 요약해 본 형식의미론자들의 주장이 과연 인간의 조어사용을
적절하게 설명해 줄 수 있는가 하는 문제와 관련되어 있다. 그러므로 앞으로 이
문제를 해결할 수 있는 방안을 모색하기 위해 형식의미론자들의 문제는 자주
언급하게 될 것이다.

4.1.2 논항구조를 변경하는 기능소로서의 접미사

논항구조의 측면에서도 접미사의 정체는 파악될 수 있다. 이와 관련하여 (6)의 예를 보자.

(6가) Peters Prüfer/Prüfer Peters
(6나) Peters Prüfling/Prüfling Peters
(6다) Peters Prüfung/Prüfung Peters

*Peter*는 (6가)에서는 수동자로, 그리고 (6나)에서는 행위자로 이해되고, (6다)에서는 행위자로도 이해되고, 수동자로도 이해된다. 이렇게 *Peter*가 서로 다른 논항으로 이해되는 것은 핵인 파생명사, 즉 *Prüfer, Prüfling, Prüfung*의 기저동사 *prüf-*의 논항구조와 관련시켜 설명해 볼 수 있다.

Zimmermann(1987:91)은 논항구조를 외재논항, 내재논항 그리고 지시논항으로 설명한다. 외재논항과 내재논항은 우리들이 흔히 알고 있는 주어와 목적어라고 생각하면 된다. 그런데 Zimmermann(1987)의 논항구조에서 제시되는 지시논항은 실제로 단어의 의미를 말해주는 논항으로서, 예를 들면 기저동사 *prüf-*의 경우에는 사건격 논항(ER)이, -er-명사 *Prüfer*, -ling-명사 *Prüfling*, -ung-명사 *Prüfung*의 경우에는 각각 행위자격 논항(AG), 수동자격 논항(PA), 사건격 논항(ER)이 지시논항이 된다. 그러므로 *prüf-*는 Zimmermann(1987)에 의하면 (7가)와 같은 논항구조를 갖는다고 할 수 있다. 그리고 (7가)에 제시된 *prüf-*의 논항구조에 의거하면 *Prüfer, Prüfling, Prüfung*의 논항구조는 (7나,다,라)와 같이 제시될 수 있다.

(7가) prüf- : [ER AG PA]
(7나) Prüfer : [AG PA ER]
(7다) Prüfling : [PA AG ER]
(7라) Prüfung : [ER AG PA]

(7가,나,다,라)에서 이해의 편의상 지시논항에 밑줄을 그었다. 그러면 논항들

의 할당관계를 보자.

지시논항은 단어의 의미를 나타내는 논항이므로 다른 언어표현에 할당될 수 없고, 사건격 논항은 암시적 논항이므로 다른 언어표현에 명시적으로 할당될 수 없다. 그러므로 명시적으로 할당될 수 있는 논항은 행위자격 논항과 수동자격 논항인데, 이들 논항도 지시논항이 되지 않을 경우에 한하여 명시적으로 할당될 수 있다. 예를 들면 (6가)에서 *Peter*에게 수동자격 논항 PA가 할당되는 이유는 (7나)의 논항구조에서 알 수 있듯이 핵인 *Prüfer*가 행위자격 논항 AG를 지시논항으로 취하고, 그리고 사건격 논항 ER은 명시적으로 할당될 수 없는 암시적 논항이므로, 수동자격 논항 PA만이 할당가능한 논항으로 남기 때문이다. (6나)에서 *Peter*에게 할당될 수 있는 논항은 AG인데, 그 이유는 (7다)의 논항구조에서 알 수 있듯이 핵인 *Prüfling*이 수동자격 논항을 지시논항으로 취하고, 사건격 논항은 암시적 논항으로서 할당될 수 없고, 행위자격 논항 AG만이 할당가능한 논항으로 남기 때문이다. 그러나 (6가,나)에서와 달리 (6다)에서 *Peter*는 발화상황에 따라 수동자로도 이해되고, 행위자로도 이해되는데, 이는 (7라)에서 알 수 있듯이 핵인 *Prüfung*의 지시논항이 암시적 논항인 사건격 논항이므로, 행위자격 논항 AG도 그리고 수동자격 논항 PA도 *Peter*에게 할당될 수 있기 때문에 가능한 것이다.

논항구조와 관련시켜 볼 때 명사접미사는 고유의 의미를 지니는 형태소가 아니라 기저동사의 논항구조를 파생명사의 논항구조로 변경시켜 주는 기능소의 역할을 한다고 볼 수 있다. 이러한 명사접미사의 기능은 (8)과 같이 형식화될 수 있을 것이다.

$$(8)\ \lambda x_1\,\lambda x_2\, \cdots\, \lambda x_{i-1}\,\lambda x_i\,\lambda x_{i+1}\, \cdots\, \lambda x_{n-1}\,\lambda \underline{x_n}\ [p]$$

$$\Rightarrow \lambda x_1\,\lambda x_2\, \cdots\, \lambda x_{i-1}\,\lambda x_{i+1}\, \cdots\, \lambda x_{n-1}\,\lambda x_n\,\lambda \underline{x_i}\ [p],\quad n \geq 1$$

(8)에서 p는 임의의 명제이고, 화살표 왼쪽의 형식에서 밑줄이 그어진 x_n은 기저동사의 지시논항을, 그리고 화살표 오른쪽의 형식에서 밑줄이 그어진 x_i는 파생명사의 지시논항을 가리킨다. x_n과 x_i는 *Prüfung*에서와 같이 동일할 수도

있고. *Prüfer, Prüfling*에서와 같이 상이할 수도 있다. 그러므로 *Prüfer, Prüfling, Prüfung*이 시험을 보게 하는 사람, 시험을 보는 사람, 시험으로 이해되는 것은 접미사 *-er, -ling, -ung*이 *prüf-*의 지시논항 ER을 각각 AG, PA, ER의 지시논항으로 변경시켜주는 기능을 수행하기 때문에 가능한 것이라고 볼 수 있다.

그러나 모든 파생명사의 의미가 객관주의자들의 주장대로 언어사용자의 세상경험과 상관없이 어떤 특정한 의미로 고정되어 있다면, 파생명사의 의미는 (1)과 같은 의미규칙으로도, 그리고 (8)과 같은 기능으로도 설명이 가능할 것이다. 그러나 문제는 파생명사들의 의미가 결코 객관주의자들의 주장대로 객관적으로 주어진 것이라고 볼 수도 없고, 고정된 것이라고 볼 수도 없다는 것이다. 그것은 인간의 조어사용이 세상경험과 이해의 기반 위에서 인간의 사고와 관련되어 다양하게 동적으로 이루어지기 때문이다.

4.1.3 논항전달의 운용소로서의 접미사

Olsen(1986:81)은 접미사 *-er*를 기저동사의 주어를 실현하지 못하게 하는 운용소로 간주한다. 왜냐하면 접미사 *-er*가 바로 기저동사의 주어의 의미역을 취하기 때문이다. 이를 일상적이지 않은 조어 *Hemmer*를 예를 들어 좀 더 자세히 보자. *Hemmer*는 기저동사 *hemm-*의 주어의 의미역인 행위자격 의미역을 취할 수도 있고, 도구격 의미역을 취할 수도 있다. 그런데 주어의 의미역은 이미 *Hemmer*가 취하고 있으므로 행위자가 될 수 있는 *Arzt*와 기구가 될 수 있는 *Medizin*은 *Hemmer*와 결합할 수 없게 된다. 따라서 **Arzthemmer*, **Medizinhemmer*는 비문법적이게 된다. 물론 **Arzthemmer*, **Medizinhemmer*가 비문법적이게 되는 것은 (8)의 규칙으로 설명이 가능하기도 하다. 즉 *Hemmer*가 사람을 명명할 때에는 행위자격 의미역을 취하므로 *Arzthemmer*의 *Arzt*에 지시논항인 행위자격 의미역이 할당될 수 없고, *Hemmer*가 도구를 명명할 때에는 도구격 의미역을 취하므로, *Medizinhemmer*의 *Medizin*에 지시논항인 도구격 의미역이 할당될 수 없다. 그러나 Olsen(1986)의 견해는 왜 *Appetithemmer, Konfliktlöser, Grenzverletzer* 등이 문법적인 조어인 데 반해

*Hemmer, *Löser, *Verletzer, 그리고 *Hemmer des Appetits, *Löser des Problems, *Verletzer der Grenze 같은 조어들은 비문법적이게 되는가를 설명해 주지 못한다는 점에서 문제를 안고 있다고 지적하지 않을 수 없다.

Fanselow(1991:23)는 논항전달이 사람을 나타내는 파생명사에만 규칙적으로 일어난다고 보고, 이에 관한 특별한 이론이 필요없다고 주장한다. 그리고 사람을 나타내는 파생명사에서 논항전달이 규칙적으로 일어나는 것도 접미사 -er와 관련된 것이 아니라 개념구조와 관련되는 것이라고 주장한다. 이런 관점에서 그는 Autor/Verfasser des Buches, Pilot/Flieger der Cessna에서와 같이 Autor, Pilot 같은 명사가 핵으로서 사람을 나타내는 경우와 Verfasser, Flieger 같은 파생명사가 핵으로서 사람을 나타내는 경우에 논항전달이 동일하게 일어나는 것으로 본다.[38) 그러나 Fanselow(1991)의 이러한 주장은 몇 가지 문제를 피할 수 없다. 첫째는 사람을 나타내는 파생명사가 핵으로 나타나는 경우에만 논항구조가 규칙적으로 일어나는 것이 아니라는 점이다. 사건명사가 핵으로 나타나는 Americas Entdeckung durch Kolumbus, Marias Besuch zu Hans, Marias Mord durch Hans 같은 경우에서도, 그리고 수동자를 나타내는 파생명사가 핵으로 나타나는 Marias Prüfling같은 경우에서도 논항전달은 규칙적으로 일어난다.[39) 둘째는 사람을 나타내는 -er-명사의 경우 Meibauer(1995a:9)가 지적하였듯이 소유격-NP가 나타나는 경우 Finder des Geldes는 문법적인 반면, *Finder der Lösung은 비문법적이고, *Ersteher des Buches는 비문법적인 반면, der Erstersteher des Buches는 문법적이게 되는 현상들을 설명해 주지 못한다는 점이다. 그러므로 논항전달이 사람을 나타내는 파생명사에만 규칙적으로 일어난다고 보는 Fanselow(1991)의 주장도 타당성을 갖지 못하게 된다.

---

38) 도구격파생명사에서는 논항전달이 일어나지 않는데, 이러한 현상은 다음의 예(Meibauer 1995a: 7)에서 볼 수 있듯이 일반적인 기구명의 명사에서도 동일하게 나타난다: (i) *Kopierer von Aufsätzen / *Drucker von Graphiken / *Mischer von Beton / *Flugzeug der Briefe / *Computer der Sterbeformeln / *Stift der Briefe (ii) Folienkopierer / Betonmischer / Stromstärkenmesser / Postflugzeug/ Textcomputer / Grabbenbager

39) Olsen(1992)과 Reis(1998)도 논항전달에 관한 별도의 이론이 필요 없다는 Fanselow(1991)의 견해를 비판하기도 한다.

4.1.4 개념구조를 변경하는 기능소로서의 접미사

Meibauer(1995a)는 명사접미사 *-er*를 기저의 개념구조를 변경하는 기능소로 본다. 예를 들어 *Gewerkschafter, Fabriker* 같이 명사에서 파생된 파생명사의 경우 기저인 *Gewerkschaft*와 *Fabrik*는 기관을 나타내는데, *-er*와 결합함으로 해서 기관이 사람으로 바뀐다. Meibauer(1995a)는 이를 바로 접미사 *-er*가 기관을 사람으로 바꾸는 기능소의 역할을 했기 때문에 생겨나게 되는 것이라고 본다. 그러므로 *Arzter와 *Kraner가 비문법적이게 되는 이유는 사람과 도구를 나타내는 기저인 *Arzt*와 *Kran*이 -er와 결합해도 다시 사람과 도구를 나타내게 되므로, 결과적으로 *-er*는 기저의 개념구조를 변경해 주는 기능소의 역할을 하지 못했기 때문인 것으로 설명된다. 그러면 Meibauer(1995:14f.)가 제시한 독일어 *-er*-명사의 개념들을 보자.

(9가) **사람** : Empfänger, Prüfer
(9나) **직업** : Lehrer, Bäcker, Fussballer, Gewerkschafter
(9다) **출생** : Dortmunder, Amerikaner
(9라) **도구** : Kocher, Flipper, Füller
(9마) **탈 것** : Laster, Dampfer, Einachser
(9바) **산물** : Seufzer, Rülpser, Schluchzer
(9사) **사물** : Anhänger, Aufkleber, Hocker
(9아) **동물** : Dickhäuter, Warmblüter
(9자) **숫자로 표기된 사물** : Neuner(버스), Dreitausender(산), Fünfziger(지전/동전)

물론 (9)의 개념들이 모두 선택되어 *-er*-명사에 할당되는 것은 아니다. Meibau-er(1995a:20)는 (9)의 개념 중에서 사람과 도구, 그리고 경우에 따라서는 생산물까지를 *-er*-명사의 일차개념으로 보고, (10)과 같이 제시하고, 개념들의 선택을 차단과 기저동사의 의미와 관련시켜 설명한다.

(10) **사람**   **도구**   **산물**
      Pipser   Pipser   Pipser
      (Koch)   Kocher   *Kocher

Lehrer	*Lehrer	(Lehre)
Abstauber	*Abstauber	Abstauber

(10)에서 *Kocher*는 사람의 의미로 차단되고 있는데, 그 이유는 이미 *Koch*라는 단어가 존재해 있기 때문인 것으로 볼 수 있다. 그리고 산물로서의 *Lehrer*가 비문법적이게 되는데, 이는 *Lehre*라는 단어가 이미 존재해 있기 때문인 것으로 볼 수 있다. 그렇다면 *Kocher*에게 산물의 개념이 주어지지 않는 이유는 무엇인가? Meibauer(1995a)는 이를 설명하고 있지 않지만, 추측컨대 그것은 *Speise*라는 단어가 이미 존재하고 있기 때문일 것이다.

선택제약은 기저동사의 의미와도 관련된다, 예를 들면 *abstaub-*는 '좋은 슛 기회를 만들려고 하지 않고 공이 오면 무조건 슛을 쏜다'는 의미를 지닌 동사이다. 그러므로 기저동사인 *abstaub-*의 의미가 사람의 의미와는 어울릴 수 있지만, 기구의 의미와는 잘 어울리지 않으므로, *abstaub-*로부터 사람을 나타내는 *Abstauber*는 파생될 수 있지만, 도구를 나타내는 *Abstauber*는 파생될 수 없게 된다.

또한 Meibauer(1995a:21f.)는 사람과 도구, 그리고 생산물을 나타내는 -er-명사의 다의적 현상을 언어의 역사적인 발전과정과 대조언어학의 측면에서 분석한다. 우선 전자의 경우를 보면 현대독일어 -er는 라틴어의 -arius로서 독일어에 차용된 접미사인데, 고대고지독일어에서는 -ari였고, 중세고지독일어에서는 -ere/-aere였다. 라틴어에서는 명사에서 파생된 -arius-명사화(telonarius '세관감독인', 고대고지독일어로는 zollarari임)가 나타났는데, 고대고지독일어에서는 동사에서 파생된 -er-명사(gebari '주는사람')가 명사에서 파생된 -er-명사(munizari '화폐주조자')보다 더 많이 나타났다. 어떻게 해서 -er-명사가 사람이외에 사물, 도구를 나타내게 되었는지에 관해서 자세하게 알려진 내용은 없다. 그러나 이미 고틱어에서 사물을 나타내는 명사에서 파생된 -er-명사(halsari 'Kopfkissen', zeigari 'Zeige-finger')가 있었다고 한다.

대조언어학적인 측면에서의 분석을 보자. 프랑스어의 접미사 -eur, -euse는 postier, infirmiere, betonniere, cendrier의 예에서 그렇듯이 동사나 명사와 결합하여 사람과 도구를 나타낸다. 영어에도 접미사 -er가 있는데, 이는 동사나 명사와 결합하여 driver, maker, baker, shopper에서와 같이 사람의 의미로 사용되기도 하고,

*dryer, duster, boiler, icebreaker*에서와 같이 도구의 의미로 사용되기도 한다. 물론 *dryer, boiler* 등 일부 기구의 -*er*-명사들은 사람의 의미로도 사용된다.

그러나 간략히 소개한 Meibauer(1995a)의 견해도 몇 가지 측면에서 문제를 안고 있다. 첫째는 접미사의 기능을 체계적으로 설명할 수 없다는 점이다. 언급하였듯이 -*er*가 기저어휘의 개념구조를 변경하는 기능소인데 반해, 접미사 -*ung*은 주로 사건이나 행위를 나타내는 동사와 결합하여 많은 경우 사건을 나타내는 -*ung*-명사를 파생하는데, 그렇다면 접미사 -*ung*은 기저의 개념구조를 변경하는 기능소의 역할을 하지 못하게 된다. 왜냐하면 기저동사 *entdeck*-와 파생동사 *Entdeckung*은 동일하게 '누군가가 무엇을 발견하는 (혹은 발견했다는) 사건'의 개념을 나타낸다고 볼 수 있기 때문이다.[40) 그러므로 Meibauer(1995a)의 견해를 따른다면 일부 접미사만이 개념구조를 변경하는 기능소의 역할을 한다고 보아야 할 것이다. 그렇다면 Meibauer (1995a)의 견해는 접미사의 기능에 관한 일관성 있는 설명방법을 제시하지 못하는 결과가 된다. 둘째는 (10)에서 설명하였듯이 차단관계를 기존 단어의 존재여부와 기저동사의 의미로만 설명하는 점이다. 언어의 경제성의 측면에서 볼 때 어떤 대상을 명명하는 단어가 이미 존재해 있다면 굳이 또 다른 조어를 만들어 낼 필요는 없다. 그러므로 *Kocher가 생성될 필요가 없는 조어임은 자명하다고 하겠다. 문제는 왜 *Kocher는 비문법적인 조어인데 반해 *Stahlkocher*는 독일사람들이 사용하는 정상적인 조어인가를 Meibauer(1995a)의 견해로는 설명될 수 없다는 점이다. 셋째는 -*er*-명사의 다의적 현상에 관한 설명이다. 독일어에서뿐만 아니라 영어에서도 -*er*-명사는 사람, 도구, 산물, 사람의 행위나 소리, 동/식물, 물질, 방송프로그램, 과일, 야구의 투구, 방송사, 주식, 수첩 등 여러 가지 의미로 사용될 수 있는데, 이러한 다의적 현상을 Meibauer (1995a)는 역사언어학에서 나타나는 몇 가지 예, 그리고 영어와 불어에서 나타나는 몇 가지 예로만 설명하고 있다. 그렇다면 이는 -*er*-명사의 다의어현상을 설명하는 아주 제한적인 방법이라고 볼 수밖에 없을 것이다.

---

40) Bierwisch(1989)에 의하면 *entdeck*-와 *Entdeckung*은 다음과 같이 동일한 의미로 해석된다.
(i) entdeck- $\Rightarrow \lambda x_1 \lambda x_2 \lambda x_3$ [x_3 INST [x_2 entdeck- x_1]]
(ii) Entdeckung $\Rightarrow \lambda x_1 \lambda x_2 \lambda x_3$ [x_3 INST [x_2 entdeck- x_1]]

4.2 형식의미론에 의거한 조어의 다의적 현상 분석

Sucharowski(1996:16)는 언어현상을 문법으로 설명할 수 있는 것 이상의 것이라고 주장한다. 그렇다면 필자는 단어의 의미도 어휘부에서 규정해 주는 어휘적 의미 이상의 것으로 보아야 한다고 생각한다. 그것은 사람들이 단어의 의미를 어휘부에서 규정해 주고 있는 바로 그 의미로만 사용하는 것이 아니라, 세상경험을 통해 아주 다양하게 확장된 의미로 사용하기 때문이다. 사람들의 언어사용이 세상경험과 이해의 기반 위에서 이처럼 아주 동적으로 이루어지는 것이라면, 단어의 의미를 언어사용자의 세상경험과 무관하게 객관적으로 주어진 것, 나아가서 특정한 의미들로 고정된 것이라고 보는 객관주의자들의 입장은 사실 더 이상 유지될 수 없게 될 것이다.

4.2.1에서는 -er-명사의 다의적 현상을, 4.3.2에서는 축소명사의 다의적 현상을, 4.2.3에서는 사건명사의 다의적 현상을, 4.2.4에서는 합성어의 다의적 현상을 형식의미론자들의 입장에서 분석해 보고, 구체적으로 어디에 형식의미론의 문제가 있는가를 보기로 하겠다.

4.2.1 *-er-* 명사의 다의적 현상

-er-명사는 독일어에서 사람(*Empfänger, Schwimmer, Dortmunder, Fussballer, Funfziger*), 도구(*Bohrer, Öffner, Löscher*), 사물(*Anhänger, Dreitausender, Fünfziger, Viertürer*), 산물(*Lyoner, Emmentaler, Neunzehnhundertfünfziger*), 사람의 행위나 소리(*Hopser, Jodler, Rülpser, Jachzer*), 동물(*Dickhäuter, Vierbeiner, Frühlingspinner*), 식물(*Bedecksamer, Einblattkeiner*) 등으로 사용된다. 이미 언급한 (1)의 의미규칙에 의거하면, -er-명사의 이와 같은 여러 가지 의미는 (11)과 같이 해석될 수 있다.

(11가) 사람의 -er$_1$ $\Rightarrow \lambda x_1 \exists x_2, \cdots x_n [P'_*(x_1, x_2, \cdots, x_n)]$

(11나) 사물의 접미사 -er$_2$ $\Rightarrow \lambda x_2 \exists x_1, x_3, \cdots, x_n [P'_* (x_1, x_2, \cdots, x_n)]$

(11다) 도구의 접미사 -er$_3$ $\Rightarrow \lambda x_3 \exists x_1, x_2, x_4, \cdots, x_n [P'_* (x_1, x_2, \cdots, x_n)]$

(11라) 소리/행위/사건의 접미사 -er$_4$ $\Rightarrow \lambda x_4 \exists x_1, x_2, x_3, x_5, \cdots, x_n [P'_* (x_1, \dot{x}_2, \cdots, x_n)]$

(11가,나,다,라)에 의거하면 사람, 사물, 도구, 행위/소리/사건을 나타내는 접미사 *-er*는 각각 기저어휘 P의 행위자격 논항, 수동자격 논항, 도구격 논항, 사건격 논항의 집합으로 해석된다. 그러므로 (11가,나,다,라)에서 제시되는 여러 가지 의미해석에 의하면 접미사 *-er*는 아무 문제없이 여러 가지 고유 의미를 지니는 다의형태소로 간주될 수 있다. 따라서 다의어로 사용되는 *-er*-명사의 의미는 핵의 원칙과 합성성의 원칙에 의거할 때 기저어휘의 의미와 (11)에 제시된 *-er*의 여러 가지 의미의 합으로서 (12)와 같이 해석될 수 있을 것이다.

(12가) 사람의 Binder$_1$ $\Rightarrow \lambda x_1 \exists x_2 \exists x_3 [bind\text{-}'_* (x_1, x_2, x_3)]$

(12나) 사물의 Binder$_2$ $\Rightarrow \lambda x_2 \exists x_1 \exists x_3 [bind\text{-}'_* (x_1, x_2, x_3)]$

(12다) 도구의 Binder$_3$ $\Rightarrow \lambda x_3 \exists x_1 \exists x_2 \exists x_4 [bind\text{-}'_* (x_1, x_2, x_3, x_4)]$

(12라) 소리의 Ächzer$_4$ $\Rightarrow \lambda x_4 \exists x_1 [ächz\text{-}'_* (x_1, x_4)]$

사람을 나타내는 (12가)의 *Binder*$_1$는 기저동사 *bind-*의 행위자격 논항인 x_1의 집합, 즉 묶는 사람들의 집합으로 이해되고, 사물을 나타내는 (12나)의 *Binder*$_2$는 기저동사 *bind-*의 수동자격 논항인 x_2의 집합, 즉 넥타이의 집합으로 이해되고, 도구를 나타내는 (12다)의 *Binder*$_3$은 기저동사 *bind-*의 도구격 논항인 x_3의 집합, 즉 곡식을 베어 묶는 기계들의 집합으로 이해되고, 인간의 소리를 나타내는 (12라)의 *Ächzer*는 기저동사 *ächz-*의 사건격 논항인 x_4의 집합, 즉 신음의 집합으로 이해된다.

-er-명사의 의미가 객관주의자들이 주장한대로 객관적으로 주어지고, 나아가서 (12가,나,다,라)에서와 같이 특정한 몇 개의 의미로만 고정되어 있다면, 형식의미론자들의 분석방법은 유지될 수 있을 것이다. 그러나 문제는 독일사람들이 -er-명사를 (1)의 의미규칙을 통해 기저동사의 논항들과 관련시켜서, 그것도 (12가,나,다,라)와 같은 특정한 의미로만 사용하지 않는다는 점이다. (13가,나)의 문장을 보자.

> (13가) Die Läufer waren gestartet. Sie liefen in den Berg hoch. Sie passierten ein Wäldchen. Dann kamen die **Renner** aus Dunkel des Waldes hervor.
>
> 주자들이 출발했다. 그들은 산을 넘어 달려갔다. 작은 숲 하나를 지나쳤다. 그리고 나서 그 **주자**들은 어두운 숲을 헤쳐 나왔다.
>
> (13나) Der **Renner**, der die Sache immer schnell erledigt, ist im Moment sehr ärgerlich.
>
> 일을 항상 급히 처리하는 **사람**이 지금 대단히 화를 내고 있어.

*Renner*는 (13가)에서는 기저동사 *renn-*이 나타내는 행위를 하는 사람, 즉 주자나 경주자의 의미로서 (1)의 의미규칙에 의하면 '$\lambda x_1[\text{renn-}\acute{}_*(x_1)]$'으로 해석될 수 있지만, (13나)에서는 기저동사 *renn-*이 나타내는 행위의 속성을 인간의 행동양식에 비유하는 은유를 거침으로써 일을 급히 처리하는 사람으로 볼 수 있다. 그러므로 (13나)의 *Renner*의 의미는 (13가)의 *Renner*의 의미에서 확장된 의미로서 언어사용자의 세상경험을 통해 설명되어야 하므로, (1)의 의미규칙으로는 설명될 수 없다고 하겠다.

*Füller*를 보자. *Füller*는 채우는 사람으로도 이해되고, 만년필 같은 도구로도 이해되지만, (14가,나,다)에서는 무엇을 채우는 여러 가지 물질로 이해된다.

> (14가) Der Winter kommt bald. Für die Wärmedämmung mussen wir **Füller** kaufen.
>
> 곧 겨울이 다가온다. 보온 유지를 위해 **스포이트**를 사야 한다.
>
> (14나) Wir brauchen noch einen **Füller** auf der Kulturseite.
>
> 우리는 문화면에 끼워 넣어야 할 **기사** 하나가 필요하다.
>
> (14다) Wir haben noch ein paar Minuten Zeit und spielen nun kurz einen **Füller**.
>
> 몇 분간 시간이 남았으니, 간단히 **간주곡** 하나를 들려주자.

*Füller*는 (14가)에서는 삼차원적인 공간을 채우는 스포이트로, (14나)에서는 신문같은 이차원적인 공간을 메우는 신문기사로, (14다)에서는 막간을 이용해 내보내는 간주곡으로 이해된다. 문제는 이렇게 다양한 물질로 이해되는 *Füller*의 의미를 (1)의 의미규칙으로는 설명할 수 없다는 점이다.

영어에서도 -er-명사는 사람(*good looker, fast mover, church goer, cave dweller, hall of famer*), 도구(*dryer, dishwasher, mixer, juicer*), 사물(*weekly reminder, laser pointer*), 장소 (*sleeper*), 식물(*early bloomer*) 이외에 과일(*good keeper, bad keeper*), 야구용어(*homer, grounder*), 방송프로그램(*traffic leader, sports leader, finance leader*), 방송이름(*the world's news leader*), 주식(*big mover*), 대히트한 영화(*blockbuster*) 등 아주 다양한 의미로 사용된다. *-er*-명사의 이러한 다양한 의미들도 (1)의 규칙으로는 설명될 수 없을 것이다.

앞으로 해결해야 할 과제는 다양한 의미로 사용되는 *-er*-명사의 다의어현상을 어떻게 설명할 것인가 하는 점이다. 주목해야 할 사실은 앞으로도 *-er*-명사가 세상구조의 변화에 따라 더욱 더 다양하게 사용될 것이라고 추측할 수 있다는 점이다. 이러한 상황에서 언어사용자인 인간의 세상에 관한 경험과 이해를 고려하지 않고 단어의 의미를 공식에 맞춰서 수학문제를 풀듯이 정확하게 그리고 객관적으로 분석하고자 하는 형식의미론자들의 주장은 *-er*-명사의 다의적 현상과 관련하여 다음과 같은 문제를 해결해야 할 것이다. 첫째, 접미사 *-er*는 객관적으로 고정된 여러 가지 의미를 지니는 다의형태소인가? 그렇다면 접미사 *-er*의 의미는 과연 몇 개인가? 10개인가? 아니면 그 이상인가? 아니면 그 미만인가? 둘째, 접미사 *-er*는 *-er*-명사의 의미핵인가? 그렇다면 *-er*-명사의 다의어 현상은 언어사용자와는 상관없이 접미사 *-er*가 규정해 주어야 하는데, 과연 그러한가? 셋째 합성성의 원칙에 의거하면 다의어로 사용되는 *-er*-명사의 모든 의미는 기저어휘의 의미와 접미사 *-er*의 의미의 합으로 규정되어야 하는데, 과연 그러한가? 이 세 가지 문제들은 서로 맞물려 있으므로, 한 문제의 해결이 다른 문제의 해결로 이어질 것이라고 본다.

4.2.2 축소명사의 다의적 현상

독일어 축소명사는 고유어 축소접미사 *-chen, -lein, -ling* 및 외래어 축소접미사 *-etta, -ette* 등과의 결합을 통해 생성된다. Wellmann(1975:123)은 이렇게 형성되는 축소명사의 의미를 정의하기가 쉽지 않지만, 그럼에도 불구하고 개체의 작음 (Kleinheit)에서 느낄 수 있는 화자의 주관적인 평가, 관심, 감정 등을 표현해 내는 것으로 정의한다. 따라서 Wellmann(1975)의 견해에 의거하면 축소명사는 화자와 감정적인 관계를 맺을 수 있는 작은 생물체나 사물 등을 나타내는 데에 사용된다고 볼 수 있다. Dressler/Merlini(1994:153)도 Wellmann(1975)과 흡사하게 작은 규모의 사물이나 사건에 관한 화자의 평가가 축소명사로 표현된다고 주장하고, Wolf(1997:388)도 이러한 화자의 평가가 순전히 주관적으로 이루어지므로, 화자의 감정이 축소조어로 표현된다고 주장한다.

문제는 축소명사가 얼마나 작은 규모, 작은 치수, 작은 가치를 가리키는가 하는 것이다. 그러나 이 문제는 어떤 절대적인 기준에 의거한 것이 아니라 순전히 그것을 평가하는 화자의 주관적인 입장과 다양한 경험과 감정에 의거한 것이라고 설명되어야 할 것이다.[41] 왜냐하면 사람마다 임의의 대상을 보고 자기의 경험에 비추어 작다, 작지 않다, 별로 작지 않다, 오히려 크다 등 상이한 평가들을 내림으로써 서로 다른 감정들을 표출하기 때문이다. 그러므로 축소명사의 핵심적인 표현은 (15)에서와 같이 작은 사이즈의 개체를 나타내는 것으로 볼 수 있다.

(15) Spiegelchen, Lämpchen, Männlein, Weiblein, Sonnenschirmchen, Würstchen, Restaurantchen, Vollkornbrötchen

작은 사이즈의 개체를 나타낸다는 축소명사의 핵심적인 의미는 형식의미론에 의거하면 대략 (16)과 같이 해석될 수 있을 것이다.

(16) λx_1 [P(x_1) & x_1 HAT DURCHSCHNITTLICHE GRÖSSE N & x_1 HAT DIMENSION VON N & x_1 IST MINIMAL]

(16)에서 P는 임의의 명사를 가리킨다. 그러므로 (16)에서 축소접미사의 의미는 임의의 명사 P가 지시하는 x_1로서 x_1의 표준사이즈 N보다 개체들의 집합으로 해석된다.

그러나 독일사람들은 축소명사를 (16)의 의미를 나타낼 때에만 사용하는 것이 아니라 아주 다양한 의미로 사용한다. 예를 들면 독일사람들은 시공간적인

---

41) 이태리어에서 축소조어는 항상 축소의 의미만을 나타내지 않는다(Dressler/Merlini 1994:117ff.)

영역에서 나오는 작다는 개념을 시간이나 양, 길이뿐만이 아니라, 동/식물의 덜
자란 상태에까지 적용함으로써 (17)과 같은 축소명사를 사용한다.

<blockquote>

(17가) 짧은 시간단위 : Viertelstündchen, Stündchen, Jährchen, Jahrzentchen
(17나) 짧은 음악작품 : Sonatine, Operetta
(17다) 짧은 치마나 장화 : Röckchen, Stiefelette
(17라) 적은 양의 단위 : Pfündchen, Tännling
(17마) 덜 자란 동/식물 : Hündchen, Tännling

</blockquote>

사람들은 작은 사이즈의 개체를 보면 귀엽고 사랑스럽다는 긍정적인 감정
을 갖기도 하고, 때로는 보잘것없다거나 능력이 없다거나 하는 등의 부정적인
감정을 갖기도 하고, 때로는 작은 것이 보통이 아니라는 식의 강조의 감정을 갖
기도 한다. 재미있는 사실은 이러한 여러 가지 감정들을 표현할 때 독일사람들
은 (18), (19), (20)과 같은 축소명사를 사용한다는 것이다.

<blockquote>

(18가) 친밀감/사랑스러움 : Mütterchen, Küsschen, Schätzchen, Mamachen
(18나) 고상함/고풍스러움 : Mütterlein, Kindlein, Märlein, Mägdelein
(18다) 귀여움 : Köpfchen, Kätzchen, Stiefelette
(18라) 부드러움 : Stimmchen
(18마) 섬세함 : Härchen

</blockquote>

<blockquote>

(19가) 경멸 : Muttersöhnchen, Bürschchen, Freundchen, Dichterling, Rühmlein
(19나) 중요하지 않음/별볼일 없음 : Dinglein, Dingelchen

</blockquote>

<blockquote>

(20) 강조 : Tröpchen, Zuckerchen, Windchen, Lüftchen

</blockquote>

문제는 언급한 축소명사의 다의어현상을 세상경험에 관한 고려를 배제한
상태에서 설명한 (16)과 같은 객관적인 의미규칙으로는 설명할 수 없다는 점이
다. 왜냐하면 작은 사이즈의 개체에서 느낄 수 있는 친밀감, 사랑스러움, 능력의
부족, 경멸, 강조 같은 화자의 여러 가지 주관적인 감정은 세상경험과의 관련 속
에서 설명되어야 하기 때문이다. 결국 축소접미사 역시, 접미사 *-er*와 마찬가지

로, 세상경험과 상관없이 여러 가지의 고유 의미를 지니는 다의형태소로 볼 수
도 없고, 아울러 축소조어의 여러 가지 의미를 규정해 주는 의미핵으로 볼 수도
없다고 하겠다.

4.2.3 사건명사의 다의적 현상

현대독일어에서 다양한 유형의 사건들은 주로 동사와 영형태소 -ϕ(*Lauf,
Rückkehr, Hass*) 아니면 *-e* (*Pflege, Liebe*), *-er* (*Seufzer, Abstecher, Ächzer*), *-ung* (*Behandlung,
Hoffnung, Ordnung*), *-anz/-enz* (*Dissonanz, Konferenz*) 같은 명시적 접미사와 결합하는
파생어, 즉 사건명사로 나타난다. 그런데 사건명사 역시 세상에서 일어나는 여
러 가지 사건의 유형들을 표현해 내는 과정에서 *-er*-명사나 축소명사와 같이 다
의어로 사용된다. 이와 관련하여 (21)의 문장을 보자.

> (21가) Die **Änderung** des Anzugs durch Maria dauerte fünf Stunden.
> 마리아의 양복저고리 **수선**은 다섯 시간 걸렸다.
>
> (21나) Die **Änderung** des Anzugs durch Maria war schwer herzustellen.
> 마리아의 양복저고리 **수선**은 힘들게 이루어졌다.
>
> (21다) Die **Änderung** des Anzugs durch Maria hat mir große Freude gemacht.
> 마리아의 양복저고리 **수선**은 나에게 많은 기쁨을 주었다.
>
> (21라) Die **Änderung** des Anzugs durch Maria ist gar nicht schöner als das Original.
> 마리아의 양복저고리 **수선**은 고치기 전보다 전혀 더 예쁘지 않다.

사건명사 *Änderung des Anzugs durch Maria*는 다양한 사건유형들을 나타내는
데, (21가)에서는 마리아가 양복을 수선하기 시작해서 끝날 때까지의 사건을, (21
나)에서는 그러한 사건의 결과를, (21다)에서는 마리아가 양복을 수선했다는 사
실을, (21라)에서는 마리아가 수선한 양복으로 이해된다. 따라서 (21가,나,다,라)
는 (22가,나,다,라)로 다시 쓸 수 있다.

> (22가) Das, was fünf Stunden dauerte, war die Vollendung der Handlung, dass
> Maria den Anzug änderte.

다섯 시간 걸린 것은 마리아의 양복저고리 수선이다.

(22나) Das, was schwer herzustellen war, war die Änderung, die Maria an dem Anzug machen musste.

어렵게 이루어진 것은 마리아의 양복저고리 수선이다.

(22다) Das, was mir große Freude gemacht hat, war die Tatsache, dass Maria den Anzug änderte.

나에게 큰 기쁨을 가져다 준 것은 마리아가 양복을 수선했다는 사실이다.

(22라) Das, was gar nicht schöner als das Original war, war der durch Maria geänderte Anzug.

고치기 전보다 더 예쁘지 않은 것은 마리아가 수선한 양복이었다.

사건명사는 서로 다른 시간의 양을 나타내는 부사와 결합할 때에도 상이한 규모의 사건을 나타내어 다의적 현상을 보인다. 이와 관련하여 (23)의 예문들을 보자.

(23가) Die **Entdeckung** Amerikas durch Kolumbus passierte zufällig.

콜롬부스의 미 대륙 **발견**은 우연한 것이었다.

(23나) Die **Entdeckung** Amerias durch Kolumbus dauerte 15 Minuten.

콜롬부스의 미 대륙 **발견**은 15분 걸렸다.

(23다) Die **Entdeckung** Amerikas durch Kolumbus dauerte 5 Jahren.

콜롬부스의 미 대륙 **발견**은 5년 걸렸다.

*die Entdeckung Amerikas durch Kolumbus*는 (23가)에서는 콜롬부스의 미 대륙 발견이라는 순간적으로 일어난 사건으로 이해될 수 있지만, (23나,다)에서는 그렇지 못하다. 그러나 (23나,다)에서 *die Entdeckung Amerikas durch Kolumbus*는 서로 다른 시간의 길이를 나타내는 술어들, 즉 *15 Minuten dauerten, 5 Jahre dauerten*과 결합함으로 해서 상이한 규모의 사건으로 이해된다. 이를 설명하기 위해 다음의 상황을 가정해 보자. 콜롬부스가 미 대륙을 발견한 후 동료 몇 명과 대륙 안으로 들어가서 스페인 기를 꽂고 샴페인을 마셨다고 하자. 이 장면을 한 기자는 (23나)와 같이 보고하였고, 다른 기자는 (23다)와 같이 보고하였다고 하자. (23나)의 보고문을 읽은 일부 독자들은 몇 년 동안 고생해서 준비해 온 중대한 역사적

인 사건인 미 대륙 발견이 불과 15분 만에 이루어졌다는 말인가 해서 허탈감을 느낄 수도 있겠지만, 미 대륙 발견을 (23나)와 같이 보고한 기자는 *die Entdeckung Amerikas durch Kolumbus*으로 미 대륙 발견 직후 콜롬부스가 동료 몇 명과 대륙 안으로 들어가서 스페인 기를 꽂기까지의 사건, 즉 미 대륙 발견과 직접 관련하여 15분 안에 일어난 사건을 보도하려고 했을 것이다. 그러나 미 대륙 발견을 (23다)로 보고한 기자는 *die Entdeckung Amerikas durch Kolumbus*을 통해 미 대륙 발견을 위한 어려운 준비과정에서부터 고비가 많았던 항해과정, 그리고 환희에 찬 발견 순간과 미 대륙 안으로 들어가서 스페인 기를 꽂고, 그 후로 미 대륙이 스페인 령이 되기까지 미 대륙 발견과 관련된 전 과정을 표현하려고 의도했을 것이다. 그러므로 *die Entdeckung Amerikas durch Kolumbus*가 (23가)에서는 순간사건으로, 그리고 (23나,다)에서는 서로 다른 규모의 사건들로 이해된다고 볼 수 있다.

그런데 형식의미론에서 사건명사 *Änderung, Entdeckung*의 의미는 기저어휘 *änder-, entdeck-*의 의미와 사건접미사 *-ung*의 의미인 (2라)의 합으로 이루어지고, 그리고 사건접미사 *-ung*이 사건명사 전체의 의미를 규정하는 의미핵으로 간주되므로 (24가,나)와 같이 의미해석 될 수밖에 없다.

$$(24가) \quad \text{Änderung} \Rightarrow \lambda x_4 \exists x_1 [\text{änder-}\acute{}_*(x_1, x_4)]$$
$$(24나) \quad \text{Entdeckung} \Rightarrow \lambda x_4 \exists x_1 [\text{entdeck-}\acute{}_*(x_1, x_4)]$$

(24가)에서 *Änderung*의 의미는 기저동사 *änder-*의 사건격 논항의 집합으로, 그리고 (24나)에서 *Entdeckung*은 기저동사 *entdeck-*의 사건격 논항의 집합으로 해석된다. 그러나 경험과 상관없이 객관적으로 주어진 (24가,나)의 의미규칙은 세상의 경험을 통해 설명해야 할 (21가,나,다,라)에서의 *Änderung*의 다양한 의미와 (23가,나,다)에서의 *Entdeckung*의 다양한 의미를 설명할 수는 없다.

합성어도 *-er-*명사, 축소명사, 사건명사 같은 파생명사와 같이 다의어로 사용된다. 4.2.4의 토론에서 밝혀지겠지만, 형식의미론자들의 입장은 합성어의 다의어현상을 설명함에 있어서도 적지 않은 한계를 드러내게 된다.

4.2.4 합성어의 다의적 현상

인간의 조어론적인 언어능력은 언어내적인 문법적인 지식 이외에 세상경험
과 이해로부터 얻게 되는 다양한 지식으로 설명되어야 하는데, 이는 합성어의
다의적 현상에서도 확인해 볼 수 있다. 이미 언급했듯이 객관주의자들의 입장에
의하면 복합표현의 의미는 합성성의 원리에 의거하여 그의 구성성분들의 의미
의 합으로 이루어져야 한다. 따라서 지배합성어 *Autofahrer*는 Montague(1973)의
의미모델에 의하면 (25)와 같이 의미해석될 것이다.

$$(25)\ \lambda x_1 \exists x_4 \exists x_2 \,[\mathrm{Auto}'(x_2)\ \&\ [\mathrm{fahr\text{-}}'_*(x_1,\ x_2,\ x_4)]]$$

(25)에서 *Auto*는 기저동사 *fahr-*의 주제격 논항으로 간주되므로, *Autofahrer*는
자동차를 운전하는 사람들의 집합으로 의미해석된다. 그러나 *Fahrer*를 피한정어
로 하는 (26)의 합성어들은 (25)와 같은 형식으로 의미해석되지 않는다.

(26) Unfallfahrer, Alkoholfahrer, Geisterfahrer

(26)의 합성어들은 (27가,나,다)와 같이 이해된다,

(27가) Unfallfahrer : Fahrer, der den Unfall gemacht hat
　　　　　　　　　사고를 낸 운전자
(27나) Alkoholfahrer : Fahrer, der in dem betrunkenen Zustand (od. Alkoholgetrunkenen
　　　　　　　　　Zustand) fährt
　　　　　　　　　취기의 상태(술을 마신 상태)에서 운전하는 자
(27다) Geisterfahrer : Fahrer, der auf der Autobahn in der falschen Fahrrichtung fährt
　　　　　　　　　고속도로에서 잘못된 방향으로 운전하는 자

즉 *Unfallfahrer*는 사고를 저지른 운전자로, *Alkohlfahrer*는 술에 취한 상태에서
운전을 하는 사람으로, 그리고 *Geisterfahrer*는 고속도로에서 잘못된 방향으로 운
전하는 사람으로 이해된다. 그러므로 한정어 *Unfall, Alkohl, Geister*는 기저동사

fahr-의 주제격 논항으로 의미해석될 수 없다.[42]

심지어 합성성의 원리에 의거 의미해석 되는 *Autofahrer*도 항상 (25)의 의미로만 사용되는 것이 아니다. 예컨대 (28)의 대화를 보자.

(28) A : Ich fahre ungern Auto.

　　　　나는 자동차 운전을 좋아하지 않아.

　　 B : Warum denn? Ich bin gern **Autofahrer**.

　　　　왜? 나는 **자동차 운전을 좋아하는데**.

B의 발화문장에서 *Autofahrer*는 'der Fahrer, der leidenschaftlich Auto fährt'로 이해될 수 있을 것이다. 그러나 예를 들어 자동차공장에서 일하는 한스는 자동차에 관한 잡지를 즐겨 읽고, 운전할 때도 늘 자동차 무늬가 있는 옷만을 입고, 환경오염을 일으키는 주범 중에 하나가 자동차의 매연임에도 불구하고 자동차운전을 포기하지 못하는 등 자동차에 대해 아주 강한 집착을 보인다고 하자. 이런 한스를 보고 누군가가 (29)와 같이 발화했다고 하자.

(29) Hans ist **Autofahrer**.

　　　한스는 **운전자**다.

그렇다면 (29)의 *Autofahrer*는 'der Fahrer, der immer ein T-Shirts mit Auto-Muster anzieht und Auto fährt'로 이해될 수도 있을 것이다.

(30가,나)의 문장을 보자.

(30가) Ich habe mein **Milchglas** irgendwo hingestellt. Hast du es gesehen? Ich wollte die Milch austrinken.

　　　 내가 **우유잔**을 어딘가에 놓았는데. 그것 봤어? 우유를 다 마셔버리려고 하거든.

(30나) Hier muss **Milchglas** eingebaut werden, damit niemand rein schauen kann.

　　　 밖에서 안으로 들여다 보지 않게 하기 위해 여기에 **젖빛유리**를 끼워야 하겠어.

---

42) Olsen(1986:70), Bhatt(1991:52)을 참조할 것.

(30다) Hast du das **Milchglas** gewaschen?
    우유잔/젖빛유리를 씻었어?

합성어 *Milchglas*는 (30가)에서는 우유잔으로, 그리고 (30나)에서는 젖빛유리로 이해되고, (30다)에서는 대화문맥에 따라 두 가지 의미로 모두 이해될 수 있다. *Milchglas*가 갖는 이 두 가지 의미는 형식의미론자들의 모델로 설명한다면 (31가,나)와 같이 해석될 수 있을 것이다.

(31가) λx_1 (x_1 ist Glas als Gefäss & x_1 ist für Milch als Getränke)
(31나) λx_1 (x_1 ist Glas als Material & x_1 hat Milchfarbe)

그러나 (31가,나)의 의미해석은 *Milchglas*의 의미가 세상경험과 무관하게 이미 객관적으로 우유잔과 젖빛유리의 두 가지로 고정되어 있다는 것을 전제로 한다. 그러나 이러한 형식의미론자들의 의미해석은 어떻게 해서 *Milchglas*가 (30가,나)에서 서로 다른 의미로 이해되게 되는가 하는 것과 관련되는 언어사용자의 인지과정을 설명해 주지는 못한다.

*Fischfrau*같은 합성어도 (32)에서와 같이 아주 다양한 의미로 사용된다.[43]

(32가) Frau, die Fisch verkauft
     생선을 파는 여자
(32나) Frau, die im Sternbild der Fische geboren ist
     물고기 별자리에 태어난 여자
(32다) Frau, die Fisch essen mag
     생선을 즐겨먹는 여자
(32라) Frau, die Fisch produziert
     생선(모양)을 만들어 내는 여자
(32마) Frau, die vom Fisch abstammt
     물고기의 후손인 여자
(32바) Frau, die kühl wie ein Fisch ist
     물고기같이 차가운 여자

---

43) (32가)의 예는 Bhatt(1991:45)를 참조한 것임.

(32사) Frau, die den Fisch gebracht hat
　　　생선을 가지고 온 여자
(32아) Frau, die wie ein Fisch aussieht
　　　물고기같이 생긴 여자

*Fischfrau*의 이와 같은 여러 가지 의미들도 세상경험을 통해서 설명되어야 하므로, *Unfallfahrer, Alkoholfahrer, Geisterfahrer, Milchglas*의 경우를 설명하면서 이미 언급하였듯이, 단어의 의미를 세상경험과 무관하게 객관적으로 주어진 것, 그리고 특정한 의미로 고정된 것으로 보는 형식의미론자들의 견해로는 설명할 수 없다.

　지금까지 Montague(1973)같은 형식의미론자들의 의미모델에 관한 검토를 중심으로 해서, 객관주의자들이 어떻게 조어의 다의어현상을 설명하는지, 그리고 그들의 한계가 무엇인지에 관해서 토론해 보았다. 4.3에서는 형식의미론자들이 어린아이들의 조어습득을 어떻게 설명하고 있는지, 그리고 거기에 어떤 문제가 있는지를 살펴보기로 하겠다.

4.3 형식의미론에서의 조어습득

　Clark(1982:3f.)는 어린아이들이 새로운 의미를 표현하기 위해 아직까지 존재하지 않았던 신조어를 형성하기보다는 누구나 잘 알고 있는 기존의 단어들을 이용하는 것이 더 투명하다는 원칙을 제시한다. 예컨대 *dog*와 *house*, *pain*과 *kill*을 알고 있을 때, 어린아이들은 개집과 진통제의 의미를 *kennel, analgestic*로 표현하기 보다는 *dog-house, pain-killer*로 표현하는데, 이는 후자의 표현이 전자의 표현보다 의미적으로 훨씬 더 투명하기 때문이다. 이러한 투명성의 원칙과 함께 제시될 수 있는 부수적인 원칙은 다의어인 경우 의미와 소리가 1대 1의 관계를 이룬다고 하는 것이다. 예를 들면 어린아이들이 *break, man, machine*을 이미 알고 있다고 하자. 이때 어린아이들은 깨는 사람, 깨는 도구(파쇄기)를 표현하기 위해 *break-man, break-machine* 같은 합성어를 사용할 것이다. 그 후 행위자의 개념을 나타내는 접미사 *-er*를 습득하게 되면 어린아이들은 *man*을 *-er*로 대체하여 파생명사 *breaker*를 사용할 것이다. 그 후 접미사 *-er*의 의미가 도구로도 사용된다는 것을 알게 되면, 어린아이들은 이제 *machine*를 *-er*로 대체하여 도구명의 *breaker*를 사용할 것이다. 그러므로 어린아이들은 의미와 소리와의 1대 1의 관계에 의거하여 *breaker*를 먼저 사람의 의미로 습득하고, 그 다음에 또 도구의 의미로 습득하게 된다. 이는 어린아이들이 다의어인 *breaker*의 두 가지 의미를 동시에 습득하지 않는다는 것을 말해 준다.

어린아이들의 조어습득과 관련된 Clark(1982)의 이러한 주장은 형식의미론자들의 입장에서 출발한 것으로서 크게 세 가지로 요약될 수 있다. 첫째는 어린아이들이 *-er*-명사를 습득하기 위해서는 이미 기저와 접미사 *-er*를 습득하고 있어야 한다는 것이다. 즉 기저와 접미사 *-er*를 모르고서는 *-er*-명사를 습득할 수 없다는 것이다. 이 주장에 의하면 어린아이들은 *-er*-명사를 습득하기 전에 먼저 기저와 접미사를 습득해야 하고, 그 역은 허용되지 않는다. 이러한 *-er*-명사의 습득순서에 의하면 어린아이들은 기저와 접사를 모르는 상태에서는 파생어를 전혀 습득할 수 없게 되는데, 과연 그런가? 필자는 Clark(1982)의 주장과 달리 어린아이들이 기저만 아는 상태에서도, 심지어는 기저와 접미사를 모르는 상태에서도 얼마든지 *-er*-명사를 습득할 수 있다고 본다. 예를 들면 어린아이들은 *break, breaker*를 별개의 단어로 습득할 수도 있고, 심지어는 *breaker*를 *break*보다 먼저 습득할 수도 있다고 본다. 물론 이는 사람들의 조어습득이 세상경험의 기반 위에서 인지적으로 설명될 수 있을 때 가능해지게 될 것이다.

둘째는 다의어인 *-er*-명사의 습득순서인데, 먼저 사람을 접미사 *-er*의 의미로 습득한 후, 사람을 의미하는 *-er*-명사를 습득하고, 그리고 나서 도구를 접미사 *-er*의 의미로 습득한 후에 도구를 의미하는 *-er*-명사를 습득한다는 것이다. 다시 말하면 사람을 의미하는 *-er*-명사를 먼저 습득하고, 그리고 나서 도구를 의미하는 *-er*-명사를 습득한다는 것이다. 그렇다면 모든 어린아이들이 다의어로 사용되는 *-er*-명사를 사람 → 도구의 순으로만 습득한다고 보아야 하는가? 반대의 습득순서는 허용될 수 없는 것인가? 필자는 사람→도구의 순서는 원형이론의 입장에서 간주할 수 있는 가장 대표적인 언어습득방법이고 경험의 차이에 따라 도구→사람의 순서로도 -er-명사는 얼마든지 습득될 수 있다고 생각한다. 또한 -er-명사는 사람과 도구이외에 사물, 산물, 행위나 소리, 장소, 물질, 동/식물, 방송프로그램 등 여러 가지 의미로도 사용되는데, 이러한 의미들은 어떻게 습득되는지에 관해 Clark(1982)는 전혀 언급하고 있지 않다. 그러나 -er-명사의 다의어현상을 세상경험과 이해 속에서 설명한다면 이러한 문제들은 해결될 수 있을 것이다. 이에 관해서는 6장에서 토론하게 될 것이다.

셋째는 접미사 -er를 여러 가지의 의미를 지니는 다의형태소로 간주하는 동시에, -er-명사의 다의어현상을 규정하는 의미핵으로 간주한다는 점이다. 이는 이미 4.1.1에서 언급하였듯이 언어의 의미규명에 인간의 세상경험을 배제한 형식의미론자들의 문제로 귀속된다고 하겠다.

인간의 단어습득은 개인의 경험이나 문화적, 사회적, 지리적 환경 등에 있어서의 차이로 인해 Clark(1982)의 주장대로 규칙적으로 그리고 조합적으로 이루어지지지만은 않게 된다고 생각한다. 이처럼 형식의미론이 조어의 다의적 현상을 설명하는데 적합한 이론이 아님이 밝혀지게 된 지금, 필자는 형식의미론의 문제점을 해결할 수 있는 새로운 방법으로 인지의미론을 수용하고자 한다. 다음의 5장에서는 인지의미론을 수용하게 된 배경을 소개하고, 인지의미론에서 제시되고 있는 원형, 은유, 환유 같은 마음의 상상의 구조를 통해 조어의 다의적 현상이 설명될 수 있겠는지를 검토해 보기로 한다.

5.1 인지의미론의 수용배경

　　Chomsky의 생성문법이나 형식의미론 같은 객관주의자들의 이론에서는 언어현상은 특정한 규칙과 제약, 원칙을 통해서 설명되며, 그런 식으로 설명되지 않는 언어현상은 비문법적으로 아니면 예외로 취급된다. 그러나 인지의미론 내에서 언어현상은 항상 새로운 경험을 통해서 재구성될 수 있도록 열려 있는, 따라서 동적인 인지체계로 설명될 수 있으므로, 객관주의적인 언어이론에서 비문법적인 또는 예외적인 현상으로 취급되었던 현상들은 인지의미론에서는 세상경험과 이해의 기반 위에서 형성되는 인간의 사고와 관련된 지극히 자연스러운 언어현상으로 설명될 수 있다.

　　인지의미론에서는 언어사용자인 인간의 마음과 관련되는 요소들을 배제하지 않으며, 보편적인 것이 어떤 것인지에 관해서도 생성문법론과는 다른 눈으로 바라본다. 즉, 인지의미론은 생성문법에서 상정하는 선험적인 보편문법 같은 것이 아니라 후천적으로 얻게 되는 일반적인 경험이야말로 보편적인 것이라고 본다.[44) 따라서 인지의미론에서 언어의 의미는 신체, 뇌, 그리고 세상경험을 통해

---

44) Lakoff/Johnson(1999:508)을 참조할 것.

형성되는 인간의 인지적 개념체계를 통해 연구된다.[45] 인지의미론에서 개념체
계는 기본개념과 기본개념에서 확장되는 추상개념으로 구성되는데, 전자의 개
념이 지각능력, 운동능력 같은 것을 통해 직접적으로 체현(體現)되는 공간개념,
신체운동의 개념, 사건의 구조, 색깔 같은 것으로 간주된다면, 후자의 개념은 경
험의 기반 위에서 원형, 은유, 환유, 정신적인 공간 같은 마음의 상상이 가해져
서 얻어지게 되는 추상적인 개념체계라고 볼 수 있다. 그러면 먼저 원형의 개념
이 인간의 범주화 작업에 어떻게 적용되는지, 그리고 조어의 의미분석이나 조어
의 습득에 어떻게 적용될 수 있는지 살펴보기로 하자.

5.2 원형이론에 의거한 의미분석

    객관주의자들에 의한 범주화작업은, 3.1의 성분분석론에서 언급했듯이, 경험
을 배제한 상태에서 임의의 구성원이 어떤 특정한 범주에 속하기 위해 가져야
하는 속성들을 기준으로 이루어진다. 즉, 성분분석론에서는 임의의 구성원이 특
정 범주에 속하기 위해 가져야 하는 속성들이 그 범주에 속하기 위한 필요충분
조건이 된다. 그러므로 이 필요충분조건에 의하면 임의의 구성원은 가져야 하는
속성들 중의 어느 하나라도 갖고 있지 않으면 그 범주에 속하지 못하게 된다.
예를 들면 새의 범주에 속하기 위해 임의의 구성원들은 [FEDERN HABEN],
[FLIEGEN KÖNNEN], [SINGEN KÖNNEN], [EIER LEGEN] 등의 자질을 필수적
으로 가져야 한다. 그리하여 예컨대 참새, 비둘기 등의 구성원들은 이 필요충분
조건을 어기지 않으므로 당연히 새의 범주에 속하게 한다. 그러나 문제는, 이미
3.4에서 언급하였듯이, [FLIEGEN KÖNNEN]의 자질을 갖지 않아서 필요충분조
건을 어기게 되는 타조나 펭귄 등의 구성원들도 얼마든지 새의 범주에 속하는
것으로 인정될 수 있다는 점이다. 그리고 [FLIEGEN KÖNNEN]의 자질을 갖는
기러기, 닭, 꿩 같은 구성원들이라 할지라도 날 수 있는 능력에는 차이가 있다는

---

45) Lakoff/Johnson(1999:497)을 참조할 것.

점을 얼마든지 인지할 수 있다는 점이다. 원형이론에서는 인간의 범주화작업이 점층적으로, 그리고 등급별로, 단계별로 이루어지므로, 이러한 문제점들은 원형이론을 통해서 해결해 볼 수 있을 것이다.

Rosch(1977)같이 원형에 의거하여 사물을 범주화하는 학자들은 세상경험에 의거하여 임의의 범주에 속하는 구성원들을 그 범주의 대표성을 띤 핵심구성원인 대표체와 대표성으로부터 벗어나 있는 주변구성원, 즉 주변체로 분류하고, 대표체와 주변체 사이에 존재하는 많은 구성원들을 그 인지도의 차이에 따라 점층적으로 등급화한다. 그러므로 원형이론을 주장하는 학자들에 의하면 새의 구성원들은 다음과 같이 범주화된다. 예를 들면 참새, 비둘기, 앵무새, 큰부리새, 기러기, 오리, 꿩, 닭, 공작, 펭귄, 타조 등이 있다고 하자. 이들은 모두 새의 범주에 속한다 하더라도 인지되는 정도에 있어서 다르다. 그리하여 예컨대 참새, 비둘기는 새 중에서도 가장 핵심적인 대표체로 인지될 수 있고, 부엉이, 앵무새, 큰부리새는 그 다음 단계의 대표체로, 기러기, 오리는 그 다음 단계의 대표체로, 꿩, 닭, 공작은 그 다음 단계의 대표체로, 그리고 펭귄, 타조는 핵심 대표체로부터 가장 멀리 떨어져 있는 주변체로 인지될 수 있다. 그러므로 대표체에서 멀어지면 멀어질수록 주변체에 가깝게 인지되고, 주변체에서 멀어지면 멀어질수록 대표체에 가깝게 인지된다. 원형이론에서는 이처럼 임의의 범주에 속하는 구성원들이 상이한 인지도에 따라서 등급별로 분류되기 때문에, 객관주의자들의 입장에서 문제가 되었던 펭귄이나 타조도, 비록 주변체로서이기는 하지만, 얼마든지 새의 구성원으로 귀속될 수 있게 된다.[46] 원형이론에 의거하면 우리들이 (1)의 대화에서 B가 사용한 *Möbel*을 들을 때 어떠한 대상을 연상하게 되는가도 설명할 수 있을 것이다.

    (1) A : Wo gehst du hin?
          너 어디 가니?
        B : Ich gehe jetzt ein **Möbel** kaufen.
          나 지금 **가구** 사러가.

---

46) Linke/Nussbaumer/Portmann(1991:158)을 참조할 것.

경험의 차이에 따라 차이는 있겠지만, (1)의 B가 발화한 문장을 들을 때 우리는 *Möbel*이 나타내려는 대상으로 장롱, 경대, 침대, 소파 등을 연상하지, 텔레비전이나 전화 등을 연상하지는 않을 것이다. 이는 전자가 가구의 대표체로서, 그리고 후자가 가구의 주변체로서 인지되고 있음을 말해준다고 하겠다. 물론 *Möbel*은 아주 특수한 대화상황에서는 흔들의자, 책꽂이, 잡지걸이, 스탠드 등으로 연상될 수도 있겠지만, 이 경우 필자는 화자가 *Möbel*이라는 단어를 사용하기보다는 (2)에서와 같이 구체적으로 자기가 사려고 하는 대상을 직접 *Schaukelstuhl, Bücherregal, Fernseher* 등으로 표현할 가능성이 크다고 생각한다.

> (2) A : Wo gehst du hin?
>   너 어디 가니?
> B : Ich gehe jetzt einen **Schaukelstuhl**/ein **Bücherregal**/einen **Fernseher** kaufen.
>   나 지금 **흔들의자**/**책장**/**텔레비전** 사러가.

여기에서 흔들의자, 책꽂이, 잡지걸이, 스탠드 등은 가구의 핵심구성원보다는 대표체에서 멀어지는, 그렇다고 텔레비전이나 전화 같이 완전히 주변체로 밀려나지는 않는, 그러한 구성원으로 인지된다고 볼 수 있다.[47]

이는 우리 문화권에서 새나 가구를 인지하는 가장 원형적인 방법이므로, 개인의 경험에 따라 얼마든지 다른 방법으로 새나 가구의 범주가 인지될 수 있다는 것을 인정할 뿐만 아니라, 문화의 차이나 지형적 조건, 기후 조건 등의 차이에 따라서도 새나 가구의 범주가 얼마든지 다른 방법으로 인지될 수 있다는 것도 인정한다. 예를 들면 남극사람들에게는 펭귄이 새의 핵심구성원으로 인지될 수 있을 것이고, 집에 아예 붙박이장이 갖추어져 있는 서구인에게는 장롱이 가구의 핵심구성원으로 인지되지 않을 수도 있을 것이다.

객관주의자들은 언어의 의미를 인간의 세상경험과 이해를 고려하지 않고, 마치 공식에 따라 수학 문제를 풀듯이, 양자택일의 원칙과 필요충분조건의 원칙에 의거하여 정확하게 그리고 획일적으로 분석하려고 했고, 거기에서 예외를 허용하지 않으려고 했지만, 결국은 그런 입장이 갖는 한계 때문에 방금 살펴 본

---

47) Taylor(1995:57)을 참조할 것.

원형이론의 도움을 받지 않을 수 없게 된다.

5.3 은유에 의거한 의미분석

1.2에서 언급하였듯이 주관주의자들은 의미를 언어사용자(화자)에게 이해되는 바로 그것으로 간주한다. 그런데 그런 식이라면 화자와 청자간의 의사소통은 때로는 성공적으로 이루어지지 못하게 된다.[48] 이를 보기 이해 (3가,나)의 문장을 보자. 이미 4.2.1의 (13가,나)에서 언급하였듯이 (3가,나)의 *Renner*는 두 가지 서로 다른 의미로 사용된다.

> (3가) Die Läufer waren gestartet. Sie liefen in den Berg hoch. Sie passierten ein Wäldchen. Dann kamen die **Renner** aus Dunkel des Waldes hervor.
> 주자들이 출발했다. 그들은 산을 넘어 달려갔다. 작은 숲 하나를 지나쳤다. 그리고 나서 그 **주자**들은 어두운 숲을 헤쳐 나왔다.
>
> (3나) Der **Renner**, der die Sache immer schnell erledigt, ist im Moment sehr ärgerlich.
> 일을 항상 급히 처리하는 **사람**이 지금 대단히 화를 내고 있어.

(3가)에서 *Renner*의 의미는 뛰는 행위를 하는 사람들의 집합, 즉 주자나 경주자들의 집합으로 이해되고, (3나)에서는 일을 급히 처리하는 사람들의 집합으로서 사람들의 뛰는 속도를 사람들의 일처리 속도에 비유함으로써 생겨나게 되는 은유적인 의미로 이해된다. 그런데 만약에 (3나)의 화자가 청자에게 일을 급히 처리하여 때로는 실수를 저지르는 사람들이라는 의미를 전달하려는 의도에서 *Renner*를 사용하였는데, 청자는 화자의 의도와 달리 뛰는 행위를 하는 사람들의 집합으로 이해하려고 한다면, 화자와 청자간에 의사소통은 성공적으로 이루어지지 못하게 된다.

---

48) 주관주의자들의 문제에 관해서는 Lakoff/Johnson(1980)의 23-29장을 참조하기 바람.

  문제는 이런 식의 성공적이지 못한 대화 상황을 성공적인 것으로 만들어 줄 수 있는 길을 주관주의자로서는 찾아낼 길이 없도록 되어 있다는 점이다. 그렇다고 (3나)에서의 *Renner*의 의미를 객관주의자들의 입장에 의거해서 분석한다고 해서 문제가 해결되는 것은 아니다. 이는 형식의미론자들의 견해에 의하면 *Renner*의 의미는 4.1.1의 (1)의 의미규칙에 의거하여 '$\lambda x_1 \exists x_3 [renn\text{-}'_* (x_1, x_3)]$'로만 해석되도록 되어 있어서 뛰는 행위를 하는 사람들, 즉 주자나 경주자들의 집합이 아닌 다른 어떤 것으로는 설명될 수 없기 때문이다. 결국 (3나)에서 화자가 의도했던 은유적인 의미는 형식의미론자들의 견해로는 설명될 수 없게 된다.

  요컨대 언어의 의미를 개인적인 경험, 느낌, 상상, 감각에 의존하는 것으로 보는 주관주의자들은 성공적으로 이루어지지 못하게 되는 화자와 청자간의 의사소통을 성공적으로 이루어지게 하기 위해 어떤 중재의 역할을 도입해야 할 것이다. 그리고 언어의 의미를 언어사용자의 세상경험이나 이해와는 상관없이 이미 객관적으로 주어진 것, 고정된 것으로 보는 객관주의자들은 언어가 언어사용자의 경험과의 밀접한 관련 속에서 사용된다는 것을 인정하고, 이에 따른 설명방법을 마련해야 할 것이다.

  1.3에서 언급했듯이, Lakoff/Johnson(1980)은 은유가 화자와 청자가 경험을 공유하지 않은 상태에서 그 경험과 관련되는 의사소통을 부분적으로나마 가능하게 해 줄 수 있다고 보고, 은유를 통해 주관주의자들과 객관주의자들의 문제점을 극복하려고 한다. 필자는 세상의 경험과 이해를 바탕으로 해서 생겨나는 원형, 은유, 환유 같은 마음 속의 상상의 구조를 통해 언어의 의미를 분석하는 인지의미론이 방금 언급한 객관주의자들이나 주관주의자들이 갖는 문제점들을 해결해 줄 수 있는 최적의 이론이라고 보고, 인지의미론에 의거하여 조어의 다의적 현상을 설명하고자 한다.

  먼저 Lakoff/Johnson(1980:25ff.)이 제시하는 몇 가지 유형의 존재론적인 은유를 간단히 소개하겠다. 왜냐하면 이 은유유형들은 조어의 다의적 현상을 설명하는 데 아주 중요한 인간의 사고와 관련되어 있기 때문이다. Schippan(1984:165)은 은유를 유사성에 의거한 연상에 기인하는 것으로 보고, Lakoff/Johnson(1980)은 은유를 출발영역(source domain)과 도달영역(target domain)간의 함수관계로 본다. 이렇

게 학자들마다 은유를 조금씩 다르게 정의하기는 하지만, 그럼에도 불구하고 일
반적으로 은유는 한 개체의 이름을 그의 속성이나 유사성 등을 통해 다른 개체
에 적용하는 인간의 사고의 한 유형으로 볼 수 있다.

우리들은 우리의 신체, 또는 우리 주변에서 흔히 볼 수 있는 대상들이나 물
질들을 통해 위/아래, 앞/뒤, 가운데/주변, 가까운/먼 같은 공간적인 방위들을 경
험하게 된다. 그런데 우리들은 이렇게 체현을 통해 얻게 되는 직접적인 경험들
을 단순히 물리적인 경험으로 끝내버리는 것이 아니라, 우리 주위에서 일어나는
여러 가지 사건이나 행동, 감정, 생각 등에 은유적으로 적용한다. 그러면 체현을
통해 얻어지는 경험들이 어떻게 은유적으로 사용되는가를 보기 위해 먼저
Lakoff/Johnson(1980:25) 이 존재론적인 은유로 제시하는 실체와 물질의 은유를 보
자. 예를 들면 우리는 물가가 오른 것을 은유적으로 하나의 개체로 보고, 이를
명사 *Inflation*으로 표현하면서 이에 따른 여러 가지 우리들의 경험들을 (4가,나,
다)와 같이 표현한다.49)

(4)   INFLATION IST EINE ENTITÄT :
      인플레이션은 하나의 실재물(實在物)이다.

(4가) Die Inflation **verringert** unseren Lebensstandard.
      인플레리션은 우리의 삶의 수준을 **떨어뜨린다**.

(4나) Wenn die Inflation **weiterhin** so **steigt**, werden wir in größte Schwierigkeiten
      kommen.
      만약에 인플레이션이 **계속해서 심해지면**, 우리는 큰 어려움에 직면하
      게 될 것이다.

(4다) Wir müssen die Inflation **bekämpfen**.
      우리는 인플레이션에 **대항하여 싸워야 한다**.

(4)에서 인플레이션은 마치 책상이나 컴퓨터 같은 구체적인 개체로 인지되
고 있다. 실체와 물질의 은유는 (5), (6), (7)에서는 정신, 영혼, 사랑 같은 여러 가
지 추상적인 개체에 적용되기도 한다.50)

---

49) (4)의 예문들은 Lakoff/Johnson(1998:36)에서 인용한 것임.

50) (5)와 (6)의 예문은 Lakoff/Johnson(1998:38)에서 인용한 것이고, (7)의 예문은 Lakoff/Johnson(1998:
   57)에서 인용한 것임.

(5) DER GEIST IST EINE MASCHINE

　　정신은 일종의 기계다.

(5가) Meine Denkmaschine ist heute nicht **in Betrieb**.

　　나의 사고의 기계는 오늘 **작동되지** 않는다.

(5나) Mein Gedankengang ist heute etwas **eingerostet**.

　　나의 사고의 과정은 요사이 좀 **녹이 슬었다**.

(5다) Wir arbeiten schon den ganzen Tag an diesem Problem, und jetzt haben wir

　　einfach **keine Kraft** mehr.

　　우리는 하루종일 이 문제에 몰두해서 지금은 더 이상 **힘이 없다**.

(6) DIE SEELE IST EIN ZERBRECHLICHES OBJEKT

　　영혼은 일종의 깨지기 쉬운 대상이다.

(6가) Ihr Selbstwertgefühl ist sehr **fragile**.

　　당신의 자기평가느낌은 아주 **부서지기 쉽다**.

(6나) Seit dem Tod seiner Frau muss man ihn **vorsichtig anfassen**.

　　부인이 죽어서 우리들은 그를 **조심스럽게 다뤄야 한다**.

(6다) Er ist an der Erfahrung **zerbrochen**.

　　그는 경험의 **패배자다**.

(7) LIEBE IST EINE REISE

　　사랑은 일종의 여행이다.

(7가) Schau doch, **wie weit wir miteinander gekommen sind**.

　　우리가 같이 얼마나 멀리 같이 왔는지 보시오.

(7나) Wir müssen jetzt einfach **getrennte Wege** gehen.

　　우리는 지금 서로 **다른 길을** 가야만 한다.

(7다) Wir können jetzt nicht mehr **umkehren**.

　　우리는 지금 더 이상 **돌아갈 수 없다**.

(7라) Wir sind **auf das falsche Gleis** geraten.

　　우리는 **잘못된 궤도에** 들었다.

　　(5), (6), (7)에서 우리는 정신, 영혼, 사랑을 각각 기계로, 깨질 수 있는 대상으로, 여행으로 인지하고 있음을 알 수 있다.

　　존재론적인 은유의 두 번째 경우는 의인화은유이다.[51] 의인화은유는 인간의 다양한 속성들을 통해 사람이 아닌 사물을 은유적으로 사람으로 보는 인간의 사유의 방법의 하나이다. 따라서 의인화은유는 인간이 아닌 사물로부터 얻을 수 있는 다양한 경험들을 인간의 특성이나 행동 등을 통해서 이해하게 한다. (8)의 예문들을 보자.52)

(8가) Seine **Theorie erklärte** mir das Verhalten von Hühnern in Legebatterien.

그의 **이론은** 나에게 닭장안에 있는 닭들의 태도에 관해 **설명해 준다.**

(8나) Diese **Tatsache spricht** gegen die gängigen Theorien.

이 **사실은** 현재 통용되는 이론들에 반대되는 것을 **말해 준다.**

(8다) Das **Leben hat** mich **betrogen.**

삶이 나를 **속였다.**

(8라) Seine **Religion verbietet** ihm, den guten französischen Wein zu trinken.

종교가 그에게 좋은 프랑스 포도주 마시는 것을 **금한다.**

(8마) Die **Krebskrankheit** hat ihn schließlich **eingeholt.**

암이 그를 결국 **데리고 가버렸다.**

(8)에서는 인간이 아닌 개체들, 즉 이론, 사실, 인생, 종교, 암이 인간의 여러 가지 특성들을 통해 마치 인간의 행위를 하는 것처럼 언급되고 있다. 인플레이션이 의인화되고 있는 (9)의 예문들을 보자.53)

(9가) Die **Inflation** hat uns an **die Wand gedrückt.**

인플레이션은 우리들을 **벽으로 밀어냈다.**

(9나) Unser größter **Feind** ist im Moment die **Inflation**

우리의 최대의 **적은** 이 순간 인플레이션이다.

(9다) Der **Dollar** ist durch die Inflation **ruiniert worden.**

달러는 인플레이션으로 인해 **쓸모없게 되버렸다.**

(9라) Die **Inflation** hat eine geldgierige Generation **hervorgebracht.**

인플레이션은 돈을 탐내는 세대를 **낳게 했다.**

---

51) 의인화은유에 관해서는 Lakoff/Johnson(1980:33ff,)를 참조할 것.
52) (8)의 예문은 Lakoff/Johnson(1998:44)에서 인용한 것임
53) (9)의 예문은 Lakoff/Johnson(1998:44f.)에서 인용한 것임.

(9)에서 사용되고 있는 은유개념은 DIE INFLATION IST EINE PERSON뿐만이 아니라 DIE INFLATION IST EIN GEGNER로 볼 수 있는데, 우리는 이러한 은유개념들을 통해 인플레이션이 얼마나 무서운 것인가, 인플레이션에 어떻게 대처해야 하는가 등을 알게 된다. 그리하여 (9)의 문장에서는 우리들을 공격할 수도 있고, 해칠 수도 있고, 파괴할 수도 있고, 그리고 우리에게서 무언가를 약탈해 갈 수도 있다는 점에서 인플레이션을 우리의 적으로 여기게 되는 인간의 은유적 사고가 사용되고 있다. 그러므로 (8), (9)에서 사용되는 의인화은유는 이론, 사실, 인생, 종교, 암, 인플레이션 같이 인간이 아닌 개체들을 인간의 특성을 통해 의인화하고 있다고 볼 수 있다.

　　존재론적인 은유의 세 번째 경우는 컨테이너은유이다.[54] 사람들은 자기 자신이 제한된 공간을 차지하는 물리적인 존재로서, 피부표면을 통해 세상에 존재하는 다른 대상들과 구별되는 존재라는 것을 경험한다. 그러면서 우리는 우리 자신을 방이나 집같이 표면을 지니며, 안과 밖의 공간적인 방위를 지니는 컨테이너로 인지하게 된다. 즉 우리들이 이 방에서 저 방으로 움직이는 것은 이 방에서 나와 저 방으로 들어가는 것이므로, 마치 이 컨테이너에서 나와 저 컨테이너로 들어가는 것처럼 인지한다고 볼 수 있다. 우리들이 음식물을 섭취할 때도 마찬가지이다. 음식물은 식도를 통해 위로 내려가므로, 우리들은 먹는 음식물이 컨테이너 안으로 들어가는 것으로 인지한다고 볼 수 있다. 그러므로 인간이나, 바위, 땅 등은 제한된 공간을 차지하는 컨테이너로서 사이즈를 갖고, 그리고 제한된 양의 어떤 물질로 채울 수 있으므로, 은유적으로 GEFÄSS, 즉 컨테이너로 볼 수 있다. 예를 들면 누군가가 *Es gibt viel Land in Daejeon.*이라고 말한다면, 대전은 하나의 제한된 지역, 즉 GEFÄSS로 간주될 수 있다. 공간말고 공간을 채우는 물질도 일종의 컨테이너로 볼 수 있다. 예를 들면 누군가가 물이 가득 채워져 있는 욕조에 들어간다면, 이는 물에 들어가는 것과 같은 것으로 인지된다고 볼 수 있다. 그래서 욕조와 물, 즉 용기와 용기를 채우는 물질은 컨테이너로 볼 수 있다. 그러나 이 둘은 서로 다른 유형의 컨테이너로 볼 수 있는데, Lakoff/Johnson(1980)은 전자를 GEFÄSSOBJEKT, 즉 용기로서의 컨테이너로, 후자를

---

54) 콘테이너은유에 관해서는 Lakoff/Johnson(1980:29ff.)을 참조할 것.

GEFÄSSSUBSTANZ, 즉 용기 안에 들어 있는 물질로 칭하고 있다.

컨테이너은유는 면적이나 공간을 차지하는 대상들에게만 적용되는 것이 아니라, 우리의 시야를 개념화할 때에도 적용된다. 왜냐하면 우리들이 무언가를 쳐다볼 때 우리 시야에 들어오는 장면을 하나의 컨테이너로 볼 수 있기 때문이다. 그러므로 제한된 영역을 GEFÄSS로 본다면 우리의 시야에 들어오는 장면도 하나의 제한된 영역으로 볼 수 있다. 그리하여 BLICKFELDER SIND GEFÄSSE라는 은유개념이 나오게 되고, 이 은유개념이 실제로 독일사람들의 사고에 존재해 있다는 것을 (10)의 예문을 통해 알 수 있다.[55]

(10가) Das Schiff kommt allmählich in Sicht.
　　　 배가 점차 시야 **안으로 들어온다.**
(10나) Ich **habe** ihn im Auge.
　　　 나는 그를 눈 **안에 갖고 있다.**(잊지 않고 있다.)
(10다) Ich kann ihn nicht sehen, weil der Baum im Wege ist.
　　　 나는 길**에 있는** 나무 때문에 그를 볼 수 없다.
(10라) Er ist jetzt **außer** Sichtweite.
　　　 그는 지금 시계(視界) **밖에** 있다.
(10마) Das ist genau im Zentrum meines Blickfeldes.
　　　 이것은 바로 나의 시야(視野) 중심**에** 있다.
(10바) Da ist nichts in Sicht.
　　　 시야**안에는** 아무것도 **없다.**

존재론적인 은유는 사건, 행위, 행동 그리고 상태를 이해하는 데에도 적용된다. 그래서 존재론적인 은유를 통해 사건과 행위는 OBJEKT로 개념화되고, 행동은 SUBSTANZ로, 그리고 상태는 GEFÄSS로 개념화된다. *Rennen*을 예로 들어 설명해 보자. *Rennen*은 공간과 시간 안에서 일어나므로, 제한된 영역을 갖는다고 볼 수 있다. 따라서 *Rennen*은 존재론적인 은유에 의거하여 GEFÄSSOBJEKT로 개념화된다고 볼 수 있다. 그리고 GEFÄSSOBJEKT로 개념화되는 이 영역 안에는 여러 가지 실체들, 예를 들면 경주에 참여하는 경주자, 경주를 심판하는 심판관,

---

55) (10)의 예문은 Lakoff/Johnson(1998:41)에서 인용한 것임.

관중, 경주의 시작과 끝, 그리고 실제로 달리는 행동 등이 존재한다고 볼 수 있다. Lakoff/Johnson(1980)은 존재론적인 은유를 통해 경주에 참여하는 경주자나 심판관 등을 OBJEKT로, 경주의 시작과 끝을 EREIGNISOBJEKT로, 그리고 실제로 달리는 행동을 컨테이너 안에 들어 있는 SUBSTANZ, 좀 더 자세히 말하자면 GEFÄSSSUBSTANZ로 개념화한다. 따라서 발화상황에 따라 *Rennen*이 사건으로 이해될 경우에는 GEFÄSS로 개념화될 수 있고, 행동으로 이해될 경우에는 SUBSTANZ로 개념화될 수 있다. 그러면 언급한 몇 가지 은유개념을 통해 *Rennen*이 (11)의 여러 예문들에서 실제로 어떠한 개념으로 사용되는가를 보기로 하자.[56)]

(11가) Bist du am Sonntag im Rennen? (Rennen : GEFÄSSOBJEKT)
　　　 너 일요일에 경주 경기**에** 있었니?

(11나) Gehst du zum Rennen? (Rennen : OBJEKT)
　　　 경주 경기**에** 가니?

(11다) Hast du das Rennen gesehen? (Rennen : OBJEKT)
　　　 경주를 **보았니**?

(11라) Der Schluß des Rennens war wirklich aufregend.
　　　 경주의 **마지막 부분**은 정말로 격앙되었지.
　　　 (Schluß : GEFÄSSOBJEKT 안에 들어 있는 EREIGNISOBJEKT)

(11마) Es gab viele gute **Rennabschnitte** im Rennen.
　　　 경주에 좋은 **뜀박질**이 많았어.
　　　 (Rennabschnitte : GEFÄSS안에 들어 있는 SUBSTANZ)

(11바) Ich konnte erst am Ende des Rennens einen **guten Spurt** hinlegen.
　　　 나는 경주 마지막부분에서야 **스퍼트를 잘** 할 수 있었어.
　　　 (Spurt : GEFÄSSOBJEKT)

(11사) Er ist jetzt **aus** dem Rennen. (Rennen : GEFÄSSOBJEKT)
　　　 나는 지금 경주 경기**에서 나왔어.**

　　(11가,나,다,라,마,바,사)의 예문에서 *Rennen*은 GEFÄSSOBJEKT. EREIGNISOBJEKT, OBJEKT 등으로 개념화된다.
　　행동은 일반적으로 SUBSTANZ로, 좀 더 자세히 말하면 GEFÄSSUBSTANZ로

---

56) (11)의 예문은 Lakoff/Johnson(1998:41ff.)에서 인용한 것임.

개념화된다. 이는 (12)의 예문에서 왜 *Diskussion*앞에 전치사 *in, aus, außer*가 사용되는가를 통해 알 수 있다.[57]

(12가) In der Diskussion sagte er manch unbedachtes Wort.
　　　토론**에서** 그는 경솔한 말을 많이 했다.

(12나) Wie hat sich Jerry **aus** der Diskussion verabschiedet?
　　　어떻게 제리는 토론**에서** 해고되었니?

(12다) Was hast du **außer** Diskutieren noch gemacht?
　　　토론**말고** 무엇을 했니?

(12라) Er ist gerade in die Diskussion eingetaucht.
　　　그는 바로 토론**으로** 들어갔다.

　　여러 가지 상태들도 컨테이너, 즉 GEFÄSS로 개념화될 수 있는데, 이는 예문 (13)의 *Liebe, Schwierigkeiten, Koma, Form, Zustand, Depression*에서 볼 수 있다.[58]

(13가) Er ist in Liebe entbrannt.
　　　그는 사랑**에** 불타 올랐다.

(13나) Wir sind jetzt **aus** allen Schwierigkeiten **heraus**.
　　　우리는 지금 모든 어려움**에서** **헤쳐 나왔다**.

(13다) Er ist **aus** dem Koma aufgewacht.
　　　그는 혼수상태**에서** 깨어났다.

(13라) Langsam **komme** ich in Form.
　　　천천히 나는 건강**해질 것이다**.

(13마) Er **kam** in einen Zustand der Euphorie.
　　　그는 쾌적감을 느끼는 상태**가 되었다**.

(13바) Er **fiel** in eine tiefe Depression
　　　그는 깊은 우울증**에 빠졌다**.

---

57) (12)의 예문은 Lakoff/Johnson(1998:42)에서 인용한 것임.
58) (13)의 예문은 Lakoff/Johnson(1998:42)에서 인용한 것임.

5.4 환유에 의거한 의미분석

환유는 은유와 달리 임의의 개체를 그것과 관련된 어떤 다른 개체를 통해 표현하려고 할 때 사용되는 사고의 한 유형으로 볼 수 있다. Lakoff/Johnson (1998:46)이 제시하는 환유의 예 (14)를 보자.

> (14) Das **Schnitzel** wartet auf seine Rechnung.
> 이 **커틀렛**은 돈을 내야 해.

일반적으로 *das Schnitzel*은 얇게 잘라낸 고기로 요리한 커틀렛을 가리키지만, (14)에서는 커틀렛을 주문한 고객으로 이해된다. 그러므로 (14)에서 *das Schnitzel*은 인간의 어떤 특성을 통해 관찰되는 것이 아니므로 의인화은유의 경우로 볼 수 없고, 오히려 어떤 고객을 그 고객이 주문한 커틀렛을 통해 표현하려는 것이므로 환유의 경우로 볼 수 있다. 다시 말해서 (14)는 (15)에서 언급한 환유관계 중에서 음식과 그것을 주문한 사람과의 관계인 (15가)가 적용된 경우로 볼 수 있다. (15가) 말고도 우리 일상생활에서 사용되는 환유관계는 (15나,다,라,마,바, 사)와 같이 아주 다양하다.[59)]

> (15가) DAS OBJEKT STEHT FÜR DEN BENUTZER
> 대상은 사용자를 나타낸다.
> Das **Schnitzel** bringt kaum Trinkgeld ein.(= Besteller oder Bestellerin)
> 이 **커틀렛**은 팁을 주지는 않을꺼야. (= 주문자)
> (15나) DER TEIL STEHT FÜR DAS GANZE
> 부분은 전체를 나타낸다.
> Es gibt etliche gute **Köpfe** an der Universität.(= intelligente Menschen)
> 대학교에는 좋은 **머리**가 몇몇 있지. (= 유능한 사람)
> (15다) DER ERZEUGTER STEHT FÜR DAS PRODUKT
> 생산자는 생산물을 나타낸다.

---

59) (15)에 제시된 환유관계에 관해서는 Lakoff/Johnson(1998:46ff.)를 참조할 것.

> Ich hätte gerne ein **Löwenbräu**.(= Bier)
>
> **뢰뷘브로이**를 주십시요.(= 맥주)

(15라) DER VERANTWORTLICHE STEHT FÜR DAS RESULTAT
  책임자는 책임하에 이루어진 결과를 나타낸다.

> **Nixon** hat Hanoi bombadiert.
>
> **닉슨**이 하노이를 폭격했다.

(15마) DIE INSTITUTION STEHT FÜR DIE ENTSCHEIDUNGSTRÄGER
  기관은 책임자를 나타낸다.

> **Esso** hat schon wieder die Benzinpreise erhoht.
>
> **에쏘**는 이미 휘발유가격을 다시 올렸다.

(15바) DER ORT STEHT FÜR DIE INSTITUTION
  장소는 기관을 나타낸다.

> **Hollywood** ist nicht mehr das, was es früher war.
>
> **홀리우드**는 더 이상 이전과 같지 않다.

(15사) DER ORT STEHT FÜR DAS EREIGNIS
  장소는 사건을 나타낸다.

> Tailand soll kein zweites **Vietnam** werden.
>
> 타일랜드는 두 번째 **베트남**이 되어서는 안 된다.

6장, 7장, 8장에서는 방금 언급한 원형, 은유, 환유 같은 인간의 마음속의 상상의 구조를 통해 어떻게 조어들이 다의어로 사용되는가 하는 문제를 인지의미론의 입장에서 토론해 볼 것이다.

다의적 현상에서 토론되어야할 주요 쟁점은 다의어가 나타내는 여러 가지 의미들이 서로 어떠한 체계적인 관련성을 갖고 있는가 하는 점이다. 이러한 관점에서 6장에서는 -*er*-명사의 다의적 현상을, 7장에서는 축소명사의 다의적 현상을, 그리고 8장에서는 사건명사의 다의적 현상을, 8장에서는 합성어의 다의적 현상을 토론할 것이다.

제6장 인지의미론에 의거한 -*er*- 명사의 다의적 현상

6.1 -*er*-명사의 다의적 현상

이미 4.2.1에서 언급하였듯이 독일어 -*er*-명사는 사람(*Lehrer, Schwimmer, Dort-munder, Fußballer, Fünfziger*), 도구(*Bohrer, Öffner, Löscher, Obstentsafter*), 산물(*Lyoner, Emmentaler, Neunzehnhundertfünfziger*), 사물(*Lyoner, Dreitausender, Fünfziger, Viertürer*), 인간의 소리나 행위(*Rülpser, Seufzer, Jodler, Hopser*), 동물(*Dickhäuter, Warmblüter, Frühlingsspinner*), 식물(*Einblattskeimer*), 물질(*Füller*), 신문기사(*Füller*), 간주곡(*Füller*) 등 다양한 의미로 사용된다. 영어에서도 -*er*-명사는 사람(*good looker, fast mover, church goer, cave dweller, hall of famer*), 도구(*dryer, dishwasher, mixer, juicer*), 사물(*laser pointer, weekly reminder*), 장소(*sleeper*), 식물(*early bloomer*) 이외에 과일(*good keeper, bad keeper*), 야구용어(*homer, grounder*), 방송프로그램(*traffic leader, sports leader, finance leader*), 방송이름(*the world's news leader*), 주식(*big mover*), 대히트한 영화(*blockbuster*) 등 아주 다양한 의미로 사용된다.

-*er*-명사의 다의어현상을 설명하기 위해 먼저 토론해야 할 일은 언급한 여러 가지 의미 중에서 어떠한 의미를 -*er*-명사의 대표적인 핵심의미로 간주해야 하는가 하는 점이다. 이를 6.2에서는 원형이론에 의거하여 토론할 것이다.

6.2 원형이론에 의거한 *-er*-명사의 대표의미

Wellmann(1975:63)은 1,270개의 *-er*-명사 중에서 사람[60]이 81.4%(1,034개)를 차지한다는 통계를 제시하는데, 비록 제한된 자료이기는 하지만, 이 통계에 의하면 사람을 *-er*-명사의 여러 가지 의미 중에서 가장 핵심적인 대표의미로 간주하는데 부족함이 없어 보인다.[61] 아울러 사람이 *-er*-명사의 가장 핵심적인 대표의미임은 끊임없이 증가추세를 보이는 용례들을 통해서도 드러난다.[62]

Meibauer(1995b)의 조사에서도 밝혀졌듯이, 3세의 독일 어린아이들에게서 사람의 명사는 도구의 명사보다 더 많이 나타난다. Meibauer(1995a:27ff.)도 행위자가 도구보다 더 기본적인 개념이 된다는 사실을 밝혀낸다. Dressler(1986:526)는 역사적으로 사람을 나타내는 명사가 도구를 나타내는 명사로 발전되었지, 결코 그 역은 아니라고 주장한다. 이미 4.3에서 어린아이들이 다의어로 사용되는 *-er*-명사화들을 어떻게 습득하는가에 관한 Clark(1982)의 입장을 비판하기는 했지만, 어린아이들이 사람을 나타내는 *-er*-명사를 도구를 나타내는 *-er*-명사보다 먼저 습득한다는 Clark(1982)의 주장만은 타당하다고 볼 수 있다.

이러한 여러 가지 연구결과를 놓고 볼 때 *-er*-명사의 대표의미를 사람으로 간주하는데 이의를 달 사람은 아무도 없을 것이라고 생각된다. 그러나 문제는 *-er*-명사의 대표의미, 즉 사람의 의미가 어떻게 해서 여러 가지 의미로 사용될 수 있게 되는가 하는 점이다. 이를 토론하기 위해 먼저 어떠한 개념들에 의거

---

60) 사람을 나타내는 파생명사는 *-er* 이외에 *-ler (Sportler)*, *-ner(Rentner)*, *-and(Doktorand)*, *-ar(Bibliothekar)*, *-är (Aktionär)*, *-ast (Gymnasiast)*, *-at (Stipendiat)*, *-ator (Organisator)*, *-arier (Proletarier)*, *-eur (Kontrolleur)*, *-or (Tenor)*, *-ier (Bankier)*, *-it (Favorit)*, *-an (Dekan)*, *-ian (Blödian)*, *-bold (Witzbold)*, *-rich (Wüterich)*, *-schaft (Nachkommenschaft)*, *-heit (Menschheit)*, *-tum (Beamtentum)*, *-al (Personal)*, *-ie (Aristokratie)*, *-ung (Bedienung)* 등의 접미사와 결합을 통해 생성되기도 한다. 여기서는 *-er* 이외에 다른 접미사와의 결합을 통해 생성되는 사람의 파생명사에 관해서는 취급하지 않는다.

61) 아울러 Wellmann(1975:63)은 인명의 *-er*-명사 중에서 동사를 기저로 하는 *Empfänger* (jemand, der etw. empfängt)´의 유형이 862개(67.8%)로 가장 많고, 명사를 기저로 *Attentäter* (jemand, der ein Attentat begangen hat)'의 유형이 108개(8.5%), 고유명사를 기저로 *Dortmunder* (jemand, der aus Dortmund stammt)의 유형이 52개(4.1%), 명사와 결합한 *Gesellschafter* (jemand, der einer Gesellschaft angehört)의 유형이 12개를 차지한다는 통계를 제시하고 있다.

62) Muthmann(1988:750ff.)을 참조할 것.

다양한 유형의 사람들이 -*er*-명사로 명명되는가를 보기로 하자.

6.3 인간유형의 분류를 위한 개념체계

우리들은 일상생활 속에서 다양한 사람들을 직접 혹은 간접적으로 만나면서, 그들을 세상경험을 통해 얻게 된 여러 가지 개념들을 통해 분류한다. 그런데 우리들 자체가 다양한 속성과 특성을 갖는 감성적인 개체인데다가, 우리들의 속성과 특성, 감성들도 세상의 변화와 더불어 끊임없이 변할 수 있다. 변화의 정도는 개인에 따라 다를 수 있다. 따라서 우리들은 우리들이 만나는 모든 사람들을 항상 동일한 개념으로 분류한다고 볼 수는 없을 것이다. 이러한 측면에서 사람들을 유형별로 분류할 수 있는 통일된 개념들을 제시하는 것이 그리 쉽지는 않을 것이다. 사람의 유형은 사회학 같은 학문에서 다양한 방법으로 분류되겠지만, 여기서는 -*er*-명사로 표현되는 유형들을 통해 (1)과 같은 개념들을 통해 분류해 보고자 한다.[63]

(1가) **직업** : Lehrer, Fahrer, Gießer, Teppichweber, Arzthelfer, Physiker, Maler, Opernsänger, Botschafter, Handwerker, Bäker, Verkäufer, Software-Entwickler, Programmierer, Informatiker

(1나) **행위/행동** : Spaziergänger, Briefempfänger, Fußgänger, Schläger, Entsafter, Bohrer, Heuwender, Läufer, Spieler, Schläfer,

(1다) **능력** : Schwimmer, Radfahrer

(1라) **소유** : Eigentümer, Millionär, Saftladenbesitzer, Autobesitzer, Kontoinhaber

(1마) **습관** : Stadtbummler, Verlierer, Raucher, Herumtreiber, Anlieger, Trinker, Könner, Denker

(1바) **취미** : Briefmarkensammler, Bergsteiger, Angler, Segler, Radfahrer, Hacker, Chatter, Sportler

(1사) **출생지/거주지** : Dordmunder, Konstanzer, Landbewohner, Großstädter,

---

63) 오예옥(2000a:158f.), Wellmann(1975:62f.), Braun(1997:5장)을 참조할 것.

Städter

(1아) **수(출생년도/나이)** : Sechziger, Fünfziger, Enddreißiger

(1자) **사회적 지위** : Arbeitsgeber, Arbeitsnehmer, Unternehmer, Arbeiter, Vermieter, Mieter

(1차) **성향** : Romantiker, Kriegsdienstverweigerer, Großstädter, Scholastiker, Kriegstreiber

(1카) **시간** : Frühaufsteher, Spätheimkehrer

(1)에 제시된 개념들 외에도 예컨대 **식습관**(*Spagettiesser, Makkaroniesser, Froschesser*), **두드러짐**(*Alleshaber, Kunstkenner, Menschenhasser, Hellseher, Vielwisser*), **소속성** (*Gesellschafter, Gewerkschafter*), **범죄유형**(*Kindermörder, Scheckbetrüger, Straßenräuber, Triebverbrecher, Kriegstreiber, Flugzeugentführer*), **사용목적**(*Binder*) 등과 같은 많은 개념들이 제시될 수 있겠다. 그러므로 (1)에 제시된 개념으로 우리들이 일상생활에서 만나는 모든 사람들의 유형을 분류할 수도 없고, 그렇다고 *-er-*명사로 명명되는 모든 사람들의 유형을 분류할 수도 없지만, *-er-*명사의 은유적인 확장을 설명하는 데에는 (1)의 개념들로 일단은 충분하다고 본다. 다만 (1)의 개념들에 관해 두 가지만 언급하겠다.

첫째, (1)의 개념들이 인간유형을 분류할 때 아주 유동적으로 적용된다는 것이다. 만약 세상이 변하지 않는 정적인 구조물이라면 인간유형을 분류할 때 적용되는 개념도 고정적일 수 있겠다. 그러나 세상은 끊임없는 변화의 과정 속에 있는 구조물이므로, *-er-*명사의 신조어도 끊임없이 생성될 것이고, 그리고 사용이 중단된 일부 기존의 *-er-*명사는 사멸해 갈 것이다. 그러므로 인간유형을 분류하는 새로운 개념들은 항상 (1)에 삽입될 수 있고, 또한 시대에 뒤떨어져 분류가치를 상실하는 구태의연한 개념들은 항상 (1)에서 사라질 것이다. 이러한 점에서 (1)의 개념들은 아주 유동적이라고 할 수 있다.

둘째, 개념별로 제시된 (1)의 *-er-*명사들은 대화상황에 따라 다른 개념으로 분류됨으로 해서 상이한 인간유형으로 분류될 수 있다는 것이다. 예를 들면 *Radfahrer*는 단순히 자전거를 탈 수 있는 **능력**이라는 개념을 통해서 분류될 수도 있고, 자전거를 즐겨 타는 **취미**의 개념을 통해서 분류될 수도 있다. *Großstädter*도 실제로 대도시출신자인가 아니면 대도시를 좋아하는 자인가에 따라 출

신지 또는 **취향**에 의거 서로 다른 유형의 사람으로 분류될 수 있고, *Sportler*의 경우도 직업으로 스포츠를 하는 사람인지 아니면 취미로 스포츠를 하는 사람인지에 따라 **직업** 또는 **취미**의 개념에 의거 서로 다른 인간의 유형으로 분류될 수 있다.

원형이론에서 밝혀진대로 -er-명사의 대표의미가 사람이라면, 토론해야 할 과제는 사람의 의미가 어떻게 도구, 사물, 장소, 인간의 소리/행위, 동/식물, 물질, 신문기사, 간주곡, 야구용어, 방송프로그램, 방송이름, 주식 등의 여러 가지 의미로 확장되는가 하는 점이다. 이를 설명하기 위해 필자는 대부분의 독일어권이나 영어권의 사람들이 원형적인 측면에서 볼 때 -er-명사의 의미로 대표의미인 사람을 제일 먼저 습득하고, 그들의 다양한 세상경험과 이해의 기반 위에 -er-명사의 대표의미를 여러 가지 의미로 확장한다는 입장에서 출발할 것이다. 그러므로 사람의 유형을 분류하는데 사용되었던 (1)의 개념들은 -er-명사의 의미확장에 아주 중요한 요인이 될 것이다.

6.4 의인화은유에 의거한 -*er*-명사의 의미확장

사람들의 사고와 행동은 바로 언어로 표현되고, 언어로의 표현과정에 바로 사람들의 은유적인 사고가 표출된다고 볼 수 있다. 그러므로 세상경험과 이해의 기반 위에서 이루어지는 사람들의 은유적 사고가 어떻게 -er-명사의 의미확장에 표출되는가를 밝혀 보는 것은 -er-명사의 의미확장에 따른 인간의 인지체계가 무엇인지를 밝힐 수 있다는 점에서, 그리고 인간의 은유적 사고와 언어표현 간의 관계를 밝힐 수 있다는 점에서 흥미롭다고 하겠다.[64]

-er-명사의 의미확장에 관한 토론으로 들어가기 전에, 몇 가지 용어들을 정리해 두어야 하겠다. 앞으로 "도구", "사물", "산물" 등의 용어가 자주 사용될 것이

---

64) Lakoff/Johnson(1980;3)은 세상경험의 기반 위에서 형성되는 여러 인지개념들이 바로 일상생활에서의 사람들의 사고와 행동을 구조화하는 것이라고 지적한다.

다. 많은 독자들은 도구나 산물이 모두 사물에 속한다고 볼 수 있을 것이다. 물론 이는 잘못된 견해는 아니지만, 필자는 이 용어들을 전통독일어조어론에서 사용되는 "Instrumentbezeichnung," "Sachbezeichnung," "Produkte"의 의미로 사용하려고 하는 것임을 미리 밝혀 두겠다.

6.4.1 도구의 의인화은유

우리들은 인간의 다양한 특성, 속성, 행위 등을 인간이 아닌 사물들에 적용하여 인간이 아닌 개체들을 은유적으로 의인화하려는 사고를 한다. 예를 들면 인간은 끊임없이 먹을 것, 탈 것 등 생활에 필요한 도구들을 만들어 낸다. 만드는 과정은 인간의 육체적인 도구인 손과 발에 의해 직접 이루어지기도 하지만, 산업화 된 현대사회에서는 도구의 도움으로 이루어진다. 그러므로 행위자가 어떤 행위를 함으로써 수동자에게 어떤 힘을 가하게 되어 결과적으로 수동자의 상태를 물리적으로 바꾸게 하는 인과적인 측면에서 본다면, 도구도 그러한 과정을 통해 어떤 결과를 일으키는 유발자가 될 수 있기에 충분하다고 볼 수 있다. 물론 원형이론에서 보면 도구는 행위자보다는 훨씬 덜 대표적인, 덜 핵심적인, 즉 더 주변적인 유발자로 간주될 것이다. 이러한 주장의 타당성은 행위자가 도구보다 더 근본적인 개념이라는 Meibauer(1995a:27ff.)의 견해, 사람의 의미가 -er- 명사의 81.4%를 차지한다는 Wellmann(1975)의 통계, 역사적으로 행위자격 명사에서 도구격 명사로 발전되었다는 Dressler(1986:526)의 입장, 어린아이들이 행위자와 기구의 의미를 동시에 습득하지 않고 행위자를 기구보다 먼저 습득한다는 Clark(1982:21)의 견해 등에서도 찾아볼 수 있다. 예문 (2), (3), (4)를 보자.

> (2가) Hans entsaftet Obst. → Hans ist (ein) Obstentsafter.
>
>   한스는 과일즙을 짜고 있다. → 한스는 **과일즙 짜는 사람**이다.
>
> (2나) Das Gerät entsaftet Obst. → Das Gerät ist ein Obstentsafter.
>
>   이 기구는 과일즙을 짜낸다. → 이 기구는 **과일즙 짜는 도구**이다.
>
> (3가) Der Techniker bohrt gerade ein Loch in die Wand.

　　　이 기술자는 지금 벽에 구멍을 뚫고 있다.

　　　→ Der Techniker ist ein **Bohrer**.

　　　→ 이 기술자는 **구멍 뚫는 사람**이다.

(3나) Das Gerät bohrt ein Loch in die Wand. → Das Gerät ist ein **Bohrer**.

　　　이 기구는 벽에 구멍을 뚫는다. → 이 기구는 **구멍 뚫는 기구**(천공기)다.

(4가) Peter wendet Heu. → Peter ist (ein) **Heuwender**.

　　　페터는 건초를 뒤집는다. → 페터는 **건초 뒤집는 사람**이다.

(4나) Das Gerät wendet Heu. → Das Gerät ist ein **Heuwender**.

　　　이 도구는 건초를 뒤집는다. → 이 기구는 **건초 뒤집는 도구**이다.

　　(2가), (3가), (4가)에서는 과일즙을 짜는 사람, 벽에 구멍을 뚫는 사람, 베어 놓은 건초를 뒤집는 사람들이 각각 *Obstensafter, Bohrer, Heuwender*로 표현되는데, (2나), (3나), (4나)에서는 그러한 일을 하는 도구들까지도 동일한 -er-명사로 표현된다. 이는 과일즙을 짜고, 벽에 구멍을 뚫고, 베어 놓은 건초를 뒤집는 인간의 행위를 동일한 일을 하는 도구에 적용하여, 도구를 의인화하려는 독일사람들의 은유적인 사고에서 기인하는 것으로 볼 수 있다.[65] 그러므로 -er-명사가 도구로 사용되는 것은 인간유형의 분류에서 제시된 (1나)의 **행위**의 개념이 은유적으로 도구에 적용됨으로써 가능하게 되는 것임을 알 수 있다. 바로 이러한 의인화은유에 의거한 의미확장은 독일사람들로 하여금 (5가,나,다)같은 문장을 자연스럽게 발화할 수 있게 해준다고 볼 수 있다.

(5가) Der **Obstentsafter** brummt so komisch.

　　　이 **과일즙 짜는 도구**는 괴상하게 투덜되는군.

(5나) Der **Bohrer** von oben bohrt wieder Löcher in die Wand.

　　　위층의 **천공기**는 벽에 또 구멍을 뚫는군.

(5다) Der **Heuwender** arbeitet langsam vor sich hin.

　　　건초 뒤집는 도구가 느긋하게 일을 하네.

---

65) 이러한 은유적인 사고는 (*Lohn*)*Empfänger* / (*Fernseh*)*Empfänger*, (*Gewicht*)*Heber* / (*Wagen*)*Heber*, (*Betriebs*)*Leiter* / (*Strom*)*Leiter* 같은 예에서도 볼 수 있다.

6.4.2 산물의 의인화은유

(6나), (7나), (8나)에서 *Lyoner, Emmentaler, Neunzehnhundertfünfziger*는 인간의 유형을 분류할 때 사용되는 (1사), (1아)의 **출생지, 출생년도**의 개념이 은유적으로 산물에 적용됨으로써 확장되는 *-er*-명사로 볼 수 있다.

(6가) Hans kommt/stammt aus Lyon./Hans wohnt in Lyon.
 한스는 리용에서 왔다/리용 출신이다./한스는 리용에서 산다.
  → Hans ist (ein) **Lyoner.**
  → 한스는 **리용사람**이다.

(6나) Diese Wurst komms/stammt aus Lyon. → Diese Wurst ist ein **Lyoner.**
 이 소세지는 리용에서 왔다./리용산이다. → 이 소세시는 **리용산**이다.

(7가) Peter kommt/stammt aus Emmental./Peter wohnt/lebt in Emmental.
 페터는 에멘탈에서 왔다./에멘탈 출신이다./페터는 에멘탈에서 산다.
  → Peter ist ein **Emmentaler.**
  → 페터는 **에멘탈사람**이다.

(7나) Diese Käse kommt/stammt aus Emmental. → Diese Käse ist ein **Emmentaler.**
 이 치즈는 에멘탈에서 왔다./에멘탈산이다. → 이 치즈는 **에멘탈산**이다.

(8가) Hans wurde im Jahre 1950 geboren. → Hans ist ein **Fünfziger.**
 한스는 1950년대 태어났다. → 한스는 **50년대 사람**이다.

(8나) Dieser Wein wurde ungefähr im Jahre 1950 produziert.
 이 포도주는 대략 1950년대에 생산되었다.
  → Dieser Wein ist ein **Neunzehnhundertfünfziger**
  → 이 포도주는 **1950년대산**이다.

산물로 의미확장된 (6나), (7나), (8나)의 *Lyoner, Emmentaler, Neunzehnhundert-fünfziger*는 각각 소세지, 치즈, 포도주, 맥주 같은 지방특산물을 나타내는데, 이러한 의미확장은 *Kaiserstühler, Tilsiter* 등에서도 나타난다. 이러한 산물의 의인화는 (9가,나)의 문장에서도 잘 나타난다.

(9가) Der Emmentaler/Der Lyoner hat sich verabschiedet.
  이 **에멘탈산 치즈/**이 **리용산 소세지**가 면직당했네.
(9나) Der Neunzehnhundertfünfziger lacht aus dem Glas.
  이 **1950년대산 포도주**가 잔에서 미소를 짓고 있네.

(9가)는 에멘탈치즈 또는 리용소세지의 유효기간이 지났다는 것으로 이해된다.

6.4.3 사물의 의인화은유

사물들은 그들의 다양한 속성 때문에 많은 개념들을 통해 의인화된다. 예를 들면 (10나)에서 물에 떠있는 물체는 (1나)에 제시된 **행위**의 개념을 통해 *Schwimmer*로 표현되는데, 이는 물위에서 수영하는 사람의 행위나 모습을 물에 떠 있는 물체에 적용하여 물체를 의인화시키는 경우로 볼 수 있다.

(10가) Hans schwimmt. → Hans ist (ein) Schwimmer.
  한스는 수영을 한다. → 한스는 **수영자**다.
(10나) Der vordere Teil der Angelschnur schwimmt auf dem Wasser.
  낚시줄의 앞부분이 물에 떠 있다.
  → Der vordere Teil der Angelschnur ist ein Schwimmer.
  → 낚시줄의 앞부분이 **낚시찌**다.

사물들은 **행위**말고 (1나)의 **소유**의 개념을 통해서도 의인화된다. 왜냐하면 사람뿐만이 아니라 사물들도 무엇을 소유할 수 있기 때문이다. 즉 (11가)에서 한스가 땅이나 조그마한 생필품가게를 소유하고 있듯이 (11나)에서는 자동차가 네 개의 문을 소유하고 있다. 전자를 *Eigentümer, Saftladenbesitzer* 같은 -er-명사로 명명하듯이, 후자도 *Viertürer*로 명명하는데, 이는 인간유형의 분류에 사용되는 소유의 개념이 은유적으로 사물에 적용되어, 사물을 의인화시키려는 인간의 은유적 사고에서 기인한 것으로 볼 수 있다.

(11가) Hans besitzt ein Grundstück/einen Saftladen.

한스는 땅을/쥬스가게를 소유하고 있다.

→ Hans ist (ein) **Eigentümer/Saftladenbesitzer.**

→ 한스는 **재산소유자/쥬스가게소유자다.**

(11나) Dieses Auto besitzt vier Türen. → Dieses Auto ist ein **Viertürer.**

이 자동차는 문이 네 개다 → 이것은 **문이 네 개 달린 자동차다.**

사람들은 대화상황에 따라 화용론적으로도 분류될 수 있다. 예컨대 어느 가을날 농촌의 추수를 돕기 위해 많은 사람들이 모였다고 하자. 일의 능률을 높이기 위해 모여 있는 사람들을 용도별로 볏단을 묶는 *Binder*, 곡식을 선별하는 *Sortierer*, 볏단을 차에 싣는 *Auflader* 등으로 분류했다고 하자. 이때 사용된 **용도**의 개념은 은유적으로 사물을 의인화하는 데에 적용되어, (12)의 예문에서는 묶는 용도로 쓰이는 넥타이를 *Binder*로 명명하고 있다.

(12) Peter bindet diese (od. eine) Krawatte (um). → Peter bindet diesen (od. einen) **Binder** (um).

페터는 이 넥타이를 맨다. → 페터는 이 **넥타이**를 맨다.

따라서 사람들을 유형별로 분류하는데 사용되는 **행위, 소유, 용도** 등의 개념은 은유적으로 사물을 의인화하는 데에 적용되어, *-er*-명사의 의미를 확장하게 한다. 이러한 독일사람들의 은유적인 사고는 (13)과 같은 문장에서도 엿볼 수 있다.

(13가) Der **Schwimmer** an deiner Angel hopst herum.

너의 낚시줄의 **낚시찌**가 껑충 뛰어 오르는군.

(13나) Ein **Viertürer** ist erotischer.

문 네 개 달린 차가 아주 매혹적이군.

(13다) Dieser **Binder** würgt mich.

이 **넥타이**가 내 목을 조르는군.

(14가,나,다)의 문장을 보자.

(14가) Hans ist 50 Jahre alt. → Hans ist ein **Fünfziger**.
   한스는 50살이다. → 한스는 **50살된 사람**이다.
(14나) Dieser Schein ist 50 Euro wert. → Dieser Schein ist ein **Fünfziger**.
   이 지전은 50유로짜리이다. → 이 지전은 **50유로짜리**이다.
(14다) Diese Münze ist 50 Cent wert. → Diese Münze ist ein **Fünfziger**.
   이 동전은 50센트짜리다. → 이 동전은 **50센트짜리**이다.

(8가)에서 *Fünfziger*는 1950년대에 태어난 사람으로 이해되지만, (14가)에서는 50살된 사람으로 이해된다. 그러나 *Fünfziger*는 (14나)에서는 50유로짜리 지전으로, 그리고 (14다)에서는 50센트짜리 동전으로 이해된다. 이는 독일사람들이 숫자로 특징을 나타낼 수 있는 여러 가지 사물들을 *-er*-명사로 표현하는데 아무런 방해를 받지 않음을 보여주는 예로 볼 수 있다. 우리 주위에는 산이나 버스 등 숫자로 그 특징을 표현해 낼 수 있는 사물들이 아주 많다. 예를 들면 (15가)에서 3.000m 높이의 산은 *Dreitausender*로, (15나)에서 노선번호가 9번인 버스는 *Neuner*로 표현되고 있다.

(15가) Dieser Berg ist 3000m hoch. → Dieser Berg ist ein **Dreitausender**.
   이 산의 높이는 3,000m다. → 이 산은 높이가 3,000m이다.
(15나) Dieser Linienbus hat die Nummer 9. → Dieser Bus ist der **Neuner**.
   이 노선버스의 번호는 9번이다. → 이 노선버스는 **9번**이다.

그러므로 인간유형을 분류하는데 사용되는 **수**의 개념은 사물들을 의인화하는 데에도 사용되어, *-er*-명사의 의미확장에 일익을 담당하는 것으로 볼 수 있다. **수**의 개념을 통해 사물을 의인화하려는 독일사람들의 은유적 사고는 (16)과 같은 문장에서도 찾아 볼 수 있다.

(16가) Der **Fünfziger** springt aus dem Portemonnaie.
   50유로짜리 동전이 지갑에서 떨어졌네.
(16나) Der **Dreitausender** winkt uns, dass wir zu ihm kommen.
   3,000m 높이의 산이 우리에게 오라고 윙크를 하네.
(16다) Der Fünfer ist schon weg, aber da öffnet uns der **Neuner** die Tür.

5번 버스는 이미 떠났지만, **9번 버스**가 문을 열어 주네.

(16가,나)에서는 사물을 나타내는 *Fünfziger*와 *Dreitausender*가 의인화되고 있고, (16다)에서는 *Fünfer*가 아니라 *Neuner*가 의인화되고 있다.

6.4.4 동물/식물의 의인화은유

우리들은 일상생활에서 동물의 식습관, 동물의 생활방식, 동물의 움직이는 모습 등을 통해 사람들을 동물에 비유하면서 은유적으로 동물로 표현한다. 예를 들면 독일사람들은 아주 약삭빠른 사람은 *Fuchs*라고 부르고, 머리가 나쁜 사람을 *Esel*이라고 부른다.[66] 이렇게 사람을 동물로 비유하는 표현방법은 많은 언어에서 찾아 볼 수 있다. 그런데 인간을 동물화시킬 수 있듯이 동물도 인간의 행동이나 성격 등을 통해 은유적으로 의인화시킬 수 있다. 예를 들면 (17가)에서는 실을 잣는 사람을 *Spinner*로 표현하는데, (17나)에서는 그러한 행위를 하는 벌레도 (*Frühlings*)*Spinner*로 명명한다.

(17가) Marias Vater spinnt seit über 30 Jahren. → Marias Vater ist (ein) **Spinner**.
마리아의 아버지는 30년 이상 실을 잣고 있다. → 마리아의 아버지는 **실을 잣는 사람**이다.

(17나) Diese Seidenraupe spinnt nur im Frühling.
이 누에는 봄에만 실을 잣는다.
→ Diese Seidenraupe ist ein **Frühlingsspinner**.
→ 이 누에는 **봄에 실을 잣는 벌레**이다.

---

66) 인간의 행위나 속성은 많은 경우 은유적으로 동물에 비유되기도 한다. 이는 사람을 동물명을 통해 표현하는 Braun(1997:121ff.)이 제시한 다음의 예를 통해서 알 수 있다:
(i) Esel : Dummkopf
Fuchs : schlauer Mensch/rothaariger Mensch
(ii) Schwein : Mensch mit verachtenswerter Denk- oder Hanldungsweise
Ziege : Frau, über die der Sprecher sich ärgert
(i)은 구어체에서 사용되는 예이고, (ii)는 욕으로 사용되는 예이다.

동물을 의인화하려는 독일사람들의 은유적인 사고는 (18)과 같은 의인화된 문장에서도 볼 수 있다.

    (18) Der Frühlingsspinner sitzt am Fenster und verspinnt seine Zeit.
        봄에 실을 잣는 벌레가 창가에 앉아서 시간을 잣고 있다.

*Spinner*는 (17가)에서와 같은 직업의 유형 외에, 제정신이 아닌 사람, 즉 정신상태가 정상이 아닌 사람으로 이해되기도 한다. 예컨대 청자가 어떤 사람을 사귀고 있는데, 그 사람이 정신적으로 정상이 아닌 것을 알고 있는 화자가 청자에게 (19)와 같은 문장을 발화하였다고 하자. 그렇다면 (19)에서 *Spinner*는 기저동사 *spinn-*이 나타내는 행위를 은유적으로 인간의 정신상태에 비유하는 의미, 즉 정신상태가 정상이 아닌 사람으로 이해될 수 있다.

    (19) Du darfst den **Spinner** nicht ernst kennenlernen. Er spinnt wirklich.
        너는 그 **미친 사람**을 진지하게 사귀면 안돼. 그는 정말 미쳤어.

(1카)에 제시된 **시간**의 개념은 식물을 의인화하는 데에 적용되어 인명의 *-er*-명사화를 식물명으로 확장시키는데 사용되는데, 예를 들면 영어의 *early bloomer*가 그런 경우의 예가 될 것이다.

6.5 컨테이너은유에 의거한 *-er*-명사의 의미확장

사람의 *-er*-명사가 물질로 확장되는 과정은 5.3에서 언급한 Lakoff/Johnson (1980)의 컨테이너은유를 통해 설명될 수 있다. 이에 관한 토론을 위해 4.2.1에 제시된 (14가,나,다)의 예문을 다시 (20가,나,다)에 제시한다.

    (20가) Der Winter kommt bald. Für die Wärmedämmung müssen wir **Füller** kaufen.

　　　　곧 겨울이 다가온다. 보온 유지를 위해 **스포이트**를 사야 한다.
　(20나)　Wir brauchen noch einen **Füller** auf der Kulturseite.
　　　　문화면에 끼워 넣어야 할 **기사** 하나가 필요하다.
　(20다)　Wir haben noch ein paar Minuten Zeit und spielen nun kurz einen **Füller**.
　　　　시간이 몇 분 남았으니, 간단히 **간주곡** 하나를 들려주자.

　　(20가,나,다)에서 *Füller*는 Lakoff/Johnson(1980)의 컨테이너은유에 의거하면 기저동사 *füll*-이 나타내는 행위를 실행하는데 사용되는 GEFÄSSSUBSTANZ의 개념으로 이해될 수 있다. 그런데 재미있는 사실은 GEFÄSSSUBSTANZ의 개념이 대화상황에 따라 다양한 곳을 채우는 물질의 개념으로 이해된다는 것이다. 예를 들면 (20가)에서 *Füller*는 삼차원적인 공간을 채우는 스포이트로, (20나)에서는 신문같은 이차원적인 공간의 여백을 채우는 신문기사로, (20다)에서는 방송과 방송 사이에 남아도는 막간의 시간을 채우기 위해 내보내는 간주곡으로 이해된다.

 ## 6.6 환유에 의거한 *-er*-명사의 의미확장

　　5.4에서 이미 언급한 바 있는 사람들의 환유적인 사고는 *-er*-명사의 의미확장에도 나타난다. 먼저 5.4의 (15다)에 제시한 생산물과 생산자와의 환유관계, 즉 DER ERZEUGTER STEHT FÜR DAS PRODUKT를 보자. (21가,나)의 문장에서 알 수 있듯이 사람들은 생산물을 생산자(생산회사)를 통해서 보려는 경향이 있다. 왜냐하면 Becks와 VW는 원래 맥주회사와 자동차회사를 가리키는데, (21가,나)에서는 이 회사들이 생산해 내는 제품으로 이해되기 때문이다.

　(21가)　Das Lieblingsbier meines Mannes ist Becks.
　　　　내 남편이 좋아하는 맥주는 벡스야.
　(21나)　Wir haben einen VW gekauft.
　　　　우리 VW 한 대 샀어.

그런데 산물을 생산자를 통해 관찰하려는 인간의 환유적인 사고는 -*er*-명사의 의미확장에서도 찾아 볼 수 있다. 예를 들면 (22가,나)의 문장에서 알 수 있듯이 육체적으로 만들어지는 인간의 순간적인 소리나 행위는 생산자인 사람과 육체적으로 만들어지는 산물간의 환유적인 관계를 통해 *Seufzer, Rülpser, Hopser, Jauchzer, Jodler* 같은 -*er*-명사로 표현되는 것으로 볼 수 있다.

> (22가) Peter seufzt oft. → Peter ist ein **Seufzer**.
> 　　　 페터는 자주 한숨을 쉰다. → 페터는 **한숨쉬는 사람**이다.
> (22나) Peter seufzt. → Peter tut einen **Seufzer**.
> 　　　 페터는 한숨쉰다. → 페터는 **한숨**을 쉰다.

예를 들면 (22가)에서 *Seufzer*는 생산자인 페터로 이해되지만, (22나)에서는 페터가 순간적으로 만들어 내는 소리로서 산물로 이해된다. 그러므로 (22나)에서 *Seufzer*는 생산자인 페터의 산물로 이해된다고 볼 수 있다. 따라서 누군가가 남에게 들릴 정도로 한숨쉬는 상황에서 (23)의 문장이 발화되었다면, *Seufzer*는 육체적으로 만들어 낸 한숨이나 탄식소리, 즉 산물로 이해될 것이다.

> (23) Sein **Seufzer** war deutlich hörbar.
> 　　 그의 **한숨소리**가 분명히 들렸지.

야구를 좋아하는 미국사람들이 사용하는 야구용어 *grounder, homer* 등도 생산자와 산물간의 환유적인 사고로 설명될 수 있다. 즉 *grounder*는 땅볼을, *homer*는 홈런을 의미하는데, 이는 타자가 치는 볼의 유형으로서 생산자(타자)의 산물로 볼 수 있을 것이다.

5.4의 (15나)에서 제시한 DER TEIL STEHT FÜR DAS GANZE, 즉 **부분은 전체를 나타낸다** 라는 환유관계를 통해서도 사람의 -*er*-명사가 어떻게 동물로 의미확장되는가를 설명할 수 있다. (24가,나)를 보자.

> (24가) Dieses Tier hat eine dicke Haut. → Dieses Tier ist ein **Dickhäuter**.
> 　　　 이 동물은 피부가 두껍다. → 이 동물은 **피부가 두꺼운 후피류**이다.

(24나) Dieses Tier hat vier Beine. → Dieses Tier ist ein **Vierbeiner**.
　　　이 동물은 발이 네 개다. → 이 동물은 **네발** 동물이다.

(24가,나)에서는 코끼리, 하마 같이 피부가 두꺼운 후피류의 동물들이 *Dickhäuter*로, 그리고 개, 고양이, 말 같이 네발 동물들이 *Vierbeiner*로 표현되고 있는데, 이는 부분을 통해 전체를 보려는 독일사람들의 환유적인 사고로 설명할 수 있을 것이다. 그러므로 부분을 통해 전체를 보려는 환유적인 사고를 통해 독일사람들은 (25가,나)와 같은 문장을 발화한다고 볼 수 있다.

(25가) Dieser **Dickhäuter** merkt gar nicht, dass es Fressen gibt.
　　　이 **후피류** 동물은 먹을 것이 있는데도 전혀 알아차리지 못하네.
(25나) Unser **Vierbeiner** guckt so traurig.
　　　우리 **네발** 동물이 아주 슬퍼 보여.

지금까지 이루어진 *-er*-명사의 의미확장에 관한 토론을 통해 *-er*-명사의 다의적 현상은 언어자체의 현상이 아니라 세상경험과 이해 속에서 이루어지는 인간의 인지적 사고와 관련되는 현상으로 볼 수 있을 것이다. 그러면 축소명사의 다의적 현상은 어떻게 이루어지는가를 7장에서 보기로 하자. 그리고 6장에서 내린 잠정적인 결론이 과연 타당한가를 검토해 보자.

제 7 장 인지의미론에 의거한 축소명사의 다의적 현상

7.1 화자의 주관적인 평가를 표현하는 축소명사

4.2.2에서 언급하였듯이 Wellmann(1975:123)에 의하면 축소조어는 개체의 작음과 연관되는 화자의 주관적인 평가, 관심, 감정 등을 표현해 내는 조어로 설명된다. 그런데 작은 사이즈의 개체를 보면서 화자가 갖게 되는 여러 가지 주관적인 평가와 감정 등이 아무런 여과 없이 그대로 표현된다면, 이는 청자가 화자의 주관적 평가나 감정에 동의할 것이라는 점이 보장되지 않는다는 점에서 상당히 모험적일 수 있다. 따라서 화자는 모험성을 최소화해서 대화상황을 자기에게 유리하게 만들기 위해 노력할 필요를 느끼게 될 것이다. 다시 말해서, 화자는 청자가 웬만하면 화자의 평가나 감정을 부인하지 못하게 하고, 청자가 거부감을 갖는 경우라고 하더라도 이 거부감이 너무 커지거나 직접 표현되는 일은 생겨나지 않게 하고, 또 그런 일이 생겨나게 되는 경우에도 화자 자신이 자신의 평가와 관련해서 져야 할 부담이 최소화되게 하는 쪽으로 대화상황을 끌고 가야 할 필요를 느끼게 되고, 바로 이 때문에 익살스럽고 애교스러운 간접적 언어표현수단인 축소명사를 사용한다고 볼 수 있다.[67] 이런 관점에서, 이 장에서는 축소명

---

67) 이에 관해서 Dressler/Merlini(1994:153f.)를 참조할 것.

사를 사용할 때 화자가 갖게 되는 심리구조를 주목하는 가운데, 인간의 원형적,
은유적, 환유적인 사고와 관련시켜 축소명사의 다의적 현상을 설명할 것이다.
먼저 축소명사가 독일어에서 얼마나 다양한 의미로 사용되는지를 자료를 통해
보기로 하자.[68]

 7.2 축소명사의 다의적 현상

독일어에서 축소조어는 명사에서 가장 많이 나타나고, 동사에서도 가끔 나
타난다. 여기에서는 주로 명사로 표현되는 축소명사들을 취급할 것이다. 먼저
(1)의 축소명사를 보자.

> (1가) Da steht an einem kleinen See ein **Restaurantchen.**
> 거기 작은 호숫가에 **작은 식당** 하나가 있다.
>
> (1나) Ich hätte gern ein frisches Bauernbrot, drei **Vollkornbrötchen** und zwei
> **Milchbrötchen.**
> 신선한 바우어른빵 하나, **작은 잡곡빵** 세 개, 그리고 **작은 우유빵** 두
> 개 주세요.
>
> (1다) Maria schaut in ein **Spiegellein.**
> 마리아는 **작은 거울**을 들여다본다.
>
> (1라) In dem kleinen Antiquarität sind kleine Tische mit **Lämpchen** ausgestellt.
> 작은 고가구점에 **작은 스탠드**가 달려 있는 작은 책상이 진열되었다.

---

68) 축소명사는 독일어, 네델란드어, 폴란드어에서는 축소의 의미로 사용되지만 모든 언어에서
축소명사가 그렇게 사용되는 것은 아니다. 예를 들면 이태리어에서 축소명사가 친척관계에
적용될 경우에는 나이가 어린, 젊은 사람들을 나타낸다. 예를 들면 *mamm-ina* 'Mutter-DIM,'
mogli-ett-ina 'Ehefrau-DIM,' *vedow-ella* 'Witwe-DIM'은 보통과 다르게 젊은 엄마, 젊은 부인, 젊은
과부로 사용된다. Dressler/Merlini(1994:125)에서는 Rhodes(1990)가 제시한 지브웨이종족(북아메
리카 인디언의 종족으로 슈퍼리어호 지방에 거주했던 북아메리카 인디언의 대종족)의 언어
에 나타나는 축소명사의 현상이 언급되어 있다. 이 언어에서 축소명사는 인간이나 동물의
어린 자식이나 새끼뿐만 아니라, 신체의 일부(hand-DIM → *finger*), 임의의 물질에서 파생될 수
있는 전형적인 개체들(*wood* → *stick*, *tobacco* → *cigarette*)을 나타내기도 한다.

(1가,나,다,라)에서 화자는 경험적으로 알고 있는 평균치보다 작은 규모의 식당을 축소명사 *Restaurantchen*으로, 그리고 작은 사이즈의 빵, 거울, 램프를 *Brötchen, Spiegellein, Lämpchen*으로 명명한다고 볼 수 있다. 그 외 *Männlein, Weiblein, Sonnenschirmchen, Würstchen* 등도 경험적으로 알고 있는 표준사이즈보다 작은 사이즈의 개체를 명명하는 축소명사로 볼 수 있다. 축소명사가 이처럼 작은 사이즈의 개체를 표현할 때에만 사용된다면 문제는 간단하다.

문제는 독일사람들이 축소명사를 작은 사이즈의 개체를 표현할 때에만 사용하는 것이 아니라, 작은 사이즈의 개체와 연관되는 아주 다양한 의미들을 표현하려고 할 때에도 사용한다는 점이다. 먼저 (2가,나,다,라,마)의 축소명사를 보자.

(2가) (ein) Viertelstündchen/Stündchen/Jährchen/Jahrzehntchen

(2나) Sonatine, Operetta

(2다) Pfündchen, Kilochen

(2라) Röckchen, Stiefelette

(2마) Hündchen, Tännling

사람들은 경험적으로 15분, 1시간, 1년, 10년이라는 시간이 각기 얼마나 긴 시간인지를 안다. 그러나 일상생활에서 우리는 그보다 약간 짧은 길이의 시간을 표현해야 할 필요성을 느낄 때가 많다. 이 때 축소명사에 익숙해져 있는 독일사람들은 (2가)의 축소명사를 사용할 것이다. 경험적으로 사람들은 소나타가 연주되고 오페라가 상연되는데 필요한 대략적인 시간을 알고 있다. 그런데 누군가가 형태에 있어서는 대략 소나타나 오페라와 비슷한데, 연주시간이나 상연시간은 기존의 소나타나 오페라의 그것보다 좀 짧게 걸리는 작품을 (2나)의 축소명사로 명명한다면, 이를 이해하는 데 어려움을 겪는 독일사람은 아마 거의 없을 것이다. 이러한 맥락에서 (2다)의 예들은 1파운드나 1킬로그램보다 좀 적은 양을 나타내는 축소명사로, 그리고 (2라)의 예들은 일반적인 치마나 장화보다 길이가 좀 짧은 치마나 장화를 나타내는 축소명사로 볼 수 있다. (2마)의 축소명사의 예는 덜 자란 어린 개, 덜 자란 어린 전나무로 이해될 것이다.

(2가,나,다,라,마)에 제시된 축소명사들은 화자의 특정한 감정이나 의도가 개입되어 있지 않은 중립적인 입장에서 기저가 나타내는 개체보다는 약간 짧은, 아니면 적은, 아니면 어린 개체들을 나타내는 조어라고 볼 수 있다. 그런데, 이미 언급했듯이, 축소명사는 화자의 감정적인 평가가 개입되어 있는 다양한 의미를 표현할 때에도 사용된다. (3)의 문장을 보자.

(3) Lieber Hans! Es tut mir schrecklich leid. Könntest du noch ein **Viertelstündchen** warten?
한스에게! 정말 미안해. **15분 정도** 기다려 줄 수 있겠니?

예를 들어 페터가 자기와 절친한 친구인 한스와 10시에 자기 사무실에서 만나기로 약속했다고 하자. 한스는 페터가 자기를 반갑게 맞이할 것이라는 기대를 갖고 약속시간에 약속장소로 갔는데, 자기의 기대와는 달리 페터는 없고 사무실 문에 (3)의 쪽지가 붙어 있다고 하자. 페터는 축소명사 *Viertelstündchen*을 사용함으로써 한스에게 무슨 마음을 전하려고 했을까? 추측컨대 페터는 한스가 기다려야 할 시간이 15분보다 짧을 수도 있지만, 상황에 따라서는 15분이 넘을 수도 있다는 점 때문에 미안해하면서 자신의 미안한 마음을 겸손하게 표현하고자 했을 것이라고 볼 수 있을 것이다.[69]

파운드 단위로 물건을 파는 상황이라고 치자. 그런데 포도 1파운드를 정확히 저울에 달기란 그리 쉽지 않다. 1파운드를 맞추기 위해서 크고 작은 포도송이를 저울에 올렸다 내렸다 하는 과일가게 아줌마에게 한 고객이 (4)와 같이 발화했다고 하자.

(4) Machen Sie es ein **Pfündchen**!
대략 **1파운드 정도** 달아 주세요.

이 경우 (4)의 화자는 꼭 1파운드가 되어야 하는 것이 아니라 대략 1파운드 쯤이기만 하면 된다는, 다시 말해서 1파운드보다 약간 적거나 많아도 좋다고 하

---

69) Dressler/Merlini(1994:123)를 참조할 것.

는 자신의 마음을 표현하려는 의도에서 *ein Pfündchen*을 사용했다고 볼 수 있다.

축소접미사 *-ling*은 사용빈도에 있어서 *-chen*이나 *-lein*에 비해 떨어지지만, 그럼에도 불구하고 그 나름대로 체계를 갖는다. 예를 들면 사물을 나타내는 명사를 기저로 하는 *-ling*-축소명사는 작은 사이즈의 개체를 나타내고, 사람을 나타내는 명사를 기저로 하는 *-ling*-축소명사는 부정적인 의미로 사용된다.[70] 전자의 경우는 덜 자란 전나무를 나타내는 (5가)의 축소명사 *Tännling*에서, 그리고 후자의 경우는 능력이나 수준이 떨어지는 서투른 시인을 가리키는 (5나)의 *Dichterling,* *Reimerling*의 축소명사에서 찾아 볼 수 있다.

> (5가) Mein Sohn liebte den **Tännling**, den wir hier hatten.
>   내 아들은 이곳에 있었던 **어린 전나무**를 좋아했어요.
> (5나) Dieser **Dichterling/Reimerling** schreibt wieder ein Gedicht.
>   이 별볼일 없는 시인이 또 다시 시를 쓰다니.

Dressler/Merlini(1994:147f.)는 축소명사가 애정표현이 자주 교환되는 연인들 간의 대화와 어린이나 애완동물에 관한 대화에서 많이 사용된다고 하는데, 이는 사랑하고 좋아하는 감정, 부드러운 감정, 정열적인 감정, 포근한 감정 등이 여러 가지 다른 수식어들을 통해서 표현될 수도 있겠지만, 축소명사를 통해서도 표현될 수 있기 때문이라고 볼 수 있을 것이다. 축소명사로 표현될 수 있는 사람의 긍정적인 감정들은 대체로 (6)과 같이 제시될 수 있을 것이다.

> (6가) 친밀감 : Mütterchen, Küsschen, Schätzchen, Großmamachen Majorchen,
>   Mamachen
> (6나) 고상함/고풍스러움 : Mütterlein, Kindlein, Märlein, Mägdelein
> (6다) 귀여움 : Köpfchen, Kätzchen, Stiefelette
> (6라) 부드러움 : Stimmchen
> (6마) 섬세함 : Härchen

또한 술을 나타내는 명사를 기저로 하는 축소명사의 경우는 대부분 긍정적

---

70) Wellmann(1975:126)을 참조할 것.

인 의미로 사용된다.[71] 어떤 애주가가 맥주(나 포도주)를 마시면서 (7)의 문장을 발화했다고 하자.

> (7) Das ist ein Bierchen (od. ein Weinchen).
>   이거 **기가 막힌 맥주(포도주)**인데.

(7)에서 화자는 자기가 마시고 있는 맥주(나 포도주)의 맛에 대한 찬사를 청자에게 전달하기 위해 축소명사 *Bierchen, Weinchen*을 사용했다고 볼 수 있다.[72]

사랑하는 고향과 작별을 해야 하는 작사가의 마음이 담겨 있는 (8)의 노래가사를 보자.

> (8) Muss I denn, muss I denn zum Städtle hinaus … ?
>   정녕 나는 **사랑하는 도시(고향)**를 떠나야 하는가?

(8)에서 작사가는 작은 도시를 표현하려는 의도에서가 아니라 늘 마음속으로 그리워하는 고향에 관한 사랑, 푸근함 감정 등을 표현하려는 의도에서 슈바벤지방의 방언으로 축소명사 *Städtle*를 사용했다고 볼 수 있다.[73]

축소명사는 적은 양에도 불구하고 문제의 상황을 벗어나게 해주는 절실한 요소로서 강조될 때에도 사용된다. 예를 들어 돈이 아주 절실히 필요한 상황에서 누군가가 (9)와 같은 문장을 발화했다고 보자.

> (9) Da kann ich doch meine neunhundert DM dabei verdienen. Das ist ein
>   hübsches Sümmchen.
>   거기서 나는 900DM을 벌 수 있지. 그것은 **귀한 금액**이지.

여기에서 우리는 (9)의 화자가 자기가 번 돈을 아주 귀한 것으로 강조하고, 이를 청자에게 감화시켜려는 의도에서 축소명사 *Tälerchen, Sümmchen*을 사용했다

---

71) Dressler/Merlini(1994:137)를 참조할 것.
72) 비엔나독일어의 축소명사 *Kaffeetscherl, Schnapserl*도 같은 맥락에서 사용될 수 있음.
73) Dressler/Merlini(1994:126)를 참조할 것.

고 볼 수 있다. 이러한 강조의 의미는 (10)의 *Stäubchen*에서도 나타난다.

> (10) Auf dem Tisch ist kein einziges **Stäubchen** da.
> 테이블 위에는 **먼지가 티끌만큼도** 없어.

(10)에서 축소명사 *Stäubchen*은 적은 양의 먼지를 가리키기 위해서라기보다는 테이블이 티끌만한 먼지도 없을 정도로 아주 깨끗하다는 것을 강조하려는 화자의 의도를 나타내기 위해서 사용되고 있음을 알 수 있다. 이러한 강조의 감정은 *Lüftchen, Zuckerchen, Windchen* 등의 축소명사에서도 찾아 볼 수 있다.

(5나)에서 이미 언급했듯이, 축소명사는 작은 사이즈의 개체에 대한 부정적 평가로 이어지는 화자의 다양한 감정들을 표현해 내기도 한다. (11)의 예문을 보자.74)

> (11) Man geht gleich zum Schmied und nicht zum **Schmiedl**.
> 사람들은 보통 수준의 대장장이에게는 가도, **보잘 것 없는 대장장이**에게는 가지 않지.

비엔나독일어의 축소명사 *Schmiedl*은 *Schmied*가 지시하는 대장장이보다 작은 대장장이로 이해되는 것이 아니라 능력이 떨어지는 대장장이로 이해된다.

휴가를 다녀온 사람들 사이에서 (12)의 대화가 오갔다고 하자.

> (12) A : Wie war das Hotel?
> 호텔은 어땠니?
> B : Na, gerade ein **Hotelchen**. Es war miserabel. Nie wieder!
> 정말 **수준이하의 호텔**이었어. 형편없었어. 결코 다시 가지 않을꺼야.

B의 화자는 자기가 묵은 호텔이 아주 형편없는 호텔이었음을 표현하려는 의도에서 축소명사 *Hotelchen*을 사용했다고 볼 수 있다. 이 외에도 축소명사는 부정적인 평가로 연결될 수 있는 (13)의 여러 가지 감정들도 표현해 낸다.

---

74) (11)의 예문은 Dressler/Merlini(1994: 121)에서 인용한 것임.

(13)(가) 경멸 : Muttersöhnchen, Bürschchen, Kabalierlein, Freundchen, Rühmlein,
Witzchen, Späßchen, Stühlchen, Dichterling, Reimerling
(13)(나) 중요하지 않음 : Dinglein, Dingelchen

비엔나독일어의 축소명사는 감각기관을 통해 지각되는 경우에도 사용되는
데, 예를 들면 청각적으로 지각되는 *Brummerl*, 후각적으로 지각되는 *Düfterl*, 시각
적으로 지각되는 *Lauferl*이 그러하다. 이들은 기저인 *Brummen, Duft, Lauf*보다는
더 작고 약한 소리나 냄새, 걸음걸이를 표현하는 축소명사라고 볼 수 있다.[75]
축소명사는 (14)에서와 같이 가끔 *Mütchen*같은 추상명사에도 사용된다.[76]

(14) Hans hat sein **Mütchen** an mir gekühlt.
한스는 나에게 **화풀이**를 했다.

Fräulein, Mädchen 같은 일부 축소명사는 어휘화되기도 한다.
인지의미론에 의거하여 축소명사의 다의적 현상을 설명하기 전에 축소명사
의 다의적 현상에 관한 몇몇 학자들의 견해를 보고, 거기에 어떤 문제점들이 있
는지 검토해 보기로 하자.

7.3 축소명사의 다의적 현상에 관한 여러 가지 입장들

7.3.1 화행으로 보는 분석

Dressler/Merlini(1994)는 축소명사의 의미를 형태의미론적인 측면과 형태화용
론적인 측면으로 설명하고, 전자를 위해서 지시자질 [small]을, 후자를 위해서 화
행자질 [non-serious]를 설정한다. 그것은 지시자질 [small]로 지시되는 의미가 호

---

75) Dressler/Merlini(1994:119)를 참조할 것.
76) Duden(1973;387)을 참조할 것.

의, 기쁨, 사랑, 부드러움, 행복, 친밀감, 놀람, 감탄, 관심, 동정, 익살, 장난, 불손함과 강요의 축소, 겸손, 가치하락, 비꼼 등 다양한 화용론적인 의미로 사용되기 때문이다. Dressler/Merlini(1994)는 화용론적인 의미를 발화를 통해 수행하려는 화자의 화행으로 보고, 화자가 이러한 화행을 심각하게 여기지 않으려는 의도에서 축소명사를 사용한다고 보므로, 이를 설명하기 위해 화행자질 [non-serious]를 도입한다.

Dressler/Merlini(1994)의 견해를 좀 더 자세히 이해하기 위해 그들이 제시한 몇몇 이태리어 예문을 보기로 하자.

(15) Come vorrei essere nel mio **lett-ino**!
how I would like to be in my bed-DIM
'How I wish I were in my nice comfy bed!'

Dressler/Merlini(1994:157f.)는 (15)의 문장을 발화한 화자가 이태리어의 축소명사 *lettino*를 일반적인 침대보다 작은 사이즈의 침대를 가리키기 위해서가 아니라, 자기의 상상의 세계와 관련시켜 자기 침대에 누우면 편안하고 포근해서 마치 어린아이처럼 아늑하게 보호를 받는 듯 하다고 하는 자기의 감정을 표현하기 위해서 사용한 것으로 본다. 나아가서 Dressler/Merlini(1994)는 이러한 화자의 감정을 심각하게 여기지 않으려는 의도에서 화행자질 [non-serious]를 도입한 것이다. 아울러 Dressler/Merlini(1994:153)는 (15)의 예를 통해 축소명사가 실제세계에서 상상의 세계로의 접근도 가능하게 해준다고 주장한다.

Dressler/Merlini(1994:158)는 (16)의 예문에서 화자가 자기의 잘못을 약화시키려는 의도, 자기의 잘못을 그리 심각하게 여기지 않으려고 하는 의도, 즉 [non-serious]라는 의도에서 축소명사 *scioccshezzine*를 사용한 것으로 설명한다.

(16) Senti, scusami per quelle **sciocchezz-ine** che ti ho detto, non le pensavo.
Listen excuse me for those silly thing-DIM that you I've said not them I meant
'Listen, I'm sorry for having said all those silly things to you. I didn't mean it'

즉 화자의 의도와 무관하게 잘못을 저지르게 된 상황에서 (16)의 문장이 발화되었다면, 화자는 자기의 잘못이 문제가 되는 것을 막기 위해 청자에게 큰 손해를 끼칠 정도로 대단한 것도 아닌 자기의 하찮은 잘못에 대해 사과하고 오히려 청자를 위로하고자 하는 의도에서 이태리 축소명사 *scioccshezzine*를 사용했다고 볼 수 있다.

축소명사의 의미를 형태화용론적인 측면에서 분석하려는 Dressler/Merlini(1994)의 시도는 다양한 축소조어의 화용론적인 의미를 화행을 통해 설명하고자 한다는 점에서 주목된다. 그러나 Dressler/Merlini(1994)의 견해는 축소조어가 왜 화용론적으로 다양하게 사용되는가에 관한 체계적이고 명시적인 설명을 제시하지 않고, [non-serious]라는 단순한 화행자질만을 통해 설명하려고 한다는 점에서 문제가 있다고 하겠다. 아울러 과연 화행자질 [non-serious]를 가정할 필요가 있는지에 관해서도 의문의 여지는 있다고 본다.

7.3.2 텍스트기능으로 보는 분석

Wolf(1997:388)는 축소명사의 다양한 의미들을 축소조어가 사용되는 관련 문맥에서 도출해야 한다고 보고, 축소조어의 다양한 의미를 텍스트기능으로 설명한다. Wolf (1997:394)가 제시하는 (17)의 텍스트를 보자.

(17) "Also der Herr Direktor hat Sie hier eingeteilt? Ja ja, wenn die Parallelklasse komplett ist, natürlich."- Name, Alter("achtzehn Jahre"). - "Was haben Sie denn für Noten gehabt in Latein und Griechisch in Kremsmünster? Na, wir werden ja sehen. Setzen Sie sich." Und damit war eine neue Rubrik im **Büchlein** fertig.
"그러니깐 교장선생님이 학생을 이곳으로 배치했다구? 그래, 다른 반이 완전히 차있다면 상관없지." - 이름, 나이("18세"). - "학생은 Kremsmün-ster에서 라틴어와 그리이스에서 어떤 성적을 받았지? 그래 보게 되겠지. 앉아요." 새로운 인적 사항들이 **위협적인 책자**에 기록되었다.

선생이 학생에게 (17)의 인용부호안에 있는 문장들을 발화했다고 하자. 이러한 대화상황에서 (17)의 *Büchlein*은 학생에 대한 선생의 위협의 측면을 표현하는 축소명사로 사용되었다고 볼 수 있는데, 이러한 위협적인 의미를 Wolf(1999)는 (17)의 텍스트기능으로 도출해 낼 수 있다고 본다.

(18가,나)의 텍스트(Wolf 1997:393)는 한 예술대학 학생이 시체해부학 실험실에서 큰 발가락 하나를 훔친 사건과 관련되어 있다.

(18가) Und dabei hatte er eine große Zehe gestohlen. Eine richtige große Zehe von einem Männerfuß, mit einer sauberen rosa Schnittfläche aus dem Gelenk gelöst. Dieses Ding trug Géya damals im Café bei sich, in ein Stückchen Papier gewickelt. ……

그때 그는 큰 발가락 하나를 훔쳤다. 남자발에서 나온 정말 큰 발가락인데, 관절에서 떨어져 나온 절단면은 청결한 핑크빛이었다. 이 물건을 게야는 그때 종이에 싸서 커피숍에 가지고 왔다. ……

(18나) Aber, fügte er hinzu, merkwürdigerweise hat jeder Mensch irgendwo in sich einen verborgenen Vorrat von schlechtem Gewissen, und ich bin überzeugt, daß der Besitzer des Mantels etwas von dieser Art fühlte, nachdem er das **Zehlein** entdeckt hatte, zum Beispiel wenn ein Polizist auf der Straße daherkam. Denn seine versteckte, abgeschnittene Zehe - jetzt war es doch wohl die seine, nämlich bereits seine Angelegenheit!

그러나, 그가 부언하기를, 모든 인간은 어딘가에서 훔친 물건을 갖고 있으면, 양심의 가책을 받는데, 나도 외투소유자가 그 **걱정스러운 발가락**을 발견한 후에, 예를 들면, 거리의 경찰이 다가오면, 이러한 느낌을 갖게 될꺼야. 왜냐하면 숨겨놓은 절단된 발가락이 지금은 아마 그에게, 결국 심각한 문제가 될꺼니깐.

(18)의 저자는 (18가)에서 훔친 발가락을 *eine große Zehe*로 표현하고 있는데, 이를 (18나)에서는 재미있게도 축소명사 *Zehlein*으로 표현하고 있다. 여기에서의 저자의 의도는 양심의 가책, 또는 발각될까봐 두려워하는 훔친 학생의 여러가지 복잡한 심리 상태를 귀엽게 축소시키고자 하는 것이라고 볼 수 있는데, 축소명사 *Zehlein*에서 느낄 수 있는 이러한 감정도 Wolf(1999)는 (18가,나)의 텍스트기능

으로 도출해 낼 수 있다고 본다.

축소명사 *Hündchen*은 (2마)에서는 덜 자란 어린 개로 이해되지만, (19)의 텍스트(Wolf 1997:390)에 나타나는 비엔나독일어의 축소조어 *Hunderl*은 차에 치여 시름하고 있는 개를 가엽게, 그리고 불쌍하고 애처롭게 여기는 저자의 마음을 표현해 내는 것으로 볼 수 있다.

> (19) Und da kam es eben, das unerwartete Schicksal. Es kam wie der Blitz, wenn auch wahrhaft nicht aus heiterem Himmel! Es kam, knatterte und pfauchte, es tat plötzlich ganz abscheulich weh und Puntschi lag da und konnte sein eines Beinchen nur mit Mühe mehr an sich ziehen. Er war überfahren worden. "Arm's **Hunderl**!" sagte jemand und nun begannen die Leute ihrerseits nach seinem Herrl sich suchend umzusehen. Aber das Herrl war ja verschwunden.
> 그때 생각지도 않은 비운의 사건이 일어났다. 이는 비록 쾌청한 하늘로부터 이루어진 일은 아니지만, 번개같이 일어났다. 별안간 쾅소리가 났고, 웽웽하는 소리가 났다. 갑자기 정말로 고통스러워했다. 펀치가 거기에 나자빠져서, 힘겹게 발 하나를 잡아 당겼다. 그는 차에 친 것이었다. "가여운 **불쌍한 개**!"라고 누군가가 말했다. 사람들은 주위를 두리번 거리며 그의 주인을 찾았지만, 주인은 사라지고 말았다.

*Hunderl*에서 느낄 수 있는 저자의 감정도 Wolf(1999)는 (19)의 텍스트기능으로 도출해 낼 수 있는 것으로 본다.

대부분의 단어들의 사전적 의미는 인간의 여러 가지 사고나 감정들을 표현해 내기 위해 문장이나 텍스트에서 약간 변형된 의미, 아니면 화자의 주관적인 감정들이 첨가된 의미로 사용된다고 볼 수 있다. 그렇게 본다면 축소명사 역시 텍스트 속에서 화자나 저자의 여러 가지 감정들이 첨가되어 있는 상태에서 사용된다고 하는 것은 경험적인 측면에서 볼 때 너무나 자명하다고 볼 수 있을 것이다. 그렇다면 밝혀져야 할 문제는 어떻게 해서 작은 사이즈의 개체와 관련된 화자나 저자의 여러 가지 주관적인 감정들이 축소명사로 텍스트에 표현되는가 하는 점이다. 이 문제는 Wolf(1999)가 주장하듯이 단순한 텍스트기능으로 설명될 것이 아니라 오히려 세상경험과 이해 속에서 이루어지는 인간의 사고체계와의 관련 속에서 설명되어야 할 것으로 본다. 이에 관한 토론은 7.4에서 이루어질 것이다.

7.3.3 축소접미사를 단기능의 접미사로 보는 분석

Motsch(1999:433)는 축소접미사를 축소라는 생산적인 의미유형만을 표시하는 단기능 접미사로 본다. 이러한 Motsch(1999)의 입장에 의거하면 축소명사의 다의적 현상은 단기능적인 축소접미사에 의거 규정되는 것으로 보아야 하는데, 문제는 이러한 Motsch(1999)의 입장으로 축소명사가 나타내는 긍정, 부정, 강조 등 화자의 다양한 감정들을 설명할 방법이 없다는 점이다. 제시할 수 있는 가능한 방법은 화자의 여러 가지 감정들을 '작은 사이즈의 개체에서 느낄 수 있는 화자의 다양한 감정들'이라는 하나의 범주로 총괄해서, 이를 축소접미사의 단기능으로 처리하거나, 아니면 그러한 감정들을 모두 무시하고 축소접미사를 '작은 사이즈의 개체'만을 나타내는 하나의 범주로 처리하는 것이다. 그러나 이 두 가지 방법 모두 축소접미사가 표현해 내는 화자의 여러 가지 경험과 관련된 다양한 감정들을 설명하지는 못한다는 점에서 받아들여질 수 없다. 이미 형식의미론자들의 비판에서도 보았듯이 축소접미사를 단기능의 접미사로 간주하면서 축소조어의 다의적 현상을 설명하는 것은 불가능하므로 Motsch(1999)의 입장은 수정되지 않으면 안된다.

7.4 축소명사의 인지론적 의미확장

7.4.1 축소조어의 은유적 확장

이미 -er-명사의 다의적 현상에서 보았듯이 사람들은 한 번 단어를 습득하면 그 단어를 최초에 습득한 의미로만 사용하지 않고, 자신들의 세상경험과 이해의 기반 위에서 이 단어를 여러 문맥에서 여러 가지 유사의미로 확장하여 사용한다. 이러한 의미확장은 축소조어에서도 나타난다. 독일사람들은 축소조어를 작은 사이즈의 개체를 표현할 때에만 사용하는 것이 아니라, 작은 개체로부터 직접 체현할 수 있는 공간적인 기본개념을 세상경험에서 기인하는 은유적, 환유적 사고를 통해 확장시켜 사용하기도 한다. 필자는 인간의 인지적 사고와 관련된 이러한 의미확장이 바로 축소조어가 다의어로 사용되게 되는 근본원인이라고 생각한다. 그러면 공간적인 기본개념이 어떻게 추상적인 개념으로 확장되어 축소명사가 다의어로 사용되는가를 보기로 하자.

축소명사의 의미확장을 설명하기 위해서는 이미 *-er-*명사의 경우에서와 같이 먼저 축소명사의 핵심적인 대표의미를 찾아야 한다. 7.2에 제시된 자료를 통해서도 이미 살펴보았듯이, 필자는 독일어 축소조어의 대표의미를 작은 사이즈의 개체로 간주하는 데 별 이의가 없을 것으로 본다. 축소조어의 대표의미는 (1가, 나,다,라)의 *Restaurantchen, Vollkornbrötchen, Spiegelein, Lämpchen* 같은 축소명사에서 볼 수 있다. (1가,나,다,라)의 예문을 (20)에 다시 제시한다.

(20가) Da steht an einem kleinen See ein **Restaurantchen**.
거기 작은 호수가에 **작은 식당** 하나가 있다.

(20나) Ich hätte gern ein frisches Bauernbrot, drei **Vollkornbrötchen** und zwei **Milchbrötchen**.
신선한 바우어른빵 하나, **작은 잡곡빵** 세 개, 그리고 **작은 우유빵** 두 개 주세요.

(20다) Maria schaut in ein **Spiegellein**.
마리아는 **작은 거울**을 들여다 본다.

(20라) In dem kleinen Antiquarität sind kleine Tische mit **Lämpchen** ausgestellt.
작은 고가구점에 **작은 스텐드**가 달려있는 작은 책상이 진열되었다.

(20가,나,다,라)의 축소명사 *Restaurantchen, Vollkornbrötchen, Spiegelein, Lämpchen*은 우리들이 경험을 통해 알고 있는 보통 사이즈보다는 작은 사이즈의 식당, 곡식빵, 거울, 램프를 나타낸다.

그런데 독일사람들은 작은 사이즈의 개체에서 직접 체현되는 공간적인 기본개념을 은유적으로 시간, 양, 길이, 성장상태 같은 비공간적인 영역에 적용하여 (2가,나,다,라,마)와 (5가)같은 축소명사를 생성해 낸다. 이 축소명사들을 좀 더 자세히 보기 위해 (2가,나,다,라,마)와 (5가,나)의 예들을 (21)과 (22)에 다시 제시한다.

(21가) (ein) Viertelstündchen/Stündchen/Jährchen/Jahrzehntchen
(21나) Sonatine, Operetta
(21다) Pfündchen, Kilochen
(21라) Röckchen, Stiefelette
(21마) Hündchen, Tännling

(22가) Mein Sohn liebte den **Tännling**, den wir hier hatten.
　　　　내 아들은 이곳에 있었던 **어린 전나무**를 좋아했어요.
(22나) Dieser **Dichterling/Reimerling** schreibt wieder ein Gedicht.
　　　　이 **별볼일 없는 시인**이 또 다시 시를 쓰다니.

　　세상의 모든 일들이 정확하게 우리들이 알고 있는 15분, 1시간, 1년, 10년이라는 시간의 단위로만 이루어지는 것은 아니다. 상황에 따라서 때로는 15분, 1시간, 1년, 10년 등의 단위로 표현되는 시간보다 더 길게 걸리기도 하고 더 짧게 걸리기도 한다. 그러므로 축소명사에 익숙해 있는 독일사람들은 소요시간을 융통성 있게 전하기 위해서 (21가)의 축소명사들을 사용할 것이다. 마찬가지로 독일사람들은 소나타가 연주되고, 오페라가 상연되는 대략적인 시간을 경험적으로 알고 있지만, 연주나 상연형식의 틀이 종래의 소나타나 오페라와 크게 다르지 않는, 그러나 연주시간이나 상연시간은 약간 짧게 걸리는 음악작품을 큰 무리 없이 (21나)의 축소명사로 표현해 낼 것이다. (21다,라,마), (22가)의 축소조어들은 작은 개체에서 직접 경험하게 되는 공간적인 개념이 은유적으로 중량, 길이, 동/식물의 성장상태에 적용되는 경우인데, 예를 들어 파운드 단위나 킬로그램 단위로 고기, 과일, 야채 등의 식료품을 구입해야 하는 경우 1파운드(대략 450g)나 1킬로그램보다 약간 적은 양을 사고 싶을 때 고객이 *ein Pfündchen*이나 *ein Kilochen*을 사용한다면 파는 사람과의 의사소통에 큰 어려움이 생겨나지는 않을 것이다. 유행에 민감한 현대인은 다양한 길이의 치마나 장화를 선호하는데, 일상적으로 알고 있는 길이보다 짧은 치마나 장화를 어떤 독일사람이 기존의 단어 *Rock, Stiefel*에 축소접미사를 결합시켜 (21라)의 축소명사로 명명한다면, 축소명사를 즐겨 사용하는 독일사람들은 아주 자연스럽게 이를 받아들이게 될 것이다. 아직 성장이 덜 된 어린 동/식물도 축소명사로 표현될 수 있는데, (21마), (22가)의 *Hündchen, Tännling*이 그 예이다. 그러므로 (21가,나,다,라,마)와 (22가)는 Taylor(1995:145ff.)가 주장하듯이 공간적으로 규정되는 작은 사이즈의 개념이 은유적으로 시간, 양, 길이, 성장상태 같은 비공간적인 영역에까지 적용되어 사용되는 예로서, 의미확장을 보여주는 축소명사의 경우로 볼 수 있다.

축소조어의 다의어현상에는 인간의 동물화은유로 설명될 수 있는 경우도 있다. 예를 들면 *Weibchen, Männchen*은 보통 동물의 암컷과 수컷을 명명하는 전문적인 용어로 사용되는데, (23가,나)에서는 사람을 동물화시키는 데에 사용되고 있다.

(23가)　Hans degradiert Maria zum **Weibchen.**
　　　　한스는 마리아를 **천한 여자**로 격하시킨다.
(23나)　Du vergisst dieses gemeine, blöde, feige, dumme **Männchen** ewig.
　　　　이 저질스럽고, 별볼일 없고, 겁이 많은 어리석은 **남자**를 영원히 잊어 버려.

즉 (23가,나)에서 축소명사 *Weibchen, Männchen*은 동물의 행동에서 나타나는 속성을 은유적으로 사람에게 적용하여 사람을 동물화시키고 있다. 그러므로 축소명사의 의미확장에 적용되는 인간의 동물화은유는 *-er-*명사의 의미확장에 적용되는 동/식물의 의인화은유(6.4.4참조)와는 역 방향으로 진행되는 인간의 사고로 볼 수 있다.

7.4.2 축소명사의 환유적 확장

Taylor(1995:145f.)는 사람들이 큰 자연물에 대해서는 의심을 갖지만, 작은 자연물에 대해서는 공포감을 갖기 보다는 귀엽게 여기고, 보호하려고 하는 경향을 갖는다고 언급하면서, 이를 축소조어의 환유적인 확장에 아주 중요한 요인으로 제시한다. 그런 맥락에서 다음의 상황을 가정해 보자. 우리들이 깊은 산 속에서 갑자기 큰 산짐승을 만났다고 하자. 이때 대부분의 사람들은 그 산짐승이 단순히 크다는 사실에 겁을 먹고, 그 짐승이 자신을 해칠 것이라고 생각하면서 성급히 도망가려고 할 것이다. 그러나 작은 산짐승을 만났다고 하자. 사람마다 반응의 차이는 있겠지만, 대부분의 사람들은 도망을 가기보다는 오히려 자세히 관찰하고 먹이를 찾는 동물 같으면 먹이를 주려고 할 것이고, 길을 잃었거나 다쳐서 괴로워하는 동물 같으면 가능한 한 보호하고 도움을 주려고 할 것이다. 이는 산짐승의 크기의 차이에서 오는 일종의 본능적인 반응으로서, 큰 개체는 독립적이고, 강하고, 공격적이고, 당당하다고 보는 반면, 작은 개체는 귀엽고, 의존적이고, 약하고, 공격을 당하기 쉬우므로 보호를 해야 하는 것으로, 그리고 때로는 보잘 것 없는 것으로 보는 인간의 본능적인 사고에서 기인하는 것으로 볼 수 있다. 필자는 Taylor(1995)와 마찬가지로 개체의 크기에서 오는 인간의 본능적인 사고를 앞으로 설명할 축소명사의 환유적인 확장의 기본적인 틀로 제시하고자 한다.

이미 6.3.1에서 언급하였듯이 Dressler/Merlini(1994)는 축소명사가 연인들 간의 애정표현 대화나 어린아이와 애완용 동물과의 대화에서 자주 사용된다고 주장했는데, 이는 작은 개체를 보면 우선 귀엽고, 보호해야 하고, 안아주고 싶어지고, 그리고 안아주면 따뜻하고 포근할 것이라고 여겨지게 되는 사람들의 본능적인 사고의 측면에서 본다면 아주 자연스러운 것으로 받아들일 수 있을 것이다. 즉 연인들이 자기의 파트너를 마치 어린아이같이 귀엽고, 안아주고 싶고, 보호하고 싶은 대상으로 여기고, 그런 파트너에 대한 감정을 어린이와 대화할 때 사용하는 사랑의 어휘로, 부드러운 어휘로, 애교스러운 어휘로 표현하려는 것은 당연해 보인다는 것이다. (24)의 문장에서 축소명사는 이처럼 귀엽다, 보호하고

싶다, 친밀하다, 부드럽다, 정열적이다, 고상하다 등의 감정을 표현하는 데 사용
되고 있다.[77]

(24가) Die Mutter drückte dem Kind ein **Küsschen**.
　　　엄마는 아이에게 **사랑의 키스**를 했다.
(24나) Dein feines Härchen stammt von deinem **Mütterlein**.
　　　너의 부드러운 머리카락은 너의 **사랑스러운 엄마**로부터 물려 받은거야.
(24다) Mein **Schätzchen**, du bleibst bei mir.
　　　나의 **귀여운 연인**, 너는 내곁에 있어야 해.
(24라) Fromme Minne mag es sein, was mir drang ins Herz hinein, als ich weiland
　　　schaute dein, wunnevolles **Mägdelein**.
　　　경건한 사랑은 마치 내가 옛날에 너의 **아름다운 소녀**를 바라보았을
　　　때처럼 내 가슴을 파고드는 것 같았어.
(24마) Du bezauberst mich mit deinem **Stimmchen**.
　　　너의 **달콤한 목소리**가 나를 매혹시키는구나.
(24바) Das **Köpfchen** lag in der rechten Schwanenhand.
　　　너의 **앙증맞은 머리**가 백조의 오른쪽 손에 누워있네.

　사랑의 감정은 사람이나 동물에게만 느껴지는 것이 아니다. 작별의 노래의
한 구절인 (8)에서 작사가는 고향을 연인이나 어린아이에 비유하고 있다. (8)을
(25)에 다시 제시한다.

(25) Muss I denn, muss I denn zum **Städtle** hinaus …?
　　정녕 나는 **사랑하는 도시(고향)**를 떠나야 하는가?

　(25)에서 작사가는 고향을 축소명사 *Städtle*로 표현하고 있는데, 이를 통해 우
리는 작사가가 자기의 사랑하는 고향을 어린아이나 연인 같은 대상으로 간주하
고, 자기의 보호 없이는 하루도 살지 못할 것 같은 어린아이와 이별해야 할 때
느껴질 것 같은 아픈 마음, 하루라도 안보면 그리워서 못살 것 같은 사랑하는
연인과 이별해야 할 때 느껴질 것 같은 애절한 마음을 고향이라는 개체에 환유

---

77) (24라)와 (24바)는 각각 Fleischer(1995:213)와 Wellmann(1975:128)에서 인용한 예문임.

적으로 적용하고 있음을 알 수 있다.

사랑의 환유적인 표현은 Dressler/Merlini(1994)의 예문 (15)에서 사용되는 이태리어의 축소명사 *lettino*에서도 찾아 볼 수 있다. (15)의 예문을 (26)에 다시 제시해서 보기로 하자.

(26)   Come vorrei essere nel mio **lett-ino**!

how I would like to be in my bed-DIM

'How I wish I were in my nice comfy bed!'

(26)에서 화자는 자기 침대에 누우면 마치 자기가 어린아이가 되어 포근한 보호와 사랑을 받는 것 같은 아늑한 느낌을 갖는다는 감정을 표현하기 위해 침대를 마치 자기를 늘 포근하게 보호해주고 감싸주는 엄마나 애인 같은 대상으로 표현하려는 의도에서 축소명사 *lettino*를 사용하였다고 볼 수 있다.

우리들은 보호와 사랑을 받아야 하는 작은 개체들이 아프거나 다치면 더 애처롭고 불쌍하게 여긴다. Wolf(1997)의 텍스트 (19)에서 차에 치여 시름하고 있는 개를 보면서 저자가 느끼는 가엽다는 마음, 불쌍하다는 마음을 축소명사 *Hundel*에서 느낄 수 있었다. 이해를 돕기 위해 (19)를 (27)에 다시 제시한다.

(27)   Und da kann es eben, das unerwartete Schicksal. Es kam wie der Blitz, wenn auch wahrhaft nicht aus heiterem Himmel! Es kam, knatterte und pfauchte, es tat plötzlich ganz abscheulich weh und Puntschi lag da und konnte sei- eines Beinchen nur mit Mühe mehr an sich ziehen. Er war überfahren worden. "Arm's **Hunderl**!" sagte jemand und nun begannen die Leute ihrerseits nach seinem Herrl sich suchend umzusehen. Aber das Herrl war ja verschwunden.

그때 생각지도 않은 비운의 사건이 일어났다. 이는 비록 쾌청한 하늘로부터 이루어진 일은 아니지만, 번개같이 일어났다. 별안간 쾅소리가 났고, 왱왱하는 소리가 났다. 갑자기 정말로 고통스러워했다. 펀치가 거기에 나자빠져서, 힘겹게 발 하나를 잡아 당겼다. 그는 차에 친 것이었다. "가여운 **불쌍한 개**!"라고 누군가가 말했다. 사람들은 주위를 두리번거리며 그의 주인을 찾았지만, 주인은 사라지고 말았다.

대부분의 애주가들은 필요에 따라, 예를 들면 운동 후 갈증을 느낄 때, 프로젝트를 마무리한 후에, 어려운 논문을 탈고한 후에, 귀한 손님의 방문을 받을 때, 비가 오는 날의 우울한 기분을 달래기 위해, 아니면 또 다른 이런 저런 이유로 술이 그리워질 때, 다양한 종류의 술을 마신다. 그러므로 술은 애주가들에게는 항상 친밀감과 위로감을 느끼게 해주고, 기분을 달래주는 좋은 친구나 애인 같은 대상이 된다. 이러한 맥락에서 (7)의 문장을 (28)에 다시 제시하여 *Bierchen* 이나 *Weinchen*에 표출되는 화자의 감정을 보기로 하자.

(28) Das ist ein **Bierchen** (od. ein **Weinchen**).
　　　이거 **기가 막힌 맥주(포도주)**인데.

(28)에서 애주가인 화자는 축소명사 *Weinchen, Bierchen*을 사용함으로써 발화 상황에서 마시고 있는 아니면 이미 다른 상황에서 마셔본 적이 있는 특정한 맥주나 포도주를 마치 친구나 애인같이 연상하고 있다고 가정해 볼 수 있다.

축소명사는 이미 (3)에서 보았듯이 겸손의 표현으로도 사용된다. (3)을 (29)에 다시 제시해 보자.

(29) Lieber Hans! Es tut mir schrecklich leid. Könntest du noch ein **Viertelstündchen** warten?
　　　한스에게! 정말 미안해. **15분 정도** 기다려 줄 수 있겠니?

(29)에서 *Viertelstündchen*은 사실 15분보다 짧은 시간을 나타내는 축소조어로 이해되기보다는 15분을 초과할 수도 있다는 데에 따른 글쓴이의 미안한 마음을 겸손하게 표현해서 읽는 이의 마음을 위로하려는 의도에서 사용된 축소조어로 볼 수 있다. 다시 말해서 글쓴이는 자기 자신을 작고 별 볼일 없는 존재로, 그리고 읽는 이를 자기보다 높고 귀한 존재로 간주하면서, 상대적으로 자기 자신을 낮게 표현하려는 환유적인 의도에서 축소명사 *Viertelstündchen*을 사용한 것으로 볼 수 있다.

작은 개체에서 나타날 수 있는 또 다른 환유적인 사고는 화자나 저자가 자

기가 저지른 행동이나 잘못을 축소 내지 약화시키고자 하는 의도에서 사용하는
축소명사에서 찾아볼 수 있다. 이와 관련하여 Wolf(1997)의 (18가,나)의 텍스트를
(30가,나)에 다시 제시해 보자.

(30가) Und dabei hatte er eine große Zehe gestohlen. Eine richtige große Zehe von
einem Männerfuß, mit einer sauberen rosa Schnittfläche aus dem Gelenk
gelöst. Dieses Ding trug Géya damals im Café bei sich, in ein Stückchen
Papier gewickelt. ⋯⋯
그때 그는 큰 발가락 하나를 훔쳤다. 남자발에서 나온 정말 큰 발가
락인데, 관절에서 떨어져 나온 절단면은 청결한 핑크빛이었다. 이 물
건을 게야는 그때 종이에 싸서 커피숍에 가지고 왔다. ⋯⋯

(30나) Aber, fügte er hinzu, merkwürdigerweise hat jeder Mensch irgendwo in sich
einen verborgenen Vorrat von schlechtem Gewissen, und ich bin überzeugt,
daß der Besitzer des Mantels etwas von dieser Art fühlte, nachdem er das
Zehlein entdeckt hatte, zum Beispiel wenn ein Polizist auf der Straße
daherkam. Denn seine versteckte, abgeschnittene Zehe - jetzt war es doch
wohl die seine, nämlich bereits seine Angelegenheit!
그러나, 그가 부언하기를, 모든 인간은 어딘가에서 훔친 물건을 갖고
있으면, 양심의 가책을 받는데, 나도 외투소유자가 그 **걱정스러운 발**
가락을 발견한 후에, 예를 들면, 거리의 경찰이 다가오면, 이러한 느
낌을 갖게 될꺼야. 왜냐하면 숨겨놓은 절단된 발가락이 지금은 아마
그에게, 결국 심각한 문제가 될꺼니깐.

저자는 한 예술대학생이 시체해부학 실험실에서 훔친 큰 발가락 하나를 (30
가)에서는 *eine große Zehe*로 표현하고 있는데, (30나)에서는 축소명사 *Zehlein*으로
표현하고 있다. 이는 예술대학생의 심리상태를 마치 잘못을 저질러 양심의 가책
을 받고, 발각될까봐 두려워서 벌벌 떨면서 보호를 받고 싶어 하는 어린아이의
심리상태인 것처럼 연상케 함으로써 훔친 행위의 죄값을 축소표현하려는 저자
의 의도로 볼 수 있다.

축소조어는 (4)에서 보았듯이 대략적인 양을 나타내주는 경우에도 환유적으
로 사용된다. (4)를 (31)에 다시 제시한다.

(31) Machen Sie es ein *Pfündchen*!
　　대략 **1파운드 정도** 달아 주세요.

이는 작은 개체에 대해서는 무게와 크기, 사이즈 등을 정확히 알려고 하지 않고, 작다는 측면에서 일방적으로 그리고 대략적으로 취급하려는 현대인들의 환유적인 사고로 볼 수 있다고 생각된다. 이러한 점에서 볼 때 (31)의 화자는 *ein Pfündchen*을 사용함으로써 대략 1파운드, 즉 1파운드보다 작아도 되지만. 약간 많아도 별문제가 되지 않는다는 자기의 마음을 표현하려 한다는 것을 알 수 있다.

사람들에게는 작은 개체에 대해 질, 수준, 능력 등이 떨어진다, 보잘 것 없다, 경멸감이 느껴진다, 별로 중요하지 않다, 품위가 없다 등의 부정적인 평가를 내리려는 경향이 있다. 예컨대, 삶의 질과 깊게 관련되는 돈을 생각해 보자. 일반적으로 돈이 많은 사람은 힘이 있고, 높은 삶의 질을 누리는 사람으로, 그리고 돈이 없는 사람은 상대적으로 힘이 없고, 궁색한 삶을 살아가는 사람으로 평가된다. 아울러 비싼 자동차나 숙박료가 비싼 호텔도 질이 높은 안락하고 편안한 것으로, 그리고 값이 싼 자동차나 숙박료가 싼 호텔은 질이 떨어지는 것으로 평가된다. 이러한 환유적인 사고는 (12)의 대화에서도 나타난다. (12)를 (32)에 다시 제시하여 방금 언급한 환유적인 사고가 어떻게 적용되고 있는가를 보기로 하자.

(32) A : Wie war das Hotel?
　　　　호텔은 어땠니?
　　 B : Na, gerade ein **Hotelchen**. Es war miserabel. Nie wieder!
　　　　정말 **수준이하의 호텔**이었어. 형편없었어. 결코 다시 가지 않을꺼야.

(32)의 대화에서 휴가를 다녀온 B가 자기가 묵은 호텔이 형편없이 질이 떨어지는 호텔이라는 것을 표현하기 위해 축소명사 *Hotelchen*를 사용하고 있다고 볼 수 있다. 작은 개체에 대해 질과 수준, 능력이 떨어진다, 보잘 것 없다, 경멸감이 느껴진다, 별로 중요하지 않다, 품위가 없다 등의 부정적인 평가를 내리는 환유적인 사고는 (33가,나,다,라)의 예문에서도 나타난다.[78]

---

78) (33나,다)는 Fleischer(1995:215)에서 인용한 것임.

(33가) Du bist mir ein sauberes **Bürschchen**.
　　　내가 생각하기에 너는 깨끗한 **녀석**일까.
(33나) Lass diese Witzchen, **Spässchen**!
　　　이 농담, **저질 농담**을 그만둬!
(33다) So ein **Dingelchen** kannst du vergessen.
　　　하찮은 것은 잊을 수 있을꺼야.

(33가,나,다,라)에 나타나는 축소명사의 예들은 이미 (13가,나)에서 제시했듯이 작은 개체를 큰 개체보다 볼품이 없고 저능한 것으로 보는 부정적인 측면의 환유적인 사고가 축소조어의 의미확장에도 아주 중요한 역할을 한다는 점을 보여준다. 이제 (34)의 *Schmiedl*을 보자.

(34) Man geht gleich zum Schmied und nicht zum Schmiedl.
　　사람들은 보통 수준의 대장장이에게는 가도, **보잘 것 없는 대장장이**에게는 가지 않지.

이미 (11)에서 언급하였듯이 (34)에서 *Schmied*와 *Schmiedl*은 의미상 대조적이다. 그것은 축소명사인 후자가 지시하는 대상이 보통명사인 전자가 지시하는 대상보다 능력이 좀 떨어지는 대장장이로 이해되기 때문이다.

작은 개체가 별 볼일 없고, 볼품 없고, 중요하지 않은 대상으로 평가된다고 해서 축소명사가 항상 부정적인 측면에서만 사용된다는 것은 아니다. 이와 관련하여 Dressler/Merlini(1994)의 예문 (16)을 (35)에 다시 제시해 보기로 하자.

(35) Senti, scusami per quelle **sciocchezz-ine** che ti ho detto, non le pensavo. Listen
　　 excuse me for those silly thing-DIM that you I've said not them I meant
　　 'Listen, I'm sorry for having said all those silly things to you. I didn't mean
　　 it'

(35)의 문장이 화자의 의도와 무관하게 잘못을 저지르게 된 상황에서 발화되었다면 화자는 자기의 잘못이 청자에게 큰 손해를 끼칠 정도로 대단한 것도 그리고 중요한 것도 아니라고 간주하면서, 오히려 하찮은 자기 잘못에 대해 청자

에게 사과하고 청자를 위로하려는 의도에서 이태리 축소명사 *scioccshezzine*를 사용했다고 볼 수 있다.

작은 개체라고 해서 항상 무시만 당하는 것은 아니다. 우리 옛말에 작은 고추가 맵다고 하는 표현이 있듯이, 개체가 작다고 하더라도 때로는 위협적인 존재가 될 수도 있다. 이러한 환유적인 경험은 Wolf(1997)의 텍스트 (17)에서 사용되는 축소명사 *Büchlein*에서 찾아 볼 수 있다. (17)을 (36)에 다시 제시한다.

(36) "Also der Herr Direktor hat Sie hier eingeteilt? Ja ja, wenn die Parallelklasse komplett ist, natürlich."- Name, Alter("achtzehn Jahre"). - "Was haben Sie denn für Noten gehabt aus Latein und Griechisch in Kremsmünster? Na, wir werden ja sehen. Setzen Sie sich." Und damit war eine neue Rubrik im **Büchlein** fertig.

"그러니깐 교장선생님이 학생을 이곳으로 배치했다구? 그래, 다른 반이 완전히 차있다면 상관없지." - 이름, 나이("18세"). - "학생은 Kremsmünster에서 라틴어와 그리이스에서 어떤 성적을 받았지? 그래 보게 되겠지. 앉아요." 새로운 인적 사항들이 **위협적인 책자**에 기록되었다.

우리들은 경험적으로 *Büchlein*이 학생의 학교성적이나 학업 및 생활태도 등에 관한 선생들의 소견이 적혀 있는 기록물로서 학생의 입장에서는 상당히 부담이 되는 것이면서 선생의 입장에서는 학생을 위협할 수단이 될 수도 있다는 것을 알고 있다. 이러한 측면에서 (36)의 *Büchlein*은 작은 개체가 때로는 무섭고 위협적인 도구로 사용된다는 것을 보여주는 축소명사의 예로 볼 수 있다.

사람은 누구나 살면서 이런저런 극한 상황에 처하게 된다. 2002년 여름에 태풍 루사로 인해 심각한 피해를 입은 수해지역민이나 가뭄이 심한 아프리카 지역민들은 애타게 물의 공급을 기다릴 것이다. 이들에게 물 한 방울, 물 한 모금은 비록 적은 양일지라도 타는 목을 적셔줄 아주 긴요한 물질이 될 것이다. 아버지 회사의 부도로 돈 한 푼 없이 길거리에 내던져진 아이들에게 독지가가 주는 얼마 안 되는 돈이나, 땀을 뻘뻘 흘리며 힘들게 높은 산을 오르는 사람들의 얼굴에 가볍게 스쳐가는 산바람, 커피를 마시고 싶은데 쓴 커피는 마실 수 없어 괴로워하는 사람에게 누군가가 가져다주는 얼마 안 되는 양의 설탕 등은 양적으로는 미미함에도 불구하고 문제되는 상황을 벗어나게 해주는 효과는 매우 큰 물질이 된다는 점에서 그 긴요성이 부각된다고 하겠다. 축소명사는 이러한 긴요성의 감정을 표현해 내기도 하는데, 이는 (37)에서 사용되는 축소명사의 예들을 통해 알 수 있다.

  (37가) Ein **Tröpfchen** Wasser hätte das Kind retten können.
     한 방울의 물이라도 있었으면 그 아이를 구할 수 있었는데.
  (37나) Bisschen **Zuckerchen** wäre mir sehr dankbar.
     얼마 안 되는 설탕이라도 고마울텐데.
  (37다) Dieses firsches **Windchen/Lüftchen** tut mir gut.
     이 신선한 **바람/공기**가 내 기분을 아주 좋게 하는데.

 적은 양에도 불구하고 문제의 상황을 벗어나게 해주는데 꼭 필요한 요소로 강조되는 (9), (10)의 축소명사 *Tälerchen, Sümmchen, Stäubchen*도 같은 맥락에서 설명될 수 있을 것이다.

 우리들의 환경을 이루는 사회는 정치적, 경제적, 사회적, 문화적인 측면, 그리고 이데올로기적인 측면에서 끊임없이 변한다. 따라서 작은 사이즈의 개체에서 느낄 수 있는 사람들의 주관적인 평가도 긍정적이든 부정적이든 더욱 더 다양한 감정으로 표현될 것이고, 이를 표현해 내기 위해 축소명사도 더욱더 다양하게 사용될 것이다. 그러므로 경험의 기반 위에서 항상 재구성될 수 있는 인지체계를 통해서 언어의 의미를 설명하고자 하는 인지의미론자들의 입장으로는 축소명사의 다의적 현상도 언어 자체의 현상으로 설명되기보다는 세상경험과 관련된 인간의 사고의 현상으로 설명될 수 있게 된다.

 인지의미론에 의거한 사건명사의
다의적 현상

8.1 사건명사의 다의적 현상

    우리들이 살고 있는 이 세상에는 다양한 유형의 사건들이 존재한다. 그러므로 사건명사의 다의적 현상은 여러 유형의 사건들을 사건명사로 표현해 내는 과정에서 생기는 현상으로 볼 수 있다. 따라서 사건명사의 다의적 현상은 세상 경험과의 밀접한 관련 속에서 설명되어야 할 것이다.

    이미 4.2.3에서 제시된 (21가,나,다,라)의 문장을 (1가,나,다,라)에 다시 제시하여 어떠한 다양한 사건유형들이 사건명사로 표현되는가를 보자.

(1가) Die Änderung des Anzugs durch Maria dauerte fünf Stunden.
마리아의 양복저고리 **수선**은 다섯 시간 걸렸다.

(1나) Die Änderung des Anzugs durch Maria war schwer herzustellen.
마리아의 양복저고리 **수선**은 힘들게 이루어졌다.

(1다) Die Änderung des Anzugs durch Maria hat mir große Freude gemacht.
마리아의 양복저고리 **수선**은 나에게 많은 기쁨을 주었다.

(1라) Die Änderung des Anzugs durch Maria ist gar nicht schöner als das Original.
마리아의 양복저고리 **수선**은 고치기 전보다 전혀 더 예쁘지 않다.

사건명사 *Änderung des Anzugs durch Maria*는 (1가)에서는 마리아가 양복을 수선하기 시작해서 끝날 때까지의 사건을, (1나)에서는 그러한 사건의 결과를, (1다)에서는 마리아가 양복을 수선했다는 사실을, (1라)에서는 마리아가 수선한 양복을 나타낸다.

순간동사 *entdeck-*에서 파생된 사건명사 *Entdeckung*은 이미 4.2.3의 (23가,나,다)에서 언급하였듯이 아주 다양한 사건의 유형으로 이해된다. 4.2.3의 (23가,나,다)를 (2가,나,다)에 다시 제시한다.

(2가) Die **Entdeckung** Amerikas durch Kolumbus passierte zufällig.
 콜롬부스의 미 대륙 **발견**은 우연한 것이었다.
(2나) Die **Entdeckung** Amerikas durch Kolumbus hat 15 Minuten gedauert.
 콜롬부스의 미 대륙 **발견**은 15분 걸렸다.
(2다) Die **Entdeckung** Amerikas durch Kolumbus hat 5 Jahre gedauert.
 콜롬부스의 미 대륙 **발견**은 5년 걸렸다.
(2라) Die **Entdeckung** Amerikas durch Kolumbus freute die Spanier damals sehr.
 콜롬부스의 미 대륙 **발견**은 그 당시 스페인 사람들을 대단히 기쁘게 했다.

*Entdeckung Amerikas durch Kolumbus*는 (2가)에서는 콜롬부스가 항해의 최종 단계에서 미 대륙을 최초로 목도하게 되는 순간을 전후한 짧은 시간의 사건들로 이해된다. 그러나 동일한 사건명사 *Entdeckung Amerikas durch Kolumbus*는 (2나,다)에서 서로 다른 시간의 양을 나타내는 부사, 즉 15 *Minuten*과 5 *Jahre*와 결합함으로 해서 서로 다른 규모의 사건들로 이해된다고 볼 수 있다. 이미 4.2.3에서 언급했듯이 콜롬부스가 미국대륙을 발견한 후 동료 몇 명과 대륙 안으로 들어가서 스페인 기를 꽂고 샴페인을 마셨다고 하자. 어떤 신문기자가 이 장면을 (2나)로 보고하였다면 *Entdeckung Amerikas durch Kolumbus*는 콜롬부스가 미 대륙을 발견한 후 자기 동료들과 함께 대륙 안으로 들어가서 스페인기를 꽂고 샴페인을 마시기까지의 사건들로 이해될 수 있을 것이고, 다른 기자는 (2다)와 같이 보고하였다면, (2다)에서 *Entdeckung Amerikas durch Kolumbus*는 미 대륙 발견을 위한 준비과정에서부터 험난했던 항해과정, 그리고 미 대륙 발견 후 스페인 기를 꽂고 샴페인을 마시는 과정. 그리고 발견결과로 미 대륙이 스페인령이 되는 것까지를

포함하는 사건 전체로 이해된다고 볼 수 있다. 그러나 (2라)에서 *Entdeckung Amerikas durch Kolumbus*는 시간의 제약을 받는 (2가,나,다)의 사건들과는 달리 시간성을 초월하는 사건의 실체로서 콜롬부스가 미 대륙을 발견했다는 사실들로 이해된다.

사건명사 *Besuch*는 어느 정도의 지속적인 시간의 흐름 속에서 일어나는 동사 *besuch*-에서 파생되었음에도 불구하고 화맥적으로 아주 다양한 의미로 사용된다. (3)를 보자.

> (3) Marias **Besuch** zu uns kam plötzlich.
> 마리아가 우리를 방문한 것은 갑자기 이루어졌다.

(3)은 특정한 화맥에서 마리아의 개인사정 때문에, 아니면 화자의 개인사정 때문에, 아니면 그 밖의 다른 이유로 인해, 마리아의 방문이 우리들이 기대했던 시점보다 더 일찍, 아니면 기대하지도 않았는데 갑자기, 이루어졌다고 하는 내용 등으로 이해될 수 있다. 그러므로 *Marias Besuch zu uns*는 우리들이 기대했던 시점보다 일찍 일어난 마리아의 방문이나 아니면 우리들이 기대하지도 않았는데 순간적으로 갑자기 일어나게 된 마리아의 방문으로 이해된다고 할 수 있다. (4)의 예문들을 보자.

> (4가) Marias **Liebe** zu Hans ist plötzlich passiert.
> 한스에 대한 마리아의 **사랑**은 갑자기 일어났다.
> (4나) Marias **Liebe** zu Hans hat sechs Monaten gedauert.
> 한스에 대한 마리아의 **사랑**은 6개월 걸렸다.
> (4다) Marias **Liebe** zu Hans ist in sechs Monaten zu Ende gegangen.
> 한스에 대한 마리아의 **사랑**은 6개월안에 끝나 버렸다.

예를 들면 70세가 다 된 마리아가 자기 남편인 한스와의 결혼과정을 회상하면서 (4가)의 문장을 발화했다고 하자, 이러한 화맥에서 (4가)에서 *Marias Liebe zu Hans*는 한스에 대한 마리아의 사랑의 상태로 이해되기 보다는 오히려 갑자기 일어나게 된 한스에 대한 마리아의 사랑으로 이해된다고 볼 수 있다. 그러나 (4

나)와 (4다)에서 *Marias Liebe zu Hans*는 6개월 동안 지속된 한스에 대한 마리아의 사랑의 과정과 6개월 내에 끝나버린 한스에 대한 마리아의 사랑을 가리킨다고 볼 수 있다. 그러나 (5가,나)에서 *Edes Liebe zu Caroline*은 (5가)에서는 에데가 카롤린을 사랑한다는 사실로, 그리고 (5나)에서는 카롤린에 대한 에데의 사랑의 정도로 이해된다.[79]

(5가) Edes **Liebe** zu Caroline ist allgemein bekannt.
카롤린에 대한 에데의 **사랑**은 일반적으로 알려져 있다.
(5나) Edes **Liebe** zu Caroline ist groß.
카롤린에 대한 에데의 **사랑**은 대단하다.

그러므로 심리적인 상태를 나타내는 동사 *lieb-*에서 파생된 사건명사 *Liebe*가 (5가,나)에서는 사랑의 상태로 이해되기보다는 오히려 사실, 정도로 이해된다는 것을 알 수 있다.

*Geburt des kleinen Lukas*도 (6가,나)에서 서로 다른 사건으로 이해되는데, (6가)에서는 어린 루카스가 태어났다는 사실로, 그리고 (6나)에서는 어린 루카스가 태어나기까지의 과정으로 이해된다.

(6가) Wir freuen uns über die **Geburt** des kleinen Lukas.
우리는 어린 루카스의 **탄생**을 기뻐하고 있다.
(6나) Die **Geburt** des kleinen Lukas dauerte zwölf Stunden.
어린 루카스의 **출산**은 12시간 걸렸다.

토론해야 할 과제는 어떻게 해서 사건명사가 세상에 존재하는 다양한 사건 유형들을 표현해 내는 과정에서 다의적 현상을 보이게 되는가 하는 점이다. 먼저 사건의 정의에 관한 몇몇 학자들의 견해부터 보기로 하자.

---

79) 예문 (6)은 Fabricius-Hansen/Stechow(1989:21)에서 인용한 것인데, Fabricius-Hansen/Stechow(1989)는 (6가,나)와 (7가,나)에서 사건명사 *Liebe*, *Geburt*가 왜 서로 다른 사건으로 해석되는지에 관해 정확한 답을 제시하지 않는다.

8.2 사건의 개념정의

Strawson(1950)은 넓은 의미의 사건을 시간과 공간 속에서 규정할 수 있는 실체인가의 여부에 따라 좁은 의미의 사건과 사실로 나눈다. 즉 좁은 의미의 사건은 시공간 속에서 규정될 수 있는 실체로서, 우리는 그것을 볼 수도 있고, 그것에 관해 들을 수도 있으며, 거기에 참여할 수도 있다. 이에 반해 사실은 시공간의 개념으로 규정할 수 없는 진인 명제로서, 볼 수도, 들을 수도, 참여할 수도 없는 것이다.

Davidson(1967)은 사건을, 특히 좁은 의미의 사건을 세상에 존재할 수 있는 사람이나 사물같이 하나의 독립된 개체로 인정한다. 그러므로 Davidson(1987)의 견해에 의하면 *Maria läuft*같은 문장은 "∃e[Laufen(Maria, e)]"로 형식화되어, 마리아와 뛰는 관계에 있는 임의의 사건변항 e가 존재하는 것으로 해석된다.[80] 그러므로 지금까지 보통 1항 술어로 취급되어온 *lauf-*는 Davidson(1967)에게는 2항 술어로 취급된다. 그러므로 Davidson(1967)에 따르면 *Blitz, Donner, Entdeckung, Änderung* 같은 사건명사가 나타내는 사건들은 하나의 독립된 개체로 간주되고, 이러한 개체들을 Strawson(1950)은 볼 수도 있고, 들을 수도 있고, 아울러 참여할 수도 있는 사건의 실체로 받아들인다. 이는 (7가,나), (8가,나)에서 볼 수 있다.

(7가) Ich habe gestern den furchtbaren **Blitz** gesehen.
　　　 나는 어제 그 끔찍한 **번개**를 보았다.

(7나) Wir haben gestern den furchbaren **Donner** gehört.
　　　 우리는 어제 그 무시무시한 **천둥소리**를 들었다.

(8가) Die **Entdeckung** Amerikas durch Kolumbus ist plötzlich geschehen.
　　　 콜롬부스의 미 대륙 **발견**은 갑자기 일어났다.

(8나) Die **Änderung** des Anzugs durch Maria dauerte fünf Stunden.
　　　 마리아의 양복 **수선**은 5시간 걸렸다.

---

80) Parson(1990)은 상태도 하나의 독립된 논항 s로 본다. 이에 관한 자세한 내용은 Parson(1990)을 참조하기 바란다.

(7가,나)에서는 사건명사가 핵인 *den fruchtbaren Blitz*와 *den fruchbaren Donner*가 *seh-*과 *hör-*의 목적어로 사용되고 있으므로, 사건명사가 나타내는 사건을 우리들이 볼 수도, 그리고 들을 수도 있다는 것을 알 수 있다. (8가,나)에서는 사건의 참여자인 *Kolumbus*와 *Maria*가 *durch*를 동반하는 전치사구로 표현되므로, *die Entdeckung Amerikas*와 *die Änderung des Anzugs*가 나타내는 사건에 참여하고 있음을 알 수 있다. 그러므로 *Liebe, Haß* 같이 사실을 나타내는 명사는 *Blitz, Donner, Entdeckung, Änderung* 같은 사건명사와 달리 (9가)에서와 같이 지각동사와 결합하지 못하며, (9나,다)에서와 같이 시간부사와 결합하지 못한다.[81] 왜냐하면 사실은 Strawson(1950)에 의하면 시공간의 개념으로 규정할 수 없는 진인 명제로서 볼 수도, 들을 수도 없는 것이며, Davidson(1967)은 그것을 독립된 개체로 인정하지 않기 때문이다. 이에 대한 타당성은 앞으로의 논의에서 밝혀질 것이다.

(9가) *Ich habe die **Liebe** von Hans zu Maria gesehen.
　　　나는 마리아에 대한 한스의 **사랑**을 보았다.
(9나) *Die **Liebe** von Hans zu Maria passierte zufällig.
　　　마리아에 대한 한스의 **사랑**은 갑자기 일어났다.
(9다) *Der **Haß** von Hans gegen Maria dauerte fünf Monate.
　　　마리아에 대한 한스의 **증오**는 5개월 걸렸다.

Bach(1986), Bierwisch(1989)[82] 등은 사건명사들이 지시하는 사건을 (좁은 의미의) 순수한 사건과 사실을 모두 포함하는 넓은 의미의 사건으로 간주한다. 필자도 이들과 같이 사건들을 넓은 의미의 사건으로 보고, 어떻게 해서 사건명사가 다양한 사건 유형들을 표현하는 다의어로 사용되게 되는지를 설명하고자 한다. 먼저 기존 연구들이 사건명사의 다의적 현상을 어떻게 분석해 왔는지, 또 거기에서의 문제점들은 무엇인지를 살펴본다.

---

81) 이는 *bedauer-, vergess-* 같은 사실동사(faktives Verb)와의 결합가능성을 통해서도 알 수 있다: (a) *Hans bedauert seine Liebe zu Maria.* (b) *Hans hat seine Liebe zu Maria vergessen.*

82) Bierwisch(1989:36) : "I am using the term event in a rather broad, but well founded, sense, including states, processes, and proper events."

8.3 사건명사의 다의적 현상에 관한 여러 가지 입장들

8.3.1 사건접미사를 다의형태소와 의미핵으로 보는 분석

형식의미론자들에 의하면 사건명사의 다의적 현상은 합성성의 원리에 의거, 기저동사의 의미와 - $\emptyset$, -e, -er, -ung, -anz/-enz 같은 사건접미사의 의미의 합으로 규정되어야 한다. 여기에 생성형태론자들의 핵의 원칙이 도입되면, 사건명사화의 의미는 핵인 사건접미사에 의거 규정되어야 한다. 그러므로 - $\emptyset$, -e, -er, -ung, -anz/-enz 같은 사건접미사는 여러 가지 사건유형들의 의미를 지니는 다의형태소인 동시에 의미핵으로 간주되어, 이미 4.1.1에서 제시된 의미규칙 (1)에 의거하여 4.1.1의 (2라)와 같이 의미해석된다. 이해를 돕기 위해 4.1.1의 (2라)를 (10)에 다시 제시하겠다.

(10) $\lambda x_4 \exists x_1, x_2, x_3, x_5, \cdots, x_n [P'_* (x_1, x_2, \cdots, x_n)]$

(10)에 의하면 사건접미사들의 의미는 기저동사의 사건격 논항 x_4의 집합으로 해석된다. 문제는 사건명사의 의미를 기저동사의 사건격 논항인 x_4의 집합으로만 해석하고 있는 (10)은 8.1, 8.2에서 언급한 여러 가지 사건유형들을 설명할 수 없다는 점이다. 이 문제는 사건명사의 다의적 현상은 언어사용자의 세상경험 및 이해와의 관련 속에서 설명되어야 함에도 불구하고, 객관적인 의미규칙인 (10)에는 도저히 그런 것들이 비집고 들어갈 틈이 없다는 사정에서 비롯되는 것이다. 그러므로 사건명사의 다의적 현상은 사건접미사를 다의형태소로 그리고 의미핵으로 간주함으로써 설명할 수는 없을 것이다. 결국 형식의미론자들의 입장으로 사건명사의 다의적 현상은 설명될 수 없다는 결론에 도달하게 된다.

8.3.2 개념가족에 의거한 분석

Bierwisch(1983)는 사건명사화의 다의적 현상을 개념가족으로 설명한다.[83] 이미 2.1.9의 (25)에 제시된 바 있는 Bierwisch(1983:81)의 예문 (11)를 다시 보자.

(11가) Die **Schule** steht neben dem Sportplatz.
　　　 학교는 운동장 옆에 있다.
(11나) Die **Schule** wird von der Gemeinde unterstützt.
　　　 학교는 지방자치단체에서 지원을 받는다.
(11다) Die **Schule** langweilt ihn nur gelegentlich.
　　　 학교가 그를 자주 지루하게 한다.
(11라) Die **Schule** ist aus der Geschichte Europas nicht wegzudenken.
　　　 학교는 유럽의 역사에서 빼놓고 생각할 수 없다.

(11가,나,다,라)에서 *Schule*는 각각 건물, 기관, 학교에서 제공되는 교육프로그램 그리고 제도의 유형으로 이해된다. Bierwisch(1983:77f.)는 *Schule*가 다의어로 사용되는 현상을 개념가족으로 설명한다. 즉 *Schule*는 그의 개념가족으로 **건물, 기관, 프로그램, 제도** 등 여러 가지 개념을 갖고 있는데, *Schule*가 실제로 이들 중 어떠한 개념으로 이해되는가 하는 것은 의미적으로 미리 정해져 있는 것이 아니라 문맥에서 규정되는 것이라고 본다. Bierwisch(1989:35ff.)는 이러한 개념 가족의 입장을 사건명사의 다의어현상에도 적용하여, (1가)의 *Änderung*을 4.1.2에서 언급한 Zimmermann(1987)의 논항구조에 의거하여 (12)과 같이 의미해석한다.

(12) $\lambda z\ \lambda y\ \lambda x\ [x\ \text{INST}\ [y\ \text{ÄNDER-}\ z]]$

(12)에서 지시논항은 변항 x가 되므로, *Änderung*은 명제 "y ÄNDER- z"가 실현되는 사건 x의 집합으로 해석된다. 그리고 Bierwisch(1989:46)는 사건의 결과를 나타내는 (1나)의 *Änderung*을 설명하기 위해 (13)의 의미형태를 제시한다.

---

83) 형식적인 것에 관해서는 Bierwisch(1983:81)을 참조할 것.

(13) $\lambda y \; \lambda z \; [[z \; RES \; e] : [v \; e]]$

(13)은 사건 e의 결과인 z의 집합으로 해석된다. 그러므로 (12)와 (13)에 의거하면 (1나)의 *Änderung*의 의미는 (14)와 같이 해석된다.

(14) $\lambda z \; \lambda y \; \lambda x \; [[x \; RES \; e] : [e \; INST \; (y \; ÄNDER- \; z)]]$

(14)에서 지시논항은 (12)에서와 같이 변항 x가 되므로, 결과를 나타내는 *Änderung*의 의미는 "*y* ÄNDER- *z*"가 실현되는 사건 e의 결과인 x의 집합으로 해석된다. 따라서 x는 (12)에서는 양복을 수선하기 시작해서 끝날 때까지의 사건으로, 그리고 (14)에서는 그러한 사건의 결과로 이해하면 될 것이다.

Bierwisch(1989)는 사건명사 *Änderung*이 여러 문장에서 서로 다른 사건유형으로 이해되는 것을 *Änderung*의 의미형태 안에 (12), (14) 같은 의미개념들이 들어있어서, 이들 개념 중 (1가)에서는 (12)의 개념이, 그리고 (1나)에서는 (14)의 개념이 선택되었기 때문이라고 설명한다. 문제는 Bierwisch(1989)의 견해로 (1다, 라)에서의 *Änderung*의 의미를 설명할 수 있을지를 따지기에 앞서서, (15), (16)의 문장들이 왜 비문이 되는가를 설명할 수 없다는 점이다.

(15가) *Der **Hass** von Hans gegen Maria geschah um 10 Uhr.
   마리아에 대한 한스의 **증오**는 10시에 일어났다.
(15나) *Die **Liebe** von Hans zu Maria dauerte drei Stunden lang.
   마리아에 대한 한스의 **사랑**은 3시간 걸렸다.
(15다) *Der **Hass** von Hans gegen Maria ging in sechs Stunden zu Ende.
   마리아에 대한 한스의 **증오**는 6시간내에 끝나 버렸다.

(16가) *Der **Blitz** ist in 10 Minuten abgeschlossen.
   그 **번개**는 10분안에 끝났다.
(16나) *Die **Entdeckung** Amerikas durch Kolumbus geht in 10 Minuten zu Ende gegangen.
   콜롬부스의 미 대륙 **발견**은 10분 안에 끝나 버렸다.

　　결국 Bierwisch(1989)의 문제는 사건명사의 다의적 현상을 보통명사의 그것과 같이 "개념적으로 조직화된 백과사전적인 의미"로 취급하는 데에서 생기는 것이라고 하겠다. 이러한 맥락에서 (17가,나)를 보자.

(17가) Hans zerstörte die Stadt.
　　　　한스는 도시를 파괴했다.
(17나) Die **Zerstörung** der Stadt durch Hans …
　　　　한스의 도시**파괴**는 …

　　(17가,나)에서 동사 *zerstör-*와 파생명사 *Zerstörung*은 범주상으로는 차이가 있지만, 동작태, 논항구조, 의미역할당의 측면에서는 차이가 없다고 볼 수 있다. 그러므로 *zerstör-*와 *Zerstörung*의 통사적, 의미적 정보는 (18가,나)에서와 같이 제시될 수 있을 것이다.

(18가) zerstör-　　　　　　　　　　V
　　　　　　　　　　　　　　　　＿＿ NP
　　　　　　　　　　　　　　　　[AG TH]
(18나) Zerstörung　　　　　　　　　N
　　　　　　　　　　　　　　　　＿＿ NP PP
　　　　　　　　　　　　　　　　[　　TH AG]

　　(18가,나)에 의하면 (17가,나)의 *die Stadt*와 *der Stadt*는 *zerstör-*와 *Zerstörung*의 주제격 논항이 된다. 그리고 (17가,나)에서 *zerstör-*와 *Zerstörung*도 동일하게 사건의 완료를 나타내는 동작태를 갖는다고 볼 수 있다. 이러한 측면에서 사건명사는 통사적으로는 명사이지만, 의미적으로는 동사에 더 가깝다고 볼 수 있다. 그러므로 사건명사는 범주의 측면에서는 명사이지만, 동작태, 논항구조, 의미역할당 등의 측면에서는 오히려 그의 기저인 동사에 가까운 일종의 동사적 명사로 칭할 수도 있을 것이다. 따라서 사건명사를 보통명사와 동일하게 "개념적으로 조직화된 백과사전적인 의미"로 취급한 Bierwisch(1989)는 사건명사와 일반명사가 상이한 인지적 실체임을 고려하지 않았다는 점에서 비판을 받아야 할 것이다.

8.3.3 논항구조에 의거한 분석

사건명사의 다의적 현상을 논항구조에 의거해서 설명하려면 먼저 사건명사를 핵으로 하는 명사구가 문장에서 어떠한 논항으로 사용되는가에 관한 토론이 이루어져야 할 것이다. (18)에서 이미 설명했듯이 사건명사가 의미적으로 동사에 더 가까운 동사적 명사라면, 먼저 3.3에서 언급한 기저동사의 동작태를 중심으로 이 세상에 존재하는 사건들의 유형을 살펴보고, 이 사건의 유형들이 동사의 논항구조에 의거하여 실제로 문장에서 어떻게 주어나 목적어로 사용되는가를 설명해 보자.

Strawson(1950)에 의하면 먼저 넓은 의미의 사건은 시간성의 개념에 의거하여 좁은 의미의 사건, 그리고 사실이나 명제 등으로 분류될 수 있을 것이다. 순수한 의미의 사건인 전자를 [+temporal]의 자질로 표기한다면, 시간성의 개념으로 규정할 수 없는 후자의 사실이나 명제는 [-temporal]의 자질로 표기할 수 있다.[84] 그래서 (19)의 문장들이 나타내는 사건은 [-temporal]의 자질로 표기될 수 있는 것이다.

> (19가) Hans liebt Maria.
>
> 한스는 마리아를 사랑한다.
>
> (19나) Der Polizist glaubt, dass der Täter verhaftet werden kann.
>
> 경찰은 범인이 붙잡힐 것이라고 믿는다.
>
> (19다) Maria freut sich darüber, dass ihre Schwester zu ihr zu Besuch kommt.

---

84) 총칭적 의미의 사건도 [-temporal]로 표기할 수 있다. Bach(1981:67ff.)의 예문 (가)-(바)를 보자: (가) Hans rannte letztes Jahr. (나) Hans rannte gestern. (다) Hans fährt Auto. (라) Hans fährt gerade Auto. (마) Hans wohnt in Konstanz. (바) Hans wohnt gerade in Tübingen. (가)와 (나)는 각각 한스가 작년에 달리는 습관을 가졌었다는 총칭적 의미와 한스의 달리는 행위가 어제 중어느 특정한 시간대에 실제로 행해졌다는 진행의 의미로 해석될 수 있다. (다)와 (라)도 각각 한스가 자동차운전을 할 수 있다는 총칭적 의미로, 그리고 한스가 발화 시점에서 실제로 자동차운전을 하고 있었다는 진행의 의미로 이해된다. (마)와 (바)도 같은 맥락에서 설명될 수 있는데, (마)는 한스가 콘스탄츠에 산다는 총칭적 의미로 이해되고, (바)는 한스가 발화 시점을 포함한 일정기간 동안 튜빙엔에 산다는 진행의 의미로 이해된다. 이러한 의미상의 차이는 동사 *lauf-*의 행위와 시간부사 *letztes Jahr*와 *gestern*과의 관계, 동사구 *Auto fahr-*의 행위와 부사 *gerade*와의 관계, 동사 *wohn-*과 부사 *gerade*와의 관계에서 나타나는 인간의 인지적인 사고의 차이에서 오는 것으로 볼 수 있을 것이다.

마리아는 자기 언니의 방문에 대해 기뻐한다.

(19라) Zwei plus vier ist sechs.

2 더하기 4는 6이다.

(19마) Marias Schwester ist intelligent.

마라아의 언니는 총명하다.

(19바) Die **Liebe** des Vaters zu seinem Sohn ist sehr groß.

자기 자식에 대한 아버지의 **사랑**은 대단하다.

한스가 마리아를 사랑하는 것이나, 범인을 잡을 수 있을 것이라는 경찰의 믿음, 여동생의 방문에 대한 마리아의 기쁨, 2 더하기 2가 4라는 사실, 마리아의 여동생이 총명하다는 사실 등은 순수한 의미의 측면에서 시간성의 개념으로 규정할 수 없는 [-temporal]의 사건으로 볼 수 있다. (19바)에서 나타나는 아들에 대한 아버지의 사랑의 정도도 [-temporal]의 사건으로 간주될 수 있다.

두 번째 분류기준은 시간성으로 규정할 수 있는 [+temporal]의 사건이 순식간에 일어나느냐 아니면 지속적인 시간의 경과 속에서 일어나느냐 하는 것이다. 임의의 어떤 사건이 순간적으로 일어난다는 것은 사건의 시작, 경과, 종료의 시기가 거의 동시가 된다는 것을 의미한다. 그러므로 [±puntuell]의 자질을 도입한다면, (20)의 문장들이 나타내는 사건은 순간사건으로서 [+punktuell]의 자질로 설명될 수 있을 것이다.

(20가) Kolumbus hat im Jahre 1492 Amerika entdeckt.

콜롬부스는 1492년에 미 대륙을 발견했다.

(20나) Es hat einmal geblitzt.

번개가 한 번 쳤다.

(20다) Maria hat ihren Ehring verloren.

마리아는 자기의 결혼반지를 잃어버렸다.

[-punktuell]의 자질로 설명될 수 있는 사건들은 비교적 지속적인 시간에 걸쳐서 일어나는 사건들로서, 그 시간이 지난 다음 종료되는가 아닌가에 따라 다시 종료사건과 진행사건으로 분류될 수 있다. 종료사건은 사건전체가 더 이상 작은 사건들로 분해되거나 해체될 수 없는 사건, 즉 그 자체가 하나의 최소단위

가 되는 그러한 사건을 말하며, 진행사건은 더 작은 사건이나 행위로 분해될 수
도 있으므로, 그 자체가 최소단위가 되지 못하는 그러한 사건을 말한다.[85] 예를
들면 (21)의 문장은 전자에 해당하며, (22)의 문장은 후자에 해당한다.

> (21가) Hans malte ein Bild.
> 　　　한스는 그림 하나를 그렸다.
> (21나) Hans hat das Zimmer in zwei Stunden geräumt.
> 　　　한스는 방을 두 시간내에 치웠다.
> (21다) Hans hat den Briefkasten geleert.
> 　　　한스는 우편함을 비웠다.
>
> (22가) Hans malte an einem Bild.
> 　　　한스는 그림을 그렸다.
> (22나) Hans rannte eine Stunde lang.
> 　　　한스는 한 시간동안 달렸다.
> (22다) Galileo beobachtete den Stern zwei Stunden lang.
> 　　　갈릴레오는 별을 두 시간동안 관찰했다.

　　(21가)와 (22가)의 동작태를 비교해 보자. (21가)는 한스가 그림하나를 완성했
다는 것으로 이해되므로, 그 자체를 하나의 완료된 최소단위로 볼 수 있지만,
(22가)는 한스가 그림을 그리다 만 것으로, 즉 스케치, 물감 칠하기 등의 행위가
이루어지다가 미완료된 것으로 이해되므로, 그 자체가 아직 하나의 최소단위로
볼 수 없다. 그러므로 [±final]의 자질을 도입한다면, (21)이 나타내는 종료사건은
[+final]의 자질로, (22)가 나타내는 진행사건은 [-final]의 자질로 설명될 수 있을
것이다.

　　종료사건들이라고 하더라도 종료 후의 결과에 따라 산물과 상태로 나뉘어

---

85) 완료사건과 반복사건의 특징은 *Stuhl, Buch* 같은 가산명사와 *Gold, Wasser* 같은 물질명사에서
　　도 유사하게 나타난다. 예를 들면 책상이나 책은 다른 책상이나 책과 합쳐져서 다시 책상
　　이나 책이 될 수 없는 반면, 물과 금은 다른 물, 금과 합쳐져도 다시 물과 금이 된다. 이러
　　한 점에서 이미 3.3.3과 3.3.4에서도 언급하였듯이 전자는 전체적 지시(holistische Referenz) 혹
　　은 이질적 지시(heterogene Referenz)를 갖는다고 할 수 있고, 후자는 누적적 지시(kumulative
　　Referenz) 혹은 동질적 지시(homogene Referenz)를 갖는다고 할 수 있다.

질 수 있다. 예컨대 (21가)에서는 사건의 결과로 존재하게 되는 그림은 산물로 이해될 수 있고, (21나)에서는 방이 깨끗해진 상태, (21다)에서는 우체통이 비워진 상태로 이해될 수 있다. 그런데 (22가)에서는 한스가 그림을 그리기는 했지만, 완성을 시킨 것은 아닌 것으로, (22나)는 한스가 특정한 목적지 없이 그냥 1시간 걸었다는 것으로, (22다)는 갈릴레오가 두 시간동안 별을 관찰했다는 것으로 이해된다. 그래서 산물을 나타내는 (21가)의 동작태를 [+Produkt]로 표기한다면, 상태를 나타태는 (21나,다)의 동작태는 [-Produkt]로 표기될 수 있을 것이다.

　지금까지 설명한 사건의 유형들을 [±temporal], [±punktuell], [±final], [±Produkt]의 자질에 의거하여 분류해 보면 (23)과 같다.

(23)　　　　　　　　　　　　　　　　가능한 사건들

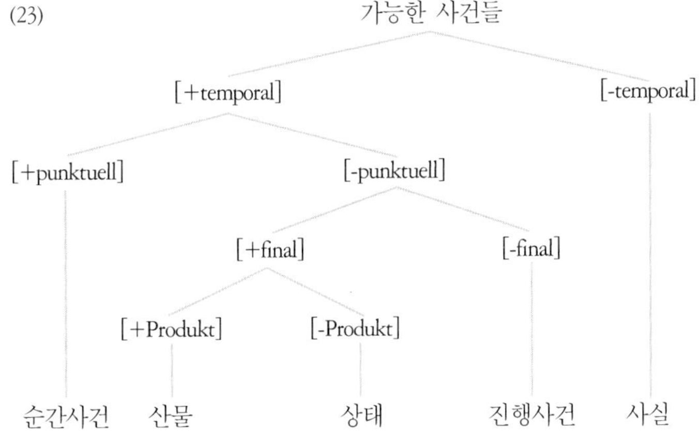

　그러므로 (23)와 같이 분류된 사건들은 성분분석론자들의 입장에 의거하여 (24)와 같이 자질들의 합으로 설명될 수 있을 것이다.

(24가) 사실 : [-temporal]
(24나) 순간사건 : [+temporal, +punktuell]
(24다) 종료사건 : [+temporal, -punktuell, +final]
(24라) 진행사건 : [+temporal, -punktuell, -final]
(24마) 산물 : [+temporal, -punktuell, +final, +Produkt]
(24바) 상태 : [+temporal, -punktuell, +final, -Produkt]

우리 주위에 존재하는 여러 사건유형들을 동사의 동작태에 의거하여 (24)와 같이 분류하였다면, 이어져야 할 토론과제는 (24)의 사건유형들이 어떻게 해서 동사나 술어의 논항으로 문장에 나타나게 되는가 하는 점이 될 것이다. 이에 관한 토론을 위해 (2가,나,다,라)의 예문들을 (25가,나,다,라)에 다시 제시한다.

> (25가) Die **Entdeckung** Amerikas durch Kolumbus passierte zufällig.
> 콜롬부스의 미 대륙 **발견**은 우연한 것이었다.
> (25나) Die **Entdeckung** Amerikas durch Kolumbus hat 15 Minuten gedauert.
> 콜롬부스의 미 대륙 **발견**은 15분 걸렸다.
> (25다) Die **Entdeckung** Amerikas durch Kolumbus hat 5 Jahre gedauert.
> 콜롬부스의 미 대륙 **발견**은 5년 걸렸다.
> (25라) Die **Entdeckung** Amerikas durch Kolumbus freute die Spanier damals sehr.
> 콜롬부스의 미 대륙 **발견**은 그 당시 스페인 사람들을 아주 기쁘게 했다.

(25가)에서 *die Entdeckung Amerikas durch Kolumbus*는 술어 *zufällig passierte*가 순간적으로 일어나는 [-punktuell]의 사건을 요구하기 때문에 순간사건으로 이해된다고 볼 수 있다. 그러나 (25나,다)에서 *die Entdeckung Amerikas durch Kolumbus*는 제한된 시간의 경과와 더불어 종료되는 [+final]의 사건으로 이해되는데, 이는 술어인 *15 Minuten gedauert hab-, 5 Jahre gedauert hab-*가 종료사건을 주어로 요구하기 때문에 가능한 것으로 볼 수 있다. (25가)에서 *die Entdeckung Amerikas durch Kolumbus*는 콜롬부스가 아메리카대륙을 발견했다는 [-temporal]의 사실로 이해되는데, 이는 동사 *freu-*가 주어의 의미역으로 사실이나 명제를 요구하기 때문에 가능한 것으로 볼 수 있다.

(5가,나)의 문장을 (26가,나)에 제시해서 *Edes Liebe zu Caroline*이 어떻게 논항구조에 의거하여 각각 사실과 정도로 이해되게 되는지를 보자.

> (26가) Edes **Liebe** zu Caroline ist allgemein bekannt.
> 카롤린에 대한 에데의 **사랑**은 일반적으로 알려져 있다.
> (26나) Edes **Liebe** zu Caroline ist groß.
> 카롤린에 대한 에데의 **사랑**은 대단하다.

(26가,나)의 술어 *allgemein bekannt sei-*와 *groß sei-*는 주어의 의미역으로 각각 [-temporall]의 사실과 정도를 요구한다. 그러므로 *Edes Liebe zu Petra*는 (26가)에서는 사실로 그리고 (26나)에서는 정도로 이해될 수 있게 된다. 같은 방법으로 (27)에서 *die Zerstörung des alten Hauses durch den Bauunternehmer*가 순간적으로 일어나게 되는 사건으로 이해되는 것은 *plötzlich gescheh-*가 순간적으로 일어나는 [+punktuell]의 사건이나 사건의 속도를 주어의 의미역으로 요구하기 때문이라고 볼 수 있다.

(27) Die **Zerstörung** des alten Hauses durch den Bauunternehmer ist plötzlich geschehen.
건축업자들의 낡은 집 **파괴**는 갑자기 일어났다.

사건명사를 핵으로 하는 명사구 *die Ankunft des Zuges*는 (28)에서는 *den angekommenen Zug*으로 바꿔 쓸 수 있다. 이는 *die Ankunft des Zuges*가 동사 *verpass-*의 주제격 의미역으로서 구체적인 대상으로 이해되기 때문이다.

(28) Hans hat die **Ankunft** des Zuges verpasst.
한스는 기차가 **도착하는 것**을 놓쳤다.
⇒ Hans hat den angekommen Zug verpasst.
한스는 도착한 기차를 놓쳤다.

(6가,나)의 문장을 (29)에 다시 제시해 보자.

(29가) Wir freuen uns über die **Geburt** des kleinen Lukas.
우리는 어린 루카스의 **탄생**을 기뻐하고 있다.
(29나) Die **Geburt** des kleinen Lukas dauerte zwölf Stunden.
어린 루카스의 **출산**은 12시간 걸렸다.

*die Geburt des kleinen Lukas*는 (29가)에서는 전치사격 목적어로, 그리고 (29나)에서는 주어로 나타나지만, 의미적으로는 (29가,나)에서 모두 동일하게 사실로

이해된다. 이는 *die Geburt des kleinen Lukas*가 (29가)에서는 *sich freu-*의 전치사격목적어의 논항인 [-temporal]의 사실로 나타나고, (29나)에서는 *zwölf Stunden dauerte-*의 주어의 논항인 [-temporla]의 사실로 나타나기 때문이라고 하겠다.

사건명사의 다의적 현상을 논항구조에 의거하여 설명하다보면 왜 (30)의 문장이 비문이 되는가도 아울러서 설명할 수 있게 된다.

(30가) *Der **Blitz** ist in 10 Minuten abgeschlossen.
그 **번개**는 10분 안에 끝났다.
(30나) *Ich habe die **Liebe** von Hans zu Maria gesehen.
나는 마리아에 대한 한스의 **사랑**을 보았다.

(30가)의 술어 *in 10 Minuten abgeschlossen sei-*는 종료동사로서 주어의 논항으로 어느 정도의 시간이 흐르는 가운데 이루어지는 [-punktuell]의 사건을 요구하는데, (30가)의 주어 *der Blitz*는 [+punktuell]의 순간사건을 나타내므로, 주어와 술어가 시간상의 모순관계에 빠지게 되어 (30가)는 비문이 된다. (30나)도 동사 *seh-*의 논항구조에 의하면 목적어의 논항은 [+temporal]과 관련되는 사건이 되어야 하는데, *die Liebe von Hans zu Maria*가 시간과 공간 속에서 규정될 수 없는 [-temporal]의 사건이기 때문에 비문이 된다.

그러나 사건명사의 다의적 현상을 논항구조에 의거하여 설명할 경우 한계에 부딪치게 된다. 이와 관련하여 (4가,나,다)의 문장을 (31)에 다시 제시하여 보기로 하자.

(31가) Marias **Liebe** zu Hans ist plötzlich passiert.
한스에 대한 마리아의 **사랑**은 갑자기 일어났다.
(31나) Marias **Liebe** zu Hans hat sechs Monaten gedauert.
한스에 대한 마리아의 **사랑**은 6개월 걸렸다.
(31다) Marias **Liebe** zu Hans ist in sechs Monaten zu Ende gegangen.
한스에 대한 마리아의 **사랑**은 6개월 안에 끝나 버렸다.

이미 (4가,나,다)에서 언급했듯이 (31가)에서 *Marias Liebe zu Hans*는 갑자기 일어난 한스에 대한 마리아의 사랑으로서 [+punktuell]의 순간사건으로 이해되는데, 이는 술어인 *plötzlich passiert sei-*가 주어의 논항으로 [+punktuell]의 순간사건을 요구하기 때문이라고 볼 수 있다. (31나,다)에서 *Marias Liebe zu Hans*는 6개월 동안 지속된 한스에 대한 마리아의 사랑, 즉 [-final]의 사건과 6개월 내에 끝나버린 한스에 대한 마리아의 사랑, 즉 [+final]의 사건으로 이해된다고 하겠다. 전자와 후자의 사건의 공통점은 마리아에 대한 한스의 사랑의 지속기간이 6개월이라는 점이고, 차이점은 전자는 6개월간 지속된 사랑의 과정에 더 초점을 두고, 후자는 6개월 내에 종료된 사랑에 그리고 그 결과에 더 초점을 둔다는 점이다. 이는 (31나)의 술어 *sechs Monate gedauert hab-*와 (31다)의 술어 *in sechs Monaten gegangen sei-*가 어느 정도의 시간의 지속속에서 이루어지는 사건을 주어로 요구하는 지속동사이지만, 전자는 어느 정도 시간이 흐르는 가운데 이루어지는 [-final]의 진행사건에 더 초점을 두고, 후자는 어느 정도의 시간이 지난 다음 종료되는 그리고 그 결과까지에도 관심을 갖는 [+final]의 종료사건을 주어로 요구하기 때문에 가능할 수 있는 것으로 볼 수 있다.

문제는 (31가,나,다)와 유사한 조건에 있는 (32가,나,다)의 문장들이 비문이 된다는 점이다. (32가)의 술어 *um 10 Uhr geschah-*는 (31가)의 술어 *plötzlich passiert sei-*와 같이 [+punktuell]의 순간동사인데도 *Marias Liebe zu Hans*를 주어로 취할 경우 문장이 의미적으로 비문이 된다. (32나,다)의 술어 *zwei Stunden gedauert hab-*와 *in einer Stunde zu Ende gegangen sei-*는 (31나,다)의 술어 *sechs Monaten gedauert hab-*와 *in sechs Monaten zu Ende gegangen sei-*와 같이 어느 정도의 시간적 흐름을 전제로 하는 [-punktuell]의 지속동사임에도 불구하고 *Marias Liebe zu Hans*를 주어로 취할 경우 (32나,다)에서와 같이 의미적으로 비문이 된다.

(32가) *Marias **Liebe** zu Hans geschah um 10 Uhr.
　　　　한스에 대한 마리아의 **사랑**은 10시에 일어났다.
(32나) *Marias **Liebe** zu Hans hat zwei Stunden gedauert.
　　　　한스에 대한 마리아의 **사랑**은 두 시간 걸렸다.
(32다) *Marias **Liebe** zu Hans ist in einer Stunde zu Ende gegangen.
　　　　한스에 대한 마리아의 **사랑**은 한 시간안에 끝이 났다.

　(32가,나,다)의 문장의 비문법성은 언어체계 내에서의 주어와 동사간의 의미
관계를 통해서 설명하기보다는 세상경험에서 오는 언어외적인 지식을 통해서
설명할 수 있다고 본다. 즉 우리들은 사랑이라는 사건이 정확히 몇년 몇월 몇날
몇시에 시작되어서 정확히 몇년 몇월 몇날 몇시에 종료되는지 알 수 있는 그런
종류의 사건이라고 인지하지도 않고, 한 두 시간 쯤 지속되는 정도의 사건이라
고 인지하지도 않는다. 우리는 사랑이라는 것이 시작과 종료의 시점을 정확하게
알 수 없는 것으로, 굳이 그 지속기간을 말하자면 적어도 몇 개월 내지는 몇 년
간은 지속되어야 할 것 같은 그런 종류의 사건으로 인지한다. 그러므로 한스에
대한 마리아의 사랑이 10시에 일어났다고 하는 (32가), 한스에 대한 마리아의 사
랑이 두 시간 동안 지속되었다고 하는 (32나), 그리고 한스에 대한 마리아의 사
랑이 한 시간 내에 끝나 버렸다고 하는 (32다)는 우리들이 일반적으로 알고 있
는 사랑에 관한 지식과 맞아떨어지지 않으므로 비문이 된다고 할 수 있다. 그러
나 앞으로 세상이 변해서 사랑에 관한 우리들의 지식도 변한다면 (32가,나,다)의
문장이 정문이 될 수 있을지도 모르겠다. 결국 (32가,나,다)의 비문법성은 세상경
험과 이해의 기반 위에서 언어외적인 현상을 통해서 설명되어야 할 것이다. 이
러한 현상은 (2나,다)의 예문에서도 나타난다. (2나,다)를 (33가,나)에 다시 제시한
다.

　　(33가) Die **Entdeckung** Amerikas durch Kolumbus hat 15 Minuten gedauert.
　　　　　콜롬부스의 미 대륙 **발견**은 15분 걸렸다.
　　(33나) Die **Entdeckung** Amerikas durch Kolumbus hat 5 Jahre gedauert.
　　　　　콜롬부스의 미 대륙 **발견**은 5년 걸렸다.

　(2다,라)에서 언급했듯이, (33가,나)에서 *die Entdeckung Amerikas durch Kolumbus*
는 서로 다른 길이의 시간을 나타내는 부사 *15 Minuten* 및 *5 Jahre*와 결합됨으로
해서 서로 다른 규모의 사건으로 이해된다. 즉 (33가)에서는 콜롬부스가 미 대륙
을 발견한 후 자기 동료들과 함께 대륙 안으로 들어가서 스페인 기를 꽂고 샴페
인을 마시기까지의 사건으로 이해될 수 있고, (33나)에서는 미 대륙 발견을 위한
준비과정에서부터 험난했던 항해과정, 드디어 미 대륙에 상륙하여 스페인 기를

꽂고 샴페인을 마시는 과정. 발견 결과로 미 대륙이 스페인령이 되는 과정까지를 포함하는 전 과정으로 이해된다고 볼 수 있다. 사건명사의 다양한 의미를 문법적인 지식을 통해서 설명할 수 있는 것이라기보다는 오히려 세상경험을 통해 얻게 되는 언어외적인 지식을 통해서 설명해야 한다면, Strawson(1950), Davidson(1967)에 의거하여 비문으로 규정된 (9나,다)의 예문들도 정문으로 이해된다.

지금까지의 토론에서 사건명사의 다의적 현상은 논항구조에 의거해서 설명될 수 있는 언어내적인 현상이 아니라 오히려 언어사용자의 다양한 경험을 통해 설명해야 할 언어외적인 현상이라고 하는 사실이 밝혀지게 되었다. 이런 사정들을 감안할 때, 언어표현들이 비록 객관적인 사물을 나타낸다고 하더라도, 그것들의 의미는 객관적으로 주어지는 것이 아니라, 오히려 경험을 통해 구성되는 것이고, 따라서 언어의 의미는 객관적인 사물의 반영으로 받아들여지기보다는 오히려 그러한 사물을 이해하는 인간의 인지과정의 산물로 받아들여져야 한다고 하는 Langacker(1987)의 주장은 눈여겨 볼만하다. 그런 관점에서 8.3.4에서는 Langanker(1987)가 제시한 사건명사의 의미분석을 살펴보고, 그 문제점에 관해 토론해 보기로 한다.

8.3.4 시간성이 배제된 추상적인 사물로 보는 분석

Langacker(1987)는 사건명사의 의미를 시간성을 배제한 상태에서 기저동사가 나타내는 사건의 모든 진행과정을 집합으로 묶는 하나의 추상적인 사물로 분석한다. 이를 좀 더 자세히 이해하기 위해 먼저 Langacker(1987)의 인지의미론을 간단히 살펴보자.

(1) Langacker(1987)의 인지의미론

1) 기본영역과 추상영역

Langacker(1987:147ff.)는 모든 언어표현들이 어느 정도는 문맥이나 화맥에 의

존적이라고 보고, 언어표현의 의미를 영역을 통해 설명한다.86) 영역은 구체적으로는 일차원적인 선일 수도 있고, 이차원적인 평면일 수도 있고, 삼차원적인 공간일 수도 있고, 때로는 형상(形象)적일 수도 있다. 영역에는 기본영역과 추상영역이 있다. 이를 *Fingergelenk*의 예로 보기로 하자.

[FINGERGELENK]의 개념은 [FINGER]의 개념을 바탕으로 해서 이해되어야 한다. 손가락마디라는 개념은 손가락 개념이 알려져 있을 경우에 훨씬 쉽게 이해될 수 있기 때문이다. 그러므로 [FINGER]의 개념이 주어지면 [FINGERGELENK]의 개념은 바로 규정될 수 있으므로 [FINGER]의 개념은 [FINGERGELENK]의 개념을 규정하는 데 꼭 필요한 기본영역이라고 할 수 있다. 물론 손가락도 손이라는 전체구조 내에서의 그의 위치에 의거 규정될 수 있고, 손을 포함하는 팔도 인간의 신체전체 중에서의 그의 위치에 의거 규정될 수 있다. 그러므로 임의의 어떤 개념의 기본영역은 관련된 여러 영역 중에서 직접 관련이 있는 영역이 된다. 그러므로 [FINGERGELENK]의 개념의 경우 신체 전체 보다는 오히려 손가락을 기본영역으로 보아야 할 것이다.87) 기본영역과 달리 추상영역은 좀 더 추상적인 개념이나 복잡한 개념을 정의하기 위한 영역으로서, [FINGERGELENK]의 경우에는 몸 전체가 거기에 해당될 것이다.

Langacker(1987)는 대부분의 개념화작업이 실제로는 기본영역 안에서 이루어진다고 보고, 명사를 어떤 구체적인 대상으로 설명하지 않고, 기본영역 안에 들어 있는 일부 제한된 지역으로 규정하는 인지적 사건으로 설명한다. 그러므로 Langacker(1987)에 의하면 전통문법에서 말하는 사람, 장소, 셀 수 있는 사물 같은 구체적인 대상들의 기본영역은 삼차원적 공간 안에 존재하는 기본영역 안의 일부 제한된 지역으로 규정된다. 따라서 [FINGERGELENK]는 기본영역인 손가락 내의 일부 제한된 지역으로 규정된다.

---

86) Langacker(1987:147)는 영역을 'domain'이라고 부르고, 정신적인 경험이나 공간 같은 인지적인 실체로 간주한다.

87) 개념 [KÖRPER]의 기본영역은 무엇인가하는 점에서 질문을 던지지 않을 수 없는데, Langacker (1987:148)는 [KÖRPER]의 기본영역을 삼차원적인 공간으로 본다.

2) 술어 분류

Langacker(1987)는 술어를 명사적 술어와 관계적 술어로 구분한다. 명사적 술어는 사물을 지시하는 술어로서 주로 명사를 가리킨다. 관계적 술어는 두 종류이다. 하나는 시간의 흐름 속에서 일어나는 사건의 진행과정을 나타내는 술어, 즉 동사이다. 다른 하나는 시간의 흐름과 상관없는 비시제적인 관계를 나타내는 술어, 즉 형용사와 부사를 가리킨다. 그러므로 Langacker(1987:249)는 술어를 (34)와 같이 분류한다.

(34)

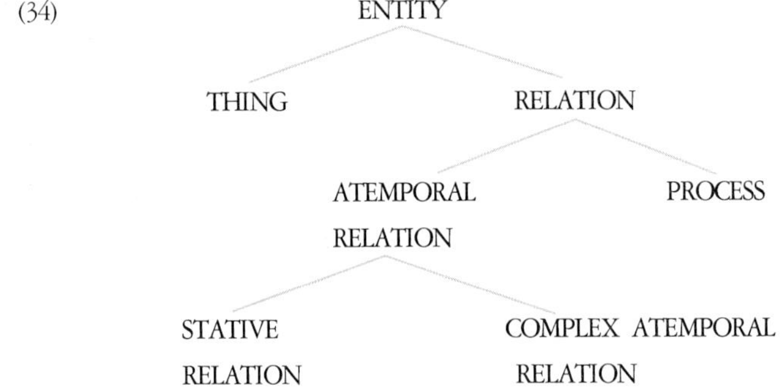

Langacker(1987:220)는 (34)에 제시된 술어의 의미를 인지의미론적으로 설명하기 위해 (35)와 같은 몇 가지 표기법을 사용한다.

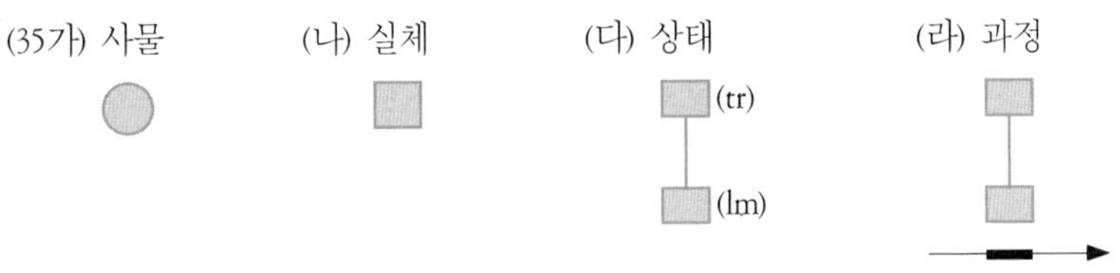

(35가)의 동그라미는 구체적인 사물이나 대상을 나타내고, (35나)의 네모는 인지구조에 참여하는 실체로서 'trajector'(적절한 우리말 용어가 없으므로 앞으로는 tr로 표기함)와 'landmark'(적절한 우리말 용어가 없으므로 앞으로는 lm으로 표기

함)를 가리킨다. 이 두 실체의 관계는 (35다,라)에서는 실선으로 연결되어 있다. 화살표는 시간의 흐름을 나타내는데, 특히 화살표 중 굵은 부분은 시간의 흐름으로부터 직접 제약을 받는다는 것을 의미한다. (35다,라)의 상태와 과정은 실체들 간의 관계로 설명되는데, 차이가 있다면 전자는 시간의 흐름으로부터 제약을 받지 않고, 따라서 시간의 흐름을 나타내는 화살표가 표시되어 있지 않은데 반해, 후자는 시간의 흐름으로부터 제약을 받고, 따라서 화살표가 표시되어 있다는 점이다. 특히 (34라)에서 시간의 흐름에 직접 제약을 받는 부분은 화살표상에 굵은 선으로 표기되었다.

3) 인지구조에 참여하는 tr과 lm

Langacker(1987)는 tr과 lm을 통해 인지구조를 설명한다. 즉 tr은 운동이나 움직임에 직접 참여하여 위치의 변경을 나타내는 실체인데, 특히 공간이동에서 그의 위치는 시간이 경과함에 따라 변경된다. 이때 lm은 tr의 움직이는 과정을 규정해 주는 실체로 작용한다. tr과 lm은 쉽게 주어와 목적어의 개념으로 이해될 수도 있겠지만, 그것보다는 더 포괄적이다. 왜냐하면, 주어와 목적어는 문장에 명시적으로 나타나는데 반해, tr과 lm은 많은 경우 실제로 문장에 나타나지 않으면서 암시적인 의미관계를 나타내기 때문이다. 이와 관련하여 (36)의 문장을 보자.

(36) Hans liest ein neues Buch von Günter Grass.
　　 한스는 귄터 그라스의 새 책을 읽고 있다.

(36)에서 *lese-*의 주어 *Hans*와 목적어 *ein neues Buch von Günter Grass*는 문장에 명시적으로 나타난다. 따라서 (36)에서 tr과 lm은 바로 명시적으로 나타나는 주어와 목적어라고 볼 수 있다. 그러나 주어만 나타나고 목적어는 나타나는 않는 (37가)의 문장에서는 *lese-*의 lm이 문장에 명사적으로 나타나지 않는다. 그럼에도 불구하고 우리는 (37가)에서의 lm을 대화상황에 따라 신문이나 책으로 이해하게 된다.

(37가) Hans liest schnell
　　　한스는 빨리 읽는다.
(37나) Hans läuft schnell.
　　　한스는 빨리 달린다.

(37나)에서는 *schnell*의 주어와 목적어가 명시적으로 나타나지 않음에도 불구하고 *schnell*의 tr은 *laufen*의 과정으로, 그리고 *schnell*의 lm은 *laufen*의 행위가 일어나는 장소로 이해할 수 있다.[88] 따라서 tr과 lm은 주어와 목적어의 개념보다 더 포괄적인 개념으로 이해될 수 있으므로, 주어와 목적어의 개념은 tr과 lm의 특수한 경우로 이해하면 될 것 같다.[89] 그런데 왜 tr과 lm의 개념이 주어와 목적어의 개념보다 더 많은 언어현상을 설명해 줄 수 있는가를 (38가,나)의 예를 통해 살펴보기로 하자.

(38가) X ist oben von Y.
　　　X는 Y의 위에 있다.
(38나) Y ist unten von X.
　　　Y는 X의 아래에 있다.

종래의 주어, 목적어의 개념을 가지고 보면 (38가,나)는 동일한 구조로 설명될 수밖에 없다. 왜냐하면 (38가)의 구조, 즉 주어인 X가 Y위에 있다는 것은 (38나)의 구조, 즉 주어인 Y가 X밑에 있다는 것과 동일한 것으로 설명되기 때문이다. 그러나 실제로 (38가,나)를 tr과 lm의 개념으로 설명한다면 상이한 인지구조를 나타내는 것을 알 수 있게 된다. 즉 (38가)에서는 Y가 X의 위치를 규정하는 lm이 되고, (38나)에서는 X가 Y의 위치를 규정하는 lm이 된다. Langacker(1987:219)는 (38가,나)가 나타내는 상이한 인지구조를 (39가,나)와 같은 그림으로 설명한다.

---

88) *blaues Haus*에서 형용사 *blau*의 tr은 *Haus*이고 lm은 *Haus*의 지시대상이 위치하는 장소를 말한다고 볼 수 있다. 또한 *Hans ging schnell weg, bevor Maria nach Hause kam.*에서 *bevor*의 tr은 주문장, 그리고 *bevor*의 lm은 부문장이 된다. 이 경우에는 주문장, 부문장 중 어느 문장도 주어가 되지 않고, 또 어느 문장도 목적어가 되지 않는다.

89) Langacker(1987:233)는 일반적으로는 행위자로, 때로는 통제자로 정의되는 주어의 개념에 이의를 제기한다. 예를 들면 *resemble, cost, seem, inhere* 같은 동사들이나 *red, of, above, before, quickly* 같은 형용사, 전치사, 부사 등의 경우 주어는 행위자도 될 수 없고 통제자도 될 수 없다.

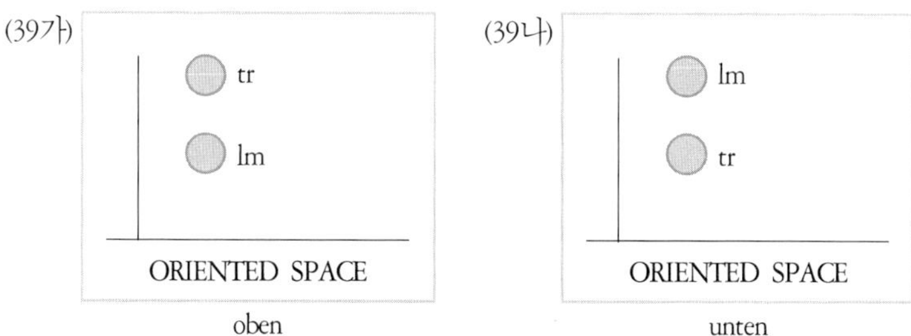

(39가,나)에서 tr과 lm은 삼차원적 공간에서 제시되고 있는데, (39가)에서 tr은 lm을 기준으로 해서 위에 위치하는 반면, (38나)에서 tr은 lm을 기준으로 해서 아래에 위치한다. 그러므로 tr과 lm의 개념으로 제시되는 인지구조는 주어와 목적어의 개념으로 제시되는 인지구조에 비해 훨씬 더 설명력이 있다고 할 수 있다.

4) tr과 lm에 의거한 사건동사와 사건명사의 의미분석

Langacker(1987:245)는 tr과 lm의 개념에 의거하여 사건동사 *enter*의 인지구조를 (40)과 같이 제시한다.

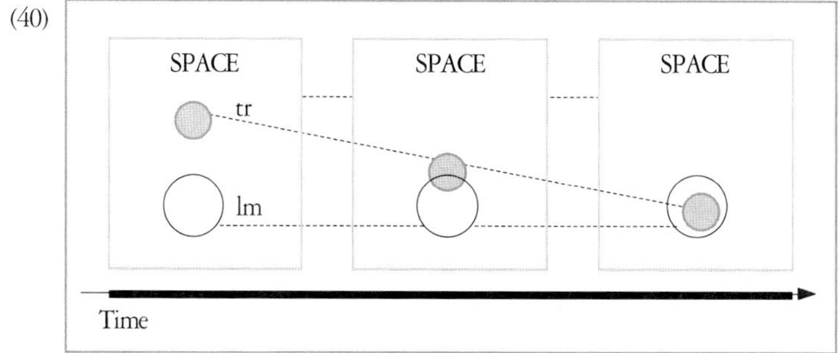

그림 (40)은 [ENTER]의 인지구조를 공간적으로 구성한 구조이다. 실제로 [ENTER]의 과정에는 여러 단계들이 더 많이 관련되지만, (40)에서는 lm을 기준으로 한 tr의 이동단계를 간단히 세 단계로만 제시하고 있다. (40)에서 알 수 있는 것은 두 가지로 요약될 수 있다. 첫째는 lm의 위치는 바뀌지 않지만, tr의 위치는 시간이 경과할 때마다 lm을 중심으로 해서 바뀐다는 것이다. 둘째는 시간이 경과함에 따라 tr은 lm을 근거로 [OUT]-관계에서 [IN]-관계로 이행되며, 이이행단계는 세 개의 개별단계로 표현되고 있다는 것이다. 따라서 순서대로 관련되는 이 개별단계들은 점선으로 연결되어 있다. 이러한 [ENTER]의 과정은 (35라)에 의거하면 (41)과 같이 하나의 과정으로 설명될 수 있다.

(41)

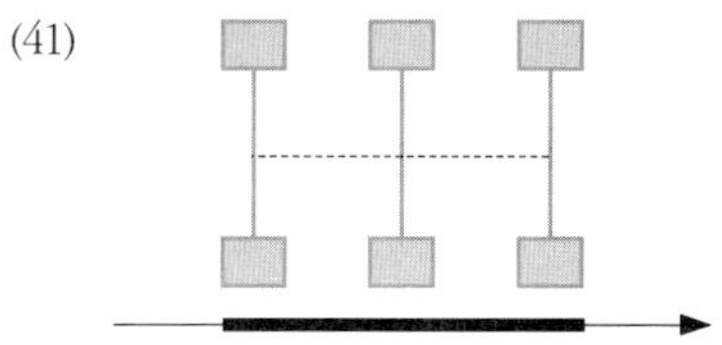

즉 (41)에서 tr과 lm은 네모로, 그리고 실선으로 연결된 그들의 관계는 점선으로. 표기함으로써 시간의 경과와 더불어 연속적으로 일어나게 되는 세 가지개별단계들의 변화과정을 하나의 과정으로 제시하고 있다. (41)에서 점선은 (40)에서와 같이 개별단계들의 상호관련성을 나타내며, 시간의 흐름을 나타내는 화살표에서 굵은 부분은 해당 단계들이 시간에 의해 직접 제약받는다는 것을 의미한다.

그러면 우리들의 관심사인 사건명사의 의미를 Langacker(1987)가 실제로 어떻게 분석하고 있는가를 (42)에 나타나는 사건명사 *entrance*를 통해 보기로 보자.

(42) His **entrance** was greeted with general gaiety.

Langacker(1987:247)는 *entrance*의 의미를 시간의 개념이 배제된 상태에서 *enter*의 과정에서 제시되는 tr과 lm의 여러 단계들을 하나의 집합으로 묶는 추상적인사물로 설명한다. 즉 사건의 진행과정을 하나의 사건 전체로 보고, 이를 기저동사 *enter*의 의미인 (40)과 (41)에 의거해서 (43)과 같이 제시한다.

(43)

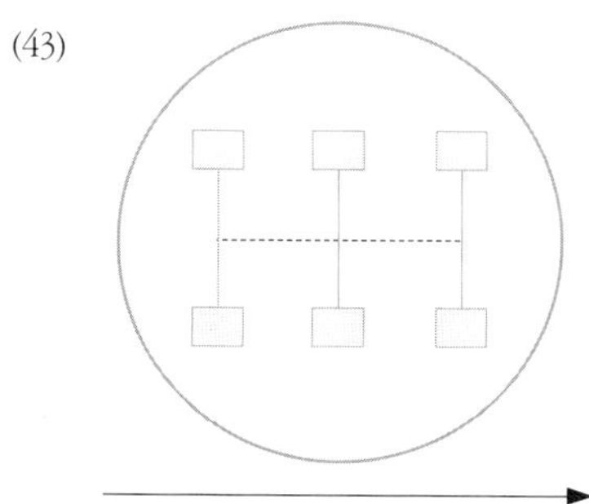

(43)에서 *enterence*는 하나의 사물로 간주된다는 점에서 (35가)에 의거하여 원으로 표기되며, 그리고 시간의 제약을 받지 않는다는 점에서 시간의 흐름을 나타내는 화살표가 가는 실선으로 표기되었고, 아울러 tr과 lm의 관계를 나타내는 각 개별단계들도 (35나,다,라)에서 사용되는 색채보다는 옅은 색채로 되어 있다. 그러므로 (43)에서 알 수 있는 사실은 사건명사 *enterence*가 (40), (41)에서 언급한 *enter*의 진행과정에서 나타나는 여러 단계들을 하나의 집합으로 묶는 추상적인 사물로 분석되고 있다는 점이다. 즉 *enterence*와 *enter*는 처음 상태가 [tr OUT lm]이므로 tr이 lm의 밖에 있고, 마지막 상태가 [tr IN lm]이므로 tr이 lm의 안에 있게 되어, 처음과 마지막의 상태가 일치하지 않는다는 공통점을 갖는다는 것이다. 그러나 *enter*와 *enterence*의 차이점은 첫째 전자가 과정이고 후자가 사물이라는 점, 둘째 전자가 시간의 제약을 받고, 후자가 시간의 제약을 받지 않는다는 점, 셋째 전자의 경우는 개별단계 하나하나가 모두 *enter*의 의미에 중요한 역할을 하지만, 후자의 경우는 개별단계 하나하나가 각각 자체로서 유의미한 것이 아니라 그것들 모두가 하나의 집합으로 묶임으로써 생겨나게 되는 하나의 전체 단위가 의미를 갖는다는 점이다.

문제는 사건명사를 시간성을 배제한 상태에서 기저동사가 나타내는 tr과 lm의 모든 개별 단계들을 집합으로 묶는 하나의 추상적인 사물로 간주하는 Langacker(1987)의 견해가 과연 독일사람들의 사건명사의 다의적 사용을 설명해 줄 수 있는가 하는 점이다. 여기에서 필자는 Langacker(1987)의 견해에 대해 몇 가지 의문을 제기하고자 한다. 첫째는 사건명사의 다의적 사용을 설명하는 데에서 시간성이 배제되어서는 안 된다는 점이다. 이는 사건명사로 표현되는 많은

사건유형들 중에서 사실을 제외한 순간, 종료, 진행, 산물, 상태 등은 시간
성을 고려하지 않고서는 설명할 수 없는 것들이기 때문이다. 이를 (1)의 예문에
나타나는 사건명사 *Änderung des Anzugs*와 결부시켜 설명해 보자. 편의상 (1)의 예
문을 (44)에 다시 제시한다.

(44가) Die Änderung des Anzugs durch Maria dauerte fünf Stunden.
　　　 마리아의 양복저고리 **수선**은 다섯 시간 걸렸다.
(44나) Die Änderung des Anzugs durch Maria war schwer herzustellen.
　　　 마리아의 양복저고리 **수선**은 힘들게 이루어졌다.
(44다) Die Änderung des Anzugs durch Maria hat mir große Freude gemacht.
　　　 마리아의 양복저고리 **수선**은 나에게 많은 기쁨을 주었다.
(44라) Die Änderung des Anzugs durch Maria ist gar nicht schöner als das Original.
　　　 마리아의 양복저고리 **수선**은 고치지 전보다 전혀 더 예쁘지 않다.

*Änderung des Anzugs durch Maria*는 (44다)에서 시간성을 초월한 사건의 실체인
사실로 이해되는데, 이는 Langacker(1987)의 견해로 설명하면 마리아가 양복을
수선하면서 거쳐가는 여러 단계들을 모두 포괄하는 하나의 집합인 추상적인 사
물로서 시간의 제약을 받지 않는다고 볼 수도 있을 것이다. 그러나 (44가)에서는
*Änderung des Anzugs durch Maria*가 마리아가 양복을 수선하기 시작해서 일을 끝낼
때까지의 - 다섯 시간이 걸린 - 과정을 나타내고 있다. 그러므로 (44가)에서 사건
명사의 의미는 시간의 개념을 배제하고는 설명될 수 없다고 하겠다. (44나,라)
에서도 마찬가지이다. 즉, *Änderung des Anzugs durch Maria*가 (44라)에서는 산물로,
다시 말하면 마리아가 수선한 양복으로 이해되지만, (44나)에서는 산물 이외에
시간의 경과에 따라 진행되는 사건의 여러 단계들 중의 맨 마지막 단계로 이해
되며, 상황에 따라서는 상태로 이해될 수도 있다. 문제는 (44나,라)에서 *Änderung*
의 의미가 사건의 결과인 상태 또는 산물로서 이해된다고 하더라도, 그것 또한
시간 흐름을 배제시킨 상태에서는 설명할 수 없다는 점이다. 시간을 초월해서
영원히 존재하는 산물이나 상태가 우리 주변에 과연 존재할까?
　　더욱이 (3다,라)에서 *Entdeckung Amerikas durch Kolumbus*는 서로 다른 길이의 시
간을 나타내는 부사, 즉 *15 Minuten* 및 *5 Jahre*와 결합함으로 해서 서로 다른 규

모의 사건으로 이해된다. 편의상 (3나,다)의 문장을 (45가,나)에 다시 제시하여
사건명사의 의미를 설명하는데 시간성의 개념을 배제시켜서는 안 된다는 점을
재확인해 보기로 하자.

   (45가) Die **Entdeckung** Amerikas durch Kolumbus dauerte 15 Minuten.
      콜롬부스의 미 대륙 **발견**은 15분 걸렸다.
   (45나) Die **Entdeckung** Amerikas durch Kolumbus hat 5 Jahre gedauert.
      콜롬부스의 미 대륙 **발견**은 5년 걸렸다.

 (3나,다)에서 이미 언급했듯이, 콜롬부스의 미 대륙 발견을 (45가)와 같이 보
고한 기자와 (45나)와 같이 보고한 기자는 *Entdeckung Amerkas durch Kolumbus*를 통
해 서로 다른 규모의 미 대륙 발견 사건을 보고하고 있다고 볼 수 있다. 즉 (45
가)에서는 미 대륙 발견 직후 콜롬부스가 동료 몇 명과 미 대륙 안으로 들어가
서 스페인기를 꽂을 때까지의 불과 15분간의 사건을 보고하려고 했을 것이고,
(45나)에서는 미 대륙 발견과 관련된 사건전체, 즉, 준비과정에서부터 시작해서,
힘든 항해과정, 대륙발견, 상륙, 스페인기 꽂기를 거쳐서, 미 대륙이 스페인령이
되게 되는 결과에 이르기까지의 미 대륙 발견과 관련되는 사건 전체를 보고하
고 있다고 볼 수 있다. 이렇게 외형상 완전히 동일한 표현이 서로 다른 길이의
시간을 나타내는 부사와 함께 표현됨으로써 내용상 상이한 규모의 사건을 의미
하게 되는 현상은 시간성의 개념을 배제하고서는 설명해낼 방법이 없으므로, 이
점에서 Langacker(1987)는 비판을 피할 길이 없을 것으로 보인다.[90]

8.3.5 환유적 사고에 의거한 분석

Nikiforidou(1999:147ff.)는 사건명사의 다의적 현상을 환유적 사고에 의거하여
(46)과 같이 설명한다.

---

[90] Langacker(1987)의 인지의미론에 의거한 사건명사의 다의적 현상에 관해서는 오예옥(1999)를
  참조하기 바란다.

(46가) ACTION (stands) for the PRODUCT of the action.
(46나) ACTION for the MANNER in which the action is performed.
(46다) STATE for the DEGREE to which the state holds.
(46라) ACTION/EVENT for RESULT(S) of the action/event.
(46마) ACTION/STATE/EVENT for the FACT that action/state/event occurred.

Nikiforidou(1999)는 (46)에서 사건명사의 기본의미를 ACTION, EVENT, STATE로 보고, 이 기본의미들이 화자의 일반적인 세상지식과 기저동사나 형용사의 의미에 의거해서 환유적으로 PRODUKT, MANNER, DEGREE, RESULT, FACT 등 여러 가지 의미로 사상된다는 것을 보여준다. 즉, (46가)는 ACTION이 PRODUKT로, (46나)는 ACTION이 MANNER로, (46다)는 STATE가 DEGREE로 사상된다는 것을 설명하고 있다. 또 (46라)는 ACTION과 EVENT가 RESULT로, 그리고 (46마)는 ACTION, STATE, EVENT가 FACT로 사상된다는 것을 말하고 있다.

예를 들어 사건명사 *record*를 보자.[91] 영어의 화자들이 발화하는 *bad/good/clear recording*을 보면, *record*는 (46나)에서 설명하듯이 행위 외에 수행된 방법으로 이해되기도 한다는 것을 알 수 있다. 또한 *record*는 행위의 산물로도 이해되는데, 이는 영어의 화자들이 경험적으로 *record*가 오디오테이프나 비디오테이프를 가리킨다는 것을 알고 있기 때문에 가능한 것으로, 바로 (46가)가 설명하고자 하는 경우의 예가 된다.

(47가,나,다)에서 사건명사 *delivery*가 어떻게 해서 납품하는 행위와 납품되는 산물, 그리고 납품되는 방법으로 이해되는지를 (46가,나)를 통해 검토해보기로 하자.[92]

(47가) The final **delivery** lasted an hour.
(47나) The final **delivery** was in huge paper boxes.
(47다) The final **delivery** was careless and sloppy.

*delivery*는 (47가)에서는 사건명사의 기본의미인 행위로 이해되고, (47나,다)에

---

91) Nikiforidou(1999:146)을 참조할 것.
92) (47가,나,다)는 Nikiforidou(1999:143)에서 인용한 예문임.

서는 각각 산물과 방법으로 이해되는데, 이는 (46가,나)의 환유적인 사상(寫像)을 통해 가능해지게 된다. 따라서 (47가,나,다)에서의 *delivery*의 다의어현상은 Nikiforidou(1999)의 견해를 빌어서 설명하는 데 전혀 문제가 없다고 하겠다.

(48가,나)에서 *knowledge*는 각각 상태와 정도로 이해되는데, 전자는 사건명사의 기본의미로, 후자는 (46다)에 의거해서 사상되는 환유적 의미로 설명될 수 있다.[93]

> (48가) John's **knowledge** of the secret dates back to 1960.
> (48나) John's **knowledge** of the subject is practically unlimited.

(49가)에서는 원래 행위나 사건을 나타내는 *explosion*이 결과/효과로 이해되고, (49나)에서는 상태를 나타내는 *love*가 사실로 이해되는데, 이는 (46라)와 (46마)의 환유적인 사상으로 설명될 수 있는 경우들이다.[94]

> (49가) The **explosion** was costly.
> (49나) John's **love** of antigues is well-known.

몇 가지 예를 통해서 보았듯이, Nikiforidou(1999)는 사건명사의 다의적 현상을 사건명사의 기본의미인 행위, 사건, 상태가 환유적으로 산물, 방법, 정도, 결과/효과, 사실로 사상되는 과정에서 생기는 언어현상으로 설명하고 있다. 그러나 Nikiforidou(1999)의 이러한 견해는 몇 가지 문제를 드러내게 된다. 첫째는 사건명사의 의미가 대화상황에 따라서 행위, 산물, 방법, 상태, 정도, 사건, 결과/효과, 사실 외에 다른 의미로도 얼마든지 이해될 수 있다는 점이다. 예를 들면 (50가,나)의 *Liebe, Besuch,* 그리고 (50다)의 *Zerstörung*은 (4), (5가), (28)에서 언급하였듯이 속도로 이해되는데, 이러한 사건명사의 의미는 Nikiforidou(1999)가 제시한 (46)의 환유적인 사상으로는 설명될 수 없다.

---

93) (48가,나)는 Nikiforidou(1999:144)에서 인용한 예문임.
94) (49가,나)는 Nikiforidou(1999:145)에서 인용한 예문임.

(50가) Marias **Liebe** zu Hans ist plötzlich passiert.

한스에 대한 마리아의 **사랑**은 갑자기 일어났다.

(50나) Marias **Besuch** zu uns kam plötzlich.

마리아가 우리를 **방문**한 것은 갑자기 이루어졌다.

(50다) Die **Zerstörung** des alten Hauses durch den Bauunternehmer ist plötzlich geschehen.

건축업자들의 낡은 집 **파괴**는 갑자기 일어났다.

둘째는 이미 (45가,나)에서 언급하였듯이 동일한 사건명사 *Entdeckung Amerikas durch Kolumbus*가 서로 다른 길이의 시간을 나타내는 두 개의 술어, 즉 15 *Minuten gedauert hab-*나 5 *Jahre gedauert hab-*와 결합할 때 상이한 규모의 사건으로 이해되는데, 이러한 사건명사의 다의적 현상은 Nikiforidou(1999)가 제시한 환유적 사상인 (46)으로는 설명될 수 없다는 점이다. 그러므로 사건명사의 다의적 현상을 환유적 사상으로 설명하려는 Nikiforidou(1999)의 견해는 수정되어야 한다.

사람들은 임의의 사건 A를 임의의 사건명사 α로 표현할 때, α의 기저동사가 지시해 주는 사건만을 인지하는 것이 아니라, 사건 A와 관련된 여러 가지 사건들을 함께 인지한다고 볼 수 있다. 왜냐하면 사람들은 경험적으로 대부분의 사건들이 독자적, 고립적으로 일어나기보다는 오히려 다른 여러 가지 사건들과의 깊은 연관 속에서 일어난다는 것을 알고 있기 때문이다. 이러한 맥락에서 볼 때 화자들은 임의의 발화상황에서 부각되는 사건 A와 관련된 여러 사건들을 표현하기 위해 사건명사화 α를 사용할 뿐만 아니라, 다른 발화상황에서도 사건 A와 관련되는 사건들을 부각시키기 위해 사건명사 α를 사용한다고 볼 수 있다.

8.4에서는 먼저 사건들의 개념구조를 5.3에서 언급한 Lakoff/Johnson(1980)의 컨테이너은유를 기본으로 해서 구성해 보고, 이에 의거해서 사건명사의 다의적 현상을 밝혀 보기로 하겠다.

8.4 사건의 인지적 개념구조에 의거한 사건명사의 다의적 현상

　　사건의 인지적 개념구조는 사건명사가 나타내는 여러 가지 사건유형들이 시간과 공간의 제약을 받기도 하고, 시간과 공간의 제약을 초월하기도 한다는 가정 속에서 토론될 것이다. 여기서 시간의 제약을 받는다는 것은 사건의 시작과 경과, 그리고 종료의 과정이 시간의 실제의 흐름에 따라 일어난다는 것을 말하고, 공간의 제약을 받는다는 것은 은유적으로 컨테이너라는 공간을 통해 설명될 수 있다는 것을 의미한다. 그리고 시간과 공간을 초월한다는 것은 그러한 제약들을 받지 않는다는 것을 의미한다. 사건의 개념구조를 구성하는데 사용되는 몇 가지 표기법을 제시한다면, 시간의 흐름은 옆으로의 화살표(———▶), GEFÄSS는 네모(☐), SUBSTANZ는 점선(⋯⋯⋯), OBJEKT는 동그라미(◉), 그리고 EREIGNIS-OBJEKT는 아래서 위로의 화살표(↑) 등이다.

　　먼저 상태동사 *lieb-*에서 파생된 사건명사 *Liebe*가 어떻게 해서 다의어로 사용되는가를 설명하기 위해 먼저 *Liebe*의 인지적 개념구조를 구성해 보자. 우리들은 경험적으로 누군가를 방문하거나 아니면 산보를 할 때에는 미리 시간적인 계획을 세우고, 이에 따라 정확하게 몇 시에서 몇 시까지 누구를 방문하거나 산보를 할 수 있다. 그러나 누군가를 사랑할 때에는 그러한 시간적인 계획을 미리 세울 수 없다는 것을 우리는 경험적으로 안다. 그러므로 이러한 경험적인 지식을 바탕으로 *Liebe*의 개념구조를 구성해 보면 (33가,나,다)의 비문법성은 설명될 수 있을 것이다. (33가,나,다)를 (51가,나,다)에 다시 제시하여 보기로 하자.

(51가) *Marias **Liebe** zu Hans ist um 10 Uhr geschehen.
　　　　한스에 대한 마리아의 **사랑**은 10시에 일어났다.

(51나) *Marias **Liebe** zu Hans hat zwer Stunden gedauert.
　　　　한스에 대한 마리아의 **사랑**은 두 시간 걸렸다.

(51다) *Marias **Liebe** zu Hans ist in einer Stunde zu Ende gegangen.
　　　　한스에 대한 마리아의 **사랑**은 한 시간안에 끝나 버렸다.

　　이미 언급했듯이 한스에 대한 마리아의 사랑은 미리 시간적인 계획을 세운 상태에서 이루어질 수 없으므로, 정확히 10시에 일어났다느니, 2시간 걸렸다느니, 1시간 내에 끝이 났다느니 하는 식으로 말할 수 없다. 그러므로 (51가,나,다)의 비문법성은 경험적으로 설명이 가능해지게 된다. 그러나 *Marias Liebe zu Hans*가 *um 10 Uhr geschehen sei-, drei Stunden gedauert hab-, um 10 Uhr zu Ende gegangen sei-* 대신에 *plötzlich passiert sei-, sechs Monaten gedauert hab-, in sechs Monaten zu Ende gegangen sei-* 같은 표현과 함께 문장에 나타나면 발화상 아무 문제가 없는 문법적인 문장이 된다. 이를 *Liebe*의 개념구조를 통해 설명하기 위해 (32가,나,다)를 (52가,나,다)에 다시 제시하여 보자.

> (52가) Marias **Liebe** zu Hans ist plötzlich passiert.
> 　　　한스에 대한 마리아의 **사랑**은 갑자기 일어났다.
> (52나) Marias **Liebe** zu Hans hat sechs Monaten gedauert.
> 　　　한스에 대한 마리아의 **사랑**은 6개월 걸렸다.
> (52다) Marias **Liebe** zu Hans ist in sechs Monaten zu Ende gegangen.
> 　　　한스에 대한 마리아의 **사랑**은 6개월안에 끝나 버렸다.

　　우리는 누군가가 누군가를 사랑하게 될 때 일반적으로 어느 정도 서로 사귀는 기간이 선행된다는 것을 경험적으로 알고, 그리고 그렇게 시작된 사랑이라 할지라도 항상 영원히 지속되는 것은 아니어서, 중간에 당사자들 간의 불화로 사랑이 식을 수도 있다는 것을 안다. 우리들은 주위에서 영원히 지속되는 사랑도 보지만, 사랑의 상태나 관계가 어느 정도 유지된 후 성격의 차이 등으로 헤어지게 되어, 결과적으로 마음 아파하거나 아니면 다른 사람을 다시 사귀게 되거나, 아니면 한동안 혼자 지내게 되는 등의 여러 경우들을 보게 된다. 물론 사랑의 경험은 급속도로 변하는 사회 속에서 아주 다양해질 것이다. 그러므로 사랑의 개념구조를 구성하는 것이 그리 쉽지는 않지만, 그럼에도 불구하고 사귀는 과정, 사랑의 진행상태나 진행관계, 그리고 사랑의 결과 등 일반적으로 가정해 볼 수 있는 사건들의 연결로서 (53)과 같이 구성해 보고자 한다.

(53)
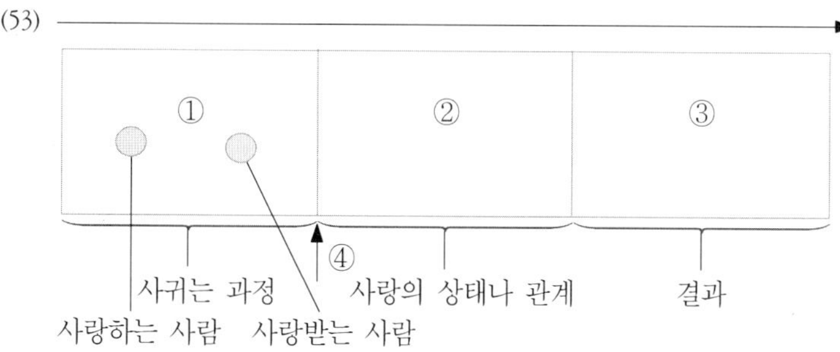

그러면 마리아와 한스의 결혼과정을 알고 있는 화자가 (52가,나,다)를 발화하게 된 배경을 (53)의 구조를 통해 설명해 보자. 화자가 70세가 다 된 마리아와 한스의 지난 사랑을 회고하면서 (52가,나,다)를 발화했다면, *Marias Liebe zu Hans*는 (52가)에서는 일반적으로 가정할 수 있는 사귀는 과정, 즉 ①의 GEFÄSS의 개념 없이 갑자기 일어나게 된 사랑이나 사랑의 속도로서 ④의 EREIGNISOBJEKT의 개념으로 이해된다고 볼 수 있고, (52나)에서는 어느 정도의 사귀는 기간인 ①의 GEFÄSS의 개념과 6개월간 진행된 마리아와 한스와의 사랑의 상태인 ②의 GEFÄSS의 개념으로, 즉 ①+②의 GEFÄSS의 개념으로 이해된다고 볼 수 있고, (52다)에서는 어느 정도의 사귀는 과정, 즉 ①의 GEFÄSS와 6개월 안에 끝나버린 화자와 한스의 사랑, 즉 ②의 GEFÄSS, 그리고 그 결과인 ③의 상태까지를 포함하는 ①+②+③의 전체 GEFÄSS의 개념으로 이해된다고 볼 수 있다. 그러므로 *Liebe*는 비록 상태동사 *lieb-*에서 파생된 사건명사라 하더라도 은유적으로 GEFÄSS의 개념으로 이해된다는 것을 알 수 있다. 이러한 독일사람들의 은유적인 사고는 (54가,나)의 문장에서도 표출된다.

(54가) Maria ist endlich **aus** der Liebe zu Hans heraus.
     마리아는 결국 한스와의 사랑**에서** 빠져 나왔어.
(54나) Maria fiel tief **in** die Liebe zu Hans.
     마리아는 한스와의 사랑**에** 깊히 빠져 버렸어.

사랑의 상태를 은유적으로 컨테이너, 즉 GEFÄSS의 개념으로 간주한다면, (54가)에서 *Liebe*는 컨테이너에서 빠져 나온, 즉 (53)의 ②의 GEFÄSS에서 빠져 나온 한스에 대한 마리아의 사랑으로, 그리고 (54나)에서 *Liebe*는 컨테이너로 빠져 들어간, 즉 ②의 GEFÄSS로 빠져 들어간 한스에 대한 마리아의 사랑으로 이해하게 된다. 따라서 우리는 *Liebe*의 인지적 개념구조 (53)을 통해 *Liebe*가 상태동사 *lieb*-에서 파생된 사건명사라 할지라도 시간성과 관련된 여러 가지의 개념으로 인지된다는 것을 밝힐 수 있게 되었다.

순간동사 *entdeck*-에서 파생된 사건명사 *Entdeckung*도 이미 (2가,나,다,라)에서 언급하였듯이 아주 다양한 사건유형으로 이해된다. 편의상 (2가,나,다,라)를 (55가,나,다,라)에 제시한다.

(55가) Die **Entdeckung** Amerikas durch Kolumbus passierte zufällig.
　　　 콜롬부스의 미대륙 **발견**은 우연한 것이었다.

(55나) Die **Entdeckung** Amerikas durch Kolumbus hat 15 Minuten gedauert.
　　　 콜롬부스의 미대륙 **발견**은 15분 걸렸다.

(55다) Die **Entdeckung** Amerikas durch Kolumbus hat 5 Jahre gedauert.
　　　 콜롬부스의 미대륙 **발견**은 5년 걸렸다.

(55라) Die **Entdeckung** Amerikas durch Kolumbus freute die Spanier damals sehr.
　　　 콜롬부스의 미대륙 **발견**은 그 당시 스페인사람들을 대단히 기쁘게 했다.

(55마) Die Vorbereitung der **Entdeckung** Amerikas durch Kolumbus war öfters schief gegangen.
　　　 콜롬부스의 미대륙 **발견**을 위한 준비는 자주 수포로 돌아갔다.

먼저 (55)의 문장을 발화할 때 화자가 상상할 수 있는 *Entdeckung*과 관련된 인지적 개념구조를 구성해 보자. 화자는 (55가,나,다,라,마)를 발화할 때 콜롬부스를 비롯한 많은 사람들이 미 대륙 발견을 위해 장기간 준비했을 것이고, 준비가 끝난 후 미 대륙 발견을 위해 실제로 항해했을 것이고, 항해과정에서의 많은 어려움에도 불구하고, 그것을 이겨내고 결국 미 대륙을 발견하게 되었고, 그 후 미 대륙은 실제로 스페인령이 되었다는 등 미 대륙 발견과 관련된 여러 가지 사건들의 연결을 상상할 것이다.[95] 이는 대부분의 사건들이 고립해서 독자적으로 일어나기보다는 오히려 다른 많은 사건들과의 깊은 연관 속에서 일어난다는 것

---

95) 물론 그 당시 스페인 탐험가들이 인도를 발견하려고 했다고 하는데, 우연히 발견하게 된 대륙이 후에 알고 보니 미 대륙이었다고 하는 역사적인 내용은 본문에는 언급하지 않았음.

을 입증해 준다고 하겠다. 그러므로 파생명사 *Entdeckung*이 비록 순간동사 *entdeck-*에서 파생되었다 하더라도 미 대륙의 발견순간만을 고려해서는 안되고, 미 대륙 발견과 관련되는 다른 여러 가지 사건들을 함께 고려해서 설명해야 하고, 그래야만 *Entdeckung*의 다의적 현상을 설명할 수 있게 된다고 본다.

그러나 모든 사람들이 콜롬부스의 미 대륙 발견에 관해 동일한 정보를 갖고 있는 것이 아니다. 다시 말해서, 모든 화자들이 *Entdeckung Amerikas durch Kolumbus*를 발화할 때 동일한 개념구조를 상상하는 것은 아니라는 것이다. 그럼에도 불구하고 (55가,나,다,라,마)에서 *Entdeckung Amerikas durch Kolumbus*가 나타내는 여러 가지 사건유형들을 설명하기 위해 콜롬부스의 미 대륙 발견에 관한 개념구조를 Lakoff/Johnson(1980)의 컨테이너은유에 의거하여 구성해 보면 대략 다음과 같을 것이다. 즉 콜롬부스의 미 대륙 발견을 하나의 큰 사건, 즉 GEFÄSS로 개념화한다면, 그 GEFÄSS안에는 여러 가지 실체들이 존재한다고 볼 수 있다. 간단히 몇 가지만 소개하면, GEFÄSS로 개념화되는 미 대륙 발견을 위한 준비과정, 항해과정, 미 대륙 발견, 미 대륙 발견 후 스페인기를 꽂을 때까지의 과정. 그리고 발견결과 등이 존재할 것이고, 그리고 EREIGNIS-OBJEKT로 개념화될 수 있는 미 대륙 발견순간, SUBSTANZ로 개념화될 수 있는 미 대륙 발견을 위한 실제의 구체적인 준비행동, 실제의 항해행동, 그리고 실제로 스페인기를 꽂는 행동, 그리고 OBJEKT로 개념화될 수 있는 콜롬부스와 그의 동료들, 탐험에 필요한 여러 가지 장비나 도구 등이 존재한다고 볼 수 있다. 그러면 미 대륙 발견과 관련된 이러한 여러 가지 사건의 실체들이 서로 어떻게 연결되는가를 구성해 보면 대략 (56)의 구조로 제시될 수 있을 것이다.

(56)

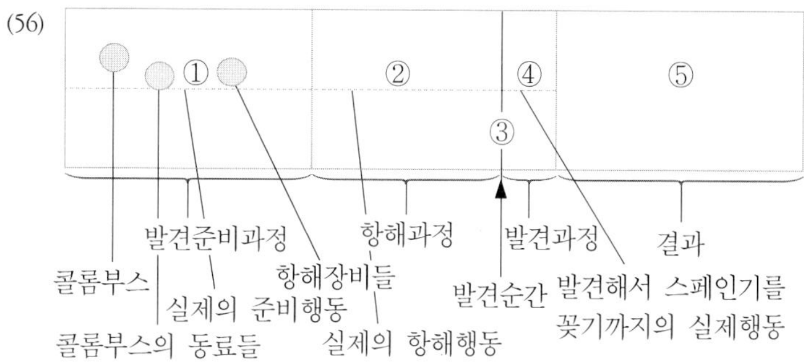

(56)의 구조에는 미 대륙을 발견하기 위한 준비과정(①)과 항해과정(②), 그리고 발견순간(③)과 발견과정, 즉 미 대륙안에 들어가서 스페인기를 꽂기까지의 과정(④), 그리고 결과적으로 미국이 스페인령이 되는(⑤) 등 미 대륙 발견과 관련되는 여러 가지 사건들이 시간의 흐름속에서 연결되어 있다. 그러므로 ①, ②, ④, ⑤의 사건은 GEFÄSS로, ③은 EREIGNISOBJEKT로, 그리고 콜롬부스, 그의 동료, 여러 가지 장비 등은 OBJEKT로, 그리고 미 대륙 발견 준비를 위한 실제의 행동, 항해하는 실제의 행동, 그리고 스페인기를 꽂는 실제의 행동은 SUBSTANZ로 표기되어 있다.

그러면 (56)의 개념구조에 의거해서 (55)에서 *Entdeckung Amerkas durch Kolumbus*가 어떻게 해서 다의어로 사용되는가를 설명해 보기로 하자. 이미 언급하였듯이 어떤 신문기자가 콜롬부스가 미 대륙을 발견한 직후 동료 몇 명과 미 대륙안으로 들어가서 스페인기를 꽂고 샴페인을 마시는 장면을 보고 (55나)와 같이 보고하였다고 하자. 그렇다면 콜롬부스의 미 대륙 발견을 (55나)와 같이 보고한 기자는 독자들에게 *die Entdeckung Amerikas durch Kolumbus*를 미 대륙 발견직후부터 콜롬부스가 동료 몇 명과 미 대륙안으로 들어가서 스페인기를 꽂을 때까지의 15분간의 과정으로서 (56)의 ④의 GEFÄSS의 개념으로 이해시키려고 했을 것이다. 그러나 미 대륙 발견을 (55다)와 같이 보고한 기자는 *die Entdeckung Amerikas durch Kolumbus*를 미 대륙 발견을 위한 준비과정에서부터 항해과정, 그리고 발견순간과 미 대륙안으로 들어가서 스페인기를 꽂고, 그후부터 미 대륙이 스페인령이 되기까지 미 대륙 발견과 관련된 사건전체. 즉 ①+②+③+④+⑤를 포함하는 전체의 GEFÄSS로 독자들을 이해시키려고 했을 것이다. 그러나 (55가)에서 *die Entdeckung Amerikas durch Kolumbus*는 발견순간, 즉 ③의 EREIGNIS-OBJEKT로 이해될 것이고, (55마)에서 *die Vorbereitung der Entdeckung*은 미 대륙 발견을 위한 준비기간, 즉 ①의 GEFÄSS로 이해될 것이다. (55라)에서 *die Entdeckung Amerikas durch Kolumbus*는 사실로 이해되는데, 이는 시간과 공간을 초월한 실체로서 대화상황에 따라 시간과 공간을 초월한 ①, ②, ③, ④, ⑤의 실체들로 다양하게 이해될 수 있을 것이다. 그러므로 (55가)에서 *die Entdeckung Amerikas durch Kolumbus*는 대화상황에 따라 콜롬부스가 미 대륙을 발견했다는 사실, 아니면 콜롬부스가 미 대륙을 발견했고, 결과로 미 대륙이 스페인령이 되었다는 사실, 아니면 준비과정과 항해과정의 어려움에도 불구하고 마침내 미 대륙이 발견되었고, 결과적으로 미 대륙이 스페인령으로 인정받게 되었다는 사실 등으로 이해될 수 있으므로, 대화상황에 따라 시간과 공간을 초월한 ③의 사실, ④+⑤의 사실, ①+②+③+④+⑤의 사실 등으로 이해될 수 있을 것이다.

지금까지 대부분의 사건들이 다른 사건들과의 깊은 연관 속에서 일어난다고 하는 경험적인 지식의 기반 위에서 사건의 개념구조를 구성해 보았고, 이를 통해 사건명사의 다의적 현상을 설명해 보았다. 이는 사람들이 임의의 어떤 사건 A를 임의의 사건명사화 α로 발화할 때 기저동사가 지시하는 어휘적인 사건만을 인지하는 것이 아니라, 일상생활에서 경험하게 되는 A와 관련된 여러 가지 사건들을 총체적으로 함께 인지한다는 것을 전제함으로써 가능해질 수 있었다. 그러므로 사건명사의 다의적 현상도 -er-명사화와 축소조어의 다의적 현상과 같이 언어자체의 문제가 아니라 세상경험 속에서 이루어진 인간의 사고와 관련된 현상임을 알 수 있다.

 인지의미론에 의거한 합성어의 다의적
현상

인지의미론에 의거하여 합성어의 다의적 현상을 분석하기 전에 몇몇 학자
들의 견해와 문제점을 보기로 하자.

9.1 합성어의 의미에 관한 여러 가지 입장들

9.1.1 추상동사에 의거한 분석

Wunderlich(1987)는 MAKE. BECOME, BEHAVE, PERFORM, MANIPULATE,
HAPPEN, PUT, TAKE 같은 추상동사들을 가정하고, 이들을 조어의 비어 있는
핵으로 간주하여, 이들 추상동사의 논항들이 이동되고 삭제되는 통사적인 절차
를 통해 조어의 의미를 설명하고 있다.[96] 그렇다면 대화상황에 따라 다양한 의
미로 이해되는 *Fischfrau*를 설명하기 위해서는 이미 4.2.4의 (32)에서 제시했듯이
많은 개념들을 가정해야 할 것이다. 먼저 *Fischfrau*의 다의어를 보자.

---

96) 좀 더 자세한 내용은 Bhatt(1991:38)을 참고할 것.

(1가) Frau, die Fisch verkauft
  생선을 파는 여자
(1나) Frau, die im Sternbild der Fische geboren ist
  물고기 별자리에 태어난 여자
(1다) Frau, die Fisch essen mag
  생선을 즐겨 먹는 여자
(1라) Frau, die Fisch produziert
  생선(모양)을 만들어 내는 여자
(1마) Frau, die vom Fisch abstammt
  물고기의 후손인 여자
(1바) Frau, die kühl wie ein Fisch ist
  물고기같이 차가운 여자
(1사) Frau, die den Fisch gebracht hat
  생선을 가지고 온 여자
(1아) Frau, die wie ein Fisch aussieht
  물고기같이 생긴 여자

Wunderlich(1987)에 의하면 (1)의 다양한 *Fischfrau*의 의미를 설명하기 위해서는 VERKAUF-. GEBOREN SEI-, ESS-, SEI-, PRODUZIER-, ABSTAMM-, AUSSEH-, KÜHL SEI-, BRING-, STEH-, AUSSEH- 등의 많은 추상동사를 가정하고, 이들을 음운적으로 실현되지 않는 동사핵으로 간주하고서 *Fischfrau*의 여러 가지 의미들을 토출해 내기 위해 언급된 추상동사들의 논항들을 이동시키고 삭제하는 통사적인 절차를 거쳐야 할 것이다. 그러나 합성어의 의미를 설명하는 데 그렇게 많은 추상동사와 복잡한 통사적 절차를 가정하는 것이 꼭 필요한가 하는 점에서 Wunderlich(1987)의 견해는 설득력을 갖지 못한다고 본다.

9.1.2 원형규칙에 의거한 분석

Fanselow(1981)는 합성어의 의미를 해석하기 위해 (2)와 같은 원형규칙을 제시한다.

(2가) 합성어의 의미는 구성성분에서 도출될 수 있는 "그리고"(*Judo-Student*
　　　등), "…의 일부분"(*Kugelschreiber* 등), "장소"(*Bergdenkmal* 등) 같은 기본관
　　　계를 통해 해석된다.

(2나) 첫째 성분은 둘째 성분에서 도출될 수 있는 관계의 보족어로 해석된다.
　　　(*Automotor* : "antreiben," *Reinbrücke* : "führen über" 등)

(2다) 첫째 성분은 둘째 성분에서 도출될 수 있는 장소의 보족어로 해석된다.
　　　(*Schulmilch* : "trinken in")

(2라) 둘째 성분은 첫째 성분에서 도출될 수 있는 관계의 보족어로 해석된다.
　　　(*Fabriknagel* : "herstellen," *Raketenbasis* : "abgefeuert werden von")

(2마) 둘째 성분은 첫째 성분에서 도출될 수 있는 장소를 한정해 주는 것으
　　　로 해석된다. (*Teehaus* : "trinken in")

(2바) 둘째 성분은 첫째 성분의 속성의 비교대상으로 해석된다.
　　　(*Milchglas* : "so weiß wie Milch")

그러나 (2가,나,다,라,마,바)에서 제시한 Fanselow(1981)의 원형규칙으로 경험적으로 설명해야할 조어들, 예를 들면 'Fahrer, der auf der Autobahn in der falschen Fahrrichtung fährt'로 이해되는 4.2.3의 (26)에 제시된 *Geisterfahrer*와 화맥적으로 다양하게 이해되는 (2)의 *Fischfrau*같이 경험적으로 설명해야 할 조어들의 의미를 설명하는 데에는 너무나 뚜렷한 한계가 있다고 하겠다.

9.1.3 돌출이론에 의거한 분석

Grimshaw(1990)는 외재논항인 행위자격 논항이 조어의 한정어로 나타나지 못하는 현상을 돌출이론(prominance theory)으로 설명한다. 돌출이론은 모든 논항들이 구조적으로 동일한 위치에 나타나지도 않고, 의미역표시의 순서에도 차등이 있어서, 논항들간의 돌출정도가 상이하므로, 논항들의 조어참여도가 다르다고 하는 이론이다. 동사 *give*를 예로 들어 설명해 보자.[97]

---

97) Grimshaw(1990:14)를 참조할 것.

(3) (x   (y   (z)))
   Agent   Goal   Theme

*give*의 논항구조를 (3)과 같이 볼 경우 가장 심하게 돌출되는 것은 술어의 논항 중 가장 높은 계층에 있는 행위자격 논항이고, 그 다음 정도로 돌출되는 것은 도달격 논항, 또 그 다음 정도로 돌출되는 것은 주제격 논항이다. 그러나 의미역표시는 그 반대의 순서로 이루어진다. 즉 가장 덜 돌출된 주제격 논항이 가장 먼저 의미역표시가 되고, 그 다음은 도달격 논항, 그리고 행위자격 논항이 의미역표시가 된다. 즉, 가장 덜 돌출된 논항이 가장 빨리, 그리고 가장 심하게 돌출된 논항이 가장 늦게 의미역표시가 된다. 그런데 의미역표시가 가장 빨리 이루어지는 요소가 합성어의 한정어로 나타날 수 있으므로, 가장 빨리 의미역표시가 되는 주제격 논항은 한정어로 나타날 수 있고, 반대로 가장 늦게 의미역표시가 되는 행위자격 논항은 한정어로 나타날 수 없게 된다. 그러므로 행위자격 논항이 조어에 참여할 경우에는 합성어 밖에 나타나야 한다. 이와 관련하여 (4가, 나)의 예를 보자.

(4가) Gift-giving to children
(4나) *Child-giving of gifts

한정어인 *gift*는 주제격 논항으로서 핵인 *giving*으로부터 가장 빨리 의미역을 할당받고, 행위자격 논항인 *children*은 가장 늦게 의미역을 할당받으므로 전치사 *to*를 동반하여 합성어 밖에 나타난다. 그러므로 (4가)는 문법적이다. 반대로 (4나)는 비문법적이다. 왜냐하면 가장 늦게 의미역을 할당받아야 할 외재논항이 가장 빨리 의미역을 할당받는 한정어로 나타나고, 가장 빨리 의미역을 할당받아야 할 주제격 논항이 합성어 밖에 나타나서 가장 늦게 의미역을 할당받아야 하기 때문이다. 이는 바로 외재논항인 행위자격 논항이 가장 늦게 의미역을 할당받는 논항으로서 가장 빨리 의미역을 할당받아야 할 한정어로 나타날 수 없다는 것을 말해 준다고 하겠다.

Grimshaw(1990:17)는 능격동사의 내재논항도 한정어가 될 수 없다고 한다.

(4가) *Leaf-falling makes a big mess.
(4나) *Glass-breaking can be caused by sound waves.

능격동사 *fall*과 *break*는 유일하게 내재논항인 주제격 논항 하나만을 갖는데, (4가,나)에서 *leaf*와 *glass*가 바로 *fall*과 *break*의 내재논항인 주제격 논항이 된다.

그러나 Grimshaw(1990)의 견해는 독일어조어의 구조를 설명하는데 몇 가지 문제를 갖는다. 첫째, 독일어조어에서 능격동사의 내재논항은 (5)의 예에서 볼 수 있듯이 얼마든지 한정어로 나타난다.

(5) Wasserverdunstung, Kaffeekochen

(5)의 한정어 *Wasser*와 *Kaffee*는 기저인 능격동사 *verdunst-*, *koch-*의 내재논항임에도 불구하고 한정어로 나타난다. 둘째, 독일어조어에서는 외재논항인 행위자격 논항과 경험자격 논항도 모두 한정어로 나타난다. (6)을 보자.

(6가) Bienenhonig, Pferdewagen, Kinderbrände
(6나) Mutterliebe

(6가)의 합성어에서 한정어 *Bienen, Pferde, Kinder*는 행위자격 논항으로 이해된다. (6나)의 한정어 *Mutter*는 경험자격 논항으로도 이해되고 주제격 논항으로도 이해되는데, (7가)에서는 전자의 의미로, 그리고 (7나)에서는 후자의 의미로 이해된다.

(7가) Die **Mutterliebe** zu Kindern ist sehr groß.
　　　자식에 대한 **엄마사랑**은 대단하다.
(7나) Marias **Mutterliebe** ist sehr groß.
　　　마리아의 **엄마사랑**은 대단하다.

셋째, 독일어조어에는 (8)의 예에서 알 수 있듯이 행위자격 논항, 주제격 논항, 도달격 논항, 도구격 논항, 장소격 논항, 출처격 논항, 수익자격 논항, 시간격 논항 등 다양한 논항들이 한정어로 나타난다.

(8가) 행위자격 논항 : Bienenhonig, Pferdewagen, Kinderbrände
(8나) 경험자격 논항 : Mutterliebe
(8다) 주제격 논항 : Obstverkäufer, Bücherproduzent, Droschkenpferd, Mutterliebe,
　　　　　Kohlenabbau, Wasserverdunstung, Bedeutungslehre
(8라) 도달격 논항 : Kellertreppe, Gemeindewald, Pferdekopf
(8마) 도구격 논항 : Druckabfall
(8바) 장소격 논항 : Bankguthaben, Büroarbeit
(8사) 출처격 논항 : Landbutter
(8아) 수익자격 논항 : Strandanzug, Damenkleid
(8자) 시간격 논항 : Tagereise

그러므로 능격동사의 논항이 한정어로 나타날 수 없다는 것, 외재논항이 한정어로 나타날 수 없다는 것, 그리고 모든 논항이 동등하게 조어에 참여하지 않는다는 것을 돌출이론으로 설명하는 Grimshaw(1990)의 견해는 언어직관에 맞는 보편적인 설명방법으로 볼 수는 없을 것이다.

9.1.4 개념체계에 의거한 분석

Fanselow(1987:5)는 인간의 조어론적인 언어능력에 문법적인 언어능력 이외에 마음의 언어를 모사해 주는 능력도 포함되어 있다고 보고, 이에 의거하여 (9)와 같은 의미원칙으로 합성어의 의미를 설명한다.

(9가) 연접(Konjunktion)
(9나) 함수적용(Funktionalapplikation)
(9다) 복수나 단수 양화사(Plurale od. Singulare Quantifikation)
(9라) 전형관계 추론(Erschließen einer Stereotypen Relation)

(9가)의 예로 *Eichbaum*을 제시할 수 있는데, 이는 *Eich*의 의미와 *Baum*의 의미

의 합으로, 즉 "$\lambda x[Eich(x) \ \& \ Baum(x)]$"로 해석될 수 있다. (10나)의 예로는 *Trink-wasser*를 들 수 있는데, 이는 Montgue(1973)의 합수적용의 형태인 "$\alpha'(\wedge \beta')$"에 의거 "trink-'($\wedge$Wasser'-)"로 해석될 수 있다. (10다)의 예로는 *jeder Nichtschwimmer*를 들 수 있는데, 이의 의미는 "$\forall x[-S(x)]$"나 $-\exists x[S(x)]$"로 해석될 수 있다. (10라)의 예로는 *Nagelfabrik*을 들 수 있다. 여기에서 피한정어 *Fabrik*은 전형의 관계로 '무엇을 생산해 내다'를 가지며, 이 관계에 의거하여 한정어 *Nagel*은 생산의 대상으로 추론된다. 따라서 *Nagelfabrik*는 "$\lambda x[Fabrik(x) \ \& \ PRODUZIER-(x, \ Nagel)]$"로 해석될 수 있다.

Fanselow(1987)에 의하면 (9)의 의미규칙들은 인간의 사고체계의 일부인 개념체계에 속한다. 그러나 문제는 과연 모든 합성어들의 의미가 (9)의 관계로만 분석될 수 있을까 하는 점이다. 예를 들면 4.2.4의 (26)에 제시된 *Geisterfahrer*같은 합성어의 의미나 (2)에 제시된 *Fischfrau*의 의미는 (9)의 규칙으로 설명하는 데에는 한계가 있게 된다. 따라서 인간의 조어론적인 언어능력을 언어 내적인 문법적인 언어능력과 언어외적인 개념체계로 설명하려는 Fanselow(1987)의 의도는 타당하다고 할 수 있지만, 이를 설명하는 과정에서 제시된 (9)의 원칙은 다양한 조어의 의미를 설명하기에는 너무 제한적이라고 하겠다.

9.2 한정어와 피한정어의 인지개념에 의거한 분석

합성어의 다의적 현상은 세상경험의 기반 위에서 먼저 한정어와 피한정어의 의미에서 얻을 수 있는 개념들을 규명해 내야하고, 그리고 나서 한정어와 피한정어의 의미에서 얻을 수 있는 개념들간의 양립가능한 관계를 규명해내야 할 것이다. 이를 설명하기 위해 이미 4.2.4의 (30)에서 제시했던 예문들을 (10)에 다시 제시해서, 어떻게 해서 *Milchglas*가 (10가)에서는 우유잔으로 이해되고, (10나)에서는 젖빛유리로 이해되는가를 설명해 보자.

(10가) Ich habe mein **Milchglas** irgendwo hingestellt. Hast du es gesehen? Ich
　　　　wollte die Milch austrinken.
　　　　내가 **우유잔**을 어딘가에 놓았는데, 그것 봤어? 우유를 다 마셔버리려
　　　　고 하거든.
(10나) Hier muss **Milchglas** eingebaut werden, damit niemand rein schauen kann.
　　　　밖에서 안으로 들여다 보지 않게 하기 위해 여기에 **젖빛유리**를 끼워
　　　　야 하겠어.
(10다) Hast du das **Milchglas** gewaschen?
　　　　우유잔/젖빛유리를 씻었어?

먼저 *Milch*와 *Glas*의 어휘적 의미와 이들로부터 얻을 수 있는 개념들을 보자. *Milchglas*의 한정어 *Milch*는 어휘적으로 두 가지 의미, 즉 우유와 우유빛/젖빛을 갖는다. 그런데 우리들은 경험적으로 *Milch*가 우유를 의미하게 되면 **음료수**라는 개념을 얻을 것이고, *Milch*가 우유빛, 젖빛을 의미하게 되면 **색깔**이라는 개념을 얻을 것이다. 그러므로 한정어 *Milch*에서 얻을 수 있는 개념은 (11)과 같이 요약될 수 있을 것이다.

(11)

피한정어인 *Glas*의 어휘적 의미는 유리잔이 되기도 하고, 유리가 되기도 한다. *Glas*가 유리잔을 의미하게 되면, 우리는 음료수를 마시는데 사용되는 **용기**라는 개념을 얻을 것이고, *Glas*가 유리를 의미하게 되면, 우리는 **물질**이나 **재료**라는 개념을 얻을 것이다. 그러므로 피한정어 *Glas*에서 얻을 수 있는 개념은 (14)와 같이 요약될 수 있을 것이다.

(12)

그런데 합성어의 의미는 한정어로부터 제한을 받는 피한정어의 의미이므로,

먼저 피한정어의 의미가 규정되어야 한다. 왜냐하면 피한정어의 개념과 잘 어울릴 수 있는 한정어의 개념들이 결합되어야만 합성어가 문맥에서 아무 문제없이 의사전달에 사용될 수 있기 때문이다. 그러면 피한정어의 개념들과 잘 어울릴 수 있는 한정어의 개념들이 어떻게 경험적으로 양립가능한 관계로 묶여질 수 있는가를 (13), (14)를 통해 보기로 하자.

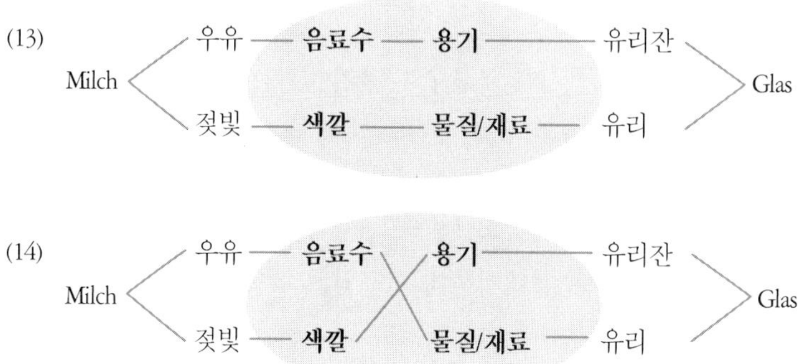

(13)의 관계를 보자. 피한정어 *Glas*의 개념이 **용기**이고 한정어 *Milch*의 개념이 **음료수**라면, 여기서 얻을 수 있는 양립가능한 관계는 **음료수용 용기**이므로, 이에 의거하면 *Milchglas*는 우유를 마시는데 사용되는 유리잔으로 이해될 것이다. 그리고 피한정어 *Glas*의 개념이 **물질/재료**이고, 한정어 *Milch*의 개념이 **색깔**이라면, 여기서 얻을 수 있는 양립가능한 관계는 **우유빛 색깔의 물질이나 재료**이므로, 이에 의거하면 *Milchglas*는 우리 주위에서 흔히 볼 수 있는 우유빛 색깔의 불투명 유리로 이해될 것이다. 그러므로 (13)에서 볼 수 있는 한정어와 피한정어의 개념들 사이에서 일어날 수 있는 관계는 경험적으로 양립가능한 것으로 받아들일 수 있게 된다.

(14)의 관계를 보자. 피한정어 *Glas*의 개념이 **용기**이고, 한정어 *Milch*의 개념이 **색깔**이라면, 여기서 얻을 수 있는 가능한 양립가능한 관계는 **색깔을 띤 용기**일 것이다. 그렇다면 *Milchglas*는 우유빛 색깔의 유리잔으로 이해되어야 하나, 경험상 유리잔은 투명한 색으로 알고 있으므로 받아들이기가 좀 이상하다고 하겠다. 그러나 우유빛 색깔의 유리잔이 이 세상에 존재하고, 그러한 유리잔의 사용

이 일상화된다면, *Milchglas*는 얼마든지 우유빛 나는 유리잔으로 이해될 수 있을 것이다. 그리고 피한정어 *Glas*의 개념이 **물질**이고, 한정어의 개념이 **음료수**라면, 여기서 얻을 수 있는 양립가능한 관계는 **음료수용 물질이나 재료, 음료수를 만드는 물질이나 재료** 등일 것이다. 그렇다면 *Milchglas*는 음료수(우유)로 마시는 유리, 아니면 우유를 만드는 물질인 유리 등으로 이해되어야 하나, 이러한 의미는 경험적으로 받아들여질 수 없게 된다.

그러므로 *Milchglas*는 우유를 마시려는 상황에서 발화된 (10가)에서는 (13)의 첫 번째 양립가능한 관계인 **음료수용 용기**에 의거 우유를 마시는데 사용되는 유리잔으로 이해되고, 유리창에 유리를 끼워야 하는 상황에서 발화된 (10나)에서는 (13)의 두 번째 양립가능한 관계인 **우유빛 색깔의 물질이나 재료**에 의거 젖빛/유리빛 색깔의 유리로 이해된다. (10다)에서 *Milchglas*는 발화상황에 따라 (10가)에서와 같이 우유를 마시는데 사용되는 유리잔으로 이해되고, (10나)에서와 같이 젖빛색깔의 유리로 이해되기도 한다.

(2)에 제시된 *Fischfrau*의 다의적 현상을 보기 위해 (2)를 (15)에 다시 제시한다.

(15가) Frau, die Fisch verkauft
생선을 파는 여자

(15나) Frau, die im Sternbild der Fische geboren ist
물고기 별자리에 태어난 여자

(15다) Frau, die Fisch essen mag
생선을 즐겨 먹는 여자

(15라) Frau, die Fisch produziert
생선(모양)을 만들어 내는 여자

(15마) Frau, die vom Fisch abstammt
물고기 후손인 여자

(15바) Frau, die kühl wie ein Fisch ist
물고기같이 차가운 여자

(15사) Frau, die den Fisch gebracht hat
생선을 가지고 온 여자

(15아) Frau, die wie ein Fisch aussieht
물고기같이 생긴 여자.

먼저 피한정어인 *Frau*에서 얻을 수 있는 개념을 보자. 여자를 의미하는 *Frau*에서 얻을 수 있는 개념은 우선 사람에서 나올 수 있는 개념으로 이미 6.3의 (1)에서 보았듯이 **직업, 행위/행동, 능력, 소유, 습관, 취미, 출생지/거주지, 수(출생년도/나이), 사회적 지위, 성향, 시간, 식습관, 두드러짐, 소속성, 범죄유형, 사용목적** 등을 제시할 수 있을 것이다. 여기에 여자하면 일반적으로 떠올리는 **외모, 체격, 성격** 같은 개념까지 합친다면 피한정어 *Frau*에서 얻을 수 있는 개념은 아주 다양하다고 하겠다. 이러한 피한정어의 다양한 개념들을 한정해 줄 수 있는 개념으로는 물고기나 생선을 의미하는 한정어 *Fisch*에서 얻을 수 있는 **생긴 모습, 먹거리, 생계수단, 별자리이름, 생산물, 혈통, 성격** 등 역시 다양한 개념들을 제시할 수 있을 것이다. 피한정어와 한정어간의 양립가능한 관계를 모두 제시하기보다는 (15)의 의미를 설명할 수 있는 양립가능한 일부 관계들만을 (16)과 같이 제시하고자 한다.

(16)

(16)에서 제시된 관계에 의하면 *Fischfrau*는 (15가,나,다,라,마,바,사,아)에서 제시하였듯이 생계수단으로서 생선을 파는 여자, 물고기 별자리에 태어난 여자, 생선을 즐겨 먹는 여자, 문맥에 따라 생선모양의 과자. 생선모양의 무늬 등을 만들어 내는 여자, 조상이 물고기인 여자, 물고기같이 차가운 여자, 생선을 운반하는 여자, 물고기같이 생긴 여자 등의 의미로 이해될 수 있다고 본다. 물론 *Fischfrau*는 문맥에 따라서 (16)에 제시된 한정어와 피한정어간의 관계 외의 다른

관계들에 의거해서 (15)에 제시된 의미 외의 다른 의미로 이해될 수도 있다. 이는 독자들의 상상에 맡기겠다.

4.2.4에 제시된 (27)을 다시 (17)에 제시하여 보자.

(17가) Unfallfahrer : Fahrer, der den Unfall gemacht hat
사고를 낸 운전자
(17나) Alkoholfahrer : Fahrer, der in dem betrunkenen Zustand (od. Alkoholgetrunkenen Zustand) fährt
취기의 상태(술을 마신 상태)에서 운전하는 자
(17다) Geisterfahrer : Fahrer, der auf der Autobahn in der falschen Fahrrichtung fährt
고속도로에서 잘못된 방향으로 운전하는 자

피한정어 *Fahrer*에서 얻을 수 있는 개념은 직업인으로 운전을 하든 아니면 생활의 편리를 위해 운전을 하든 간에 운전자에게서 얻을 수 있는 개념으로서 **직업, 비직업** 등을 들 수 있을 것이다. 이러한 개념을 한정해 주는 한정어 *Unfall, Alkohol, Geister*에서 얻을 수 있는 개념은 **사고, 술, 비정상/망령** 등을 들 수 있을 것이다. 이 들 사이에서 경험적으로 맺어질 수 있는 양립가능한 관계는 (18)과 같이 제시될 수 있을 것이다.

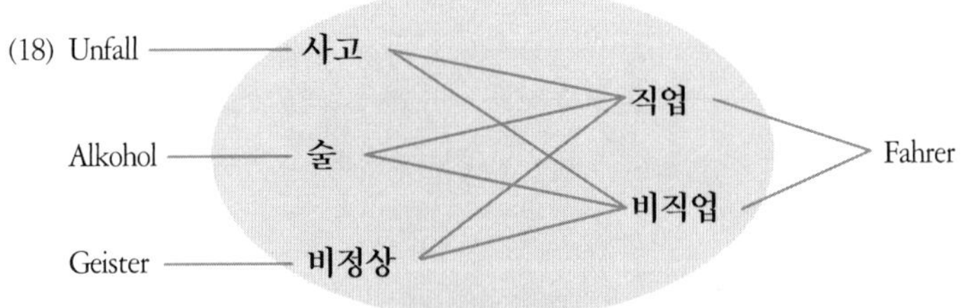

그러므로 *Unfallfahrer*의 경우 직업으로 운전을 하는 사람이 사고를 냈다면, 우리는 흔히 시간에 쫓겨서 교통규칙을 무시하고 운전하는 버스운전자나 택시운전자, 트럭운전자나 트레일러운전자 등을 상상할 것이고, 비직업인으로 운전을 하는 사람이 사고를 냈다면, 운전습관이 나쁜 운전자를 상상할 것이다.

*Alkoholfahrer*의 경우 운전을 직업으로 하는 사람이 술을 마시고 운전했다면 습관적으로 술을 마시며 심야 등에 운전하는 트럭운전자나 트레일러운전자를 상상할 것이고, 비직업인으로 운전을 하는 사람이 술을 마시고 운전했다면, 식사 후에 아니면 여흥 후에 아니면 그 이외의 다른 상황에서 술을 마시고 운전한 사람, 아니면 습관적으로 술을 마시고 운전하는 사람을 상상할 것이다. *Geisterfahrer*의 경우 운전을 직업으로 하든 아니든, 고속도로에서 반대방향으로 운전하는 제정신이 아닌 사람으로 이해된다면, 술이나 마약의 힘을 빌려야만 운전을 할 수 있는 알콜중독자나 마약복용자를 상상할 수 있을 것이다. 그러므로 합성어의 다의적 현상을 설명하는 데에도 세상경험과 이해는 중요한 요인이 된다고 할 수 있다.

제10장 인지의미론에 의거한 접미사의 재분석

6장에서 9장까지의 토론에서 밝혀졌듯이, 조어의 다의적 현상이 언어구조와 관련된 것이 아니라 세상경험에 따라 변하는 인간의 사고와 관련된 현상이라면, 그동안 형식의미론이나 생성문법의 틀 내에서 밝혀진 접미사의 정체는 몇 가지 측면에서 수정되어야 한다.

첫째는 접미사는 여러 가지의 자립적인 의미를 지니는 다의형태소가 아니라는 점이다.

둘째는 접미사가 다의형태소가 아니라면, 접미사는 조어의 다의적 현상을 규정하는 의미핵으로 간주될 수 없다는 점이다.

셋째는 접미사가 다의형태소도 아니고 의미핵도 아니라면, 파생어의 의미는 기저의 의미와 접사의 의미의 합으로 이루어지지 않으므로, 합성성의 원리는 포기되어져야 한다는 점이다.

넷째는 다의어로 사용되는 명사화를 습득할 때 어린아이들은 먼저 기저와 접미사를 습득한 후에 여러 가지 의미의 파생명사를 습득하는 것이 아니고, 경험에 의거하여 파생명사의 대표의미를 제일 먼저 습득하고, 그 밖의 다른 주변 의미들은 은유적이고 환유적인 확장을 통해 습득한다는 점이다.

위의 네 가지 주장 중 우선 앞의 세 가지를 입증하기 위해 먼저 형식의미론자들에 의거한 조어의 다의적 현상에 관한 분석을 살펴보고, 거기에서 생겨나는 문제점에 관해 토론해 보기로 한다.

10.1 다의형태소로 볼 수 없는 명사접미사

4.1.1에서 언급하였듯이 형식의미론자들은 합성성의 원리에 의거하여 문장이나 구와 같은 복합표현의 의미를 그것들의 구성성분들의 의미의 합으로 설명한다. 그러므로 조어의 의미도 조어를 구성하고 있는 성분들의 의미의 합으로 설명된다. 형식의미론자들이 주장하는 합성성의 원리에 의하면 -er-명사, 축소명사, 그리고 사건명사 같은 파생명사의 의미는 기저어휘와 명사접미사의 의미의 합으로, 그리고 합성어의 의미는 합성어를 구성하는 성분들의 의미의 합으로 설명되어야 한다. 그러므로 파생어의 경우 기저는 물론 명사접미사도 고유의 의미를 지녀야 한다. 따라서 4.1.1의 의미규칙 (1)에서 명사접미사의 의미는 Montague(1973)의 의미모델에 의거하여 기저동사의 임의의 관련 논항의 집합으로 해석되었다. 이해의 편의상 4.1.1의 (1)의 의미규칙을 (1)에 다시 제시한다.

(1) $\lambda x_i \exists x_1 \cdots, x_{i-1}, x_{i+1}, \cdots, x_n [P'_*(x_1, x_2, \cdots, x_n)]$

(1)의 $x_1, x_2, ..., x_n$은 기저동사인 P의 논항, 즉 행위자격 논항, 수동자격 논항, 도구격 논항, 사건격 논항인데, 이 논항들 중 명사화의 의미를 규정하는 논항은 'λ'로 묶여 있는 논항 x_i이다. 따라서 명사접미사의 의미는 기저동사의 임의의 논항 x_i의 집합으로 해석되므로, x_i가 행위자격 논항이면 명사접미사의 의미는 행위자의 집합으로 해석되고, x_i가 수동자격 논항, 도구격 논항, 사건격 논항이라면 명사접미사의 의미는 각각 수동자의 집합, 도구의 집합, 사건의 집합으로 해석된다. 그러므로 x_1, x_2, x_3, x_4를 행위자격 논항, 수동자격 논항, 도구격 논항, 사건격 논항으로 보면, 여러 가지의 고유의미를 지니는 다의형태소인 접미사 -er는 (1)의 의미규칙에 의거하여 이미 4.2.1의 (11)에서 제시하였듯이 (2가,나,다,라)와 같이 해석된다.

(2가) 사람의 -er$_1$ $\Rightarrow \lambda x_1 \exists x_2, \cdots, x_n [P'_* (x_1, x_2, \cdots, x_n)]$

(2나) 사물의 -er$_2$ $\Rightarrow \lambda x_2 \exists x_1, x_3, \cdots, x_n [P'_* (x_1, x_2, \cdots, x_n)]$

(2다) 도구의 -er$_3$ $\Rightarrow \lambda x_3 \exists x_1, x_2, x_4, \cdots, x_n [P'_* (x_1, x_2, \cdots, x_n)]$

(2라) 소리/행위/사건의 -er$_4$ $\Rightarrow \lambda x_4 \exists x_1, x_2, x_3, x_5, \cdots, x_n [P'_* (x_1, x_2, \cdots, x_n)]$

(2가,나,다,라)에 의하면 다의형태소인 접미사 *-er*는 (3)과 같이 의미해석 될 수 있다.

(3가) 사람의 -er$_1$: 기저동사의 행위자격 논항 x_1의 집합

(3나) 사물의 -er$_2$: 기저동사의 수동자격 논항 x_2의 집합[98]

(3다) 도구의 -er$_3$: 기저동사의 도구격 논항 x_3의 집합

(3라) 소리/행위/사건의 -er$_4$: 기저동사의 사건격 논항 x_4의 집합

여기에 10.2에서 자세히 설명할 생성형태론자들의 핵의 개념을 도입하면, (2가,나,다,라)에서 제시한 여러 가지의 고유의미를 지니는 다의형태소인 접미사 *-er*는 파생명사의 의미핵으로 간주되어 *-er*-명사의 여러 가지 의미를 규정하게 된다. 따라서 다의어로 사용되는 독일어 *-er*-명사는 의미핵인 접미사 *-er*에 의거하여 이미 4.2.1의 (12)에서 언급하였듯이 (4)와 같이 의미해석된다.

(4가) 사람의 Binder$_1$ $\Rightarrow \lambda x_1 \exists x_2 \exists x_3 [\text{bind-}'_* (x_1, x_2, x_3)]$

(4나) 사물의 Binder$_2$ $\Rightarrow \lambda x_2 \exists x_1 \exists x_3 [\text{bind-}'_* (x_1, x_2, x_3)]$

(4다) 도구의 Binder$_3$ $\Rightarrow \lambda x_3 \exists x_1 \exists x_2 \exists x_4 [\text{bind-}'_* (x_1, x_2, x_3, x_4)]$

(4라) 소리의 Ächzer$_4$ $\Rightarrow \lambda x_4 \exists x_1 [\text{ächz-}'_* (x_1, x_4)]$

언어의 의미가 언어사용자의 세상경험과 상관없이 객관적으로 주어지고, 나아가서 특정한 의미로 고정되어 있다면, 접미사 *-er*는 (2)와 같이 네 가지의 의미로 고정되어 있는 다의형태소라고 주장할 수 있을 것이고, 다의어로 사용되는 *-er*-명사의 의미는 (4)와 같이 해석할 수 있을 것이다. 그러나 문제는 접미사 *-er*의 의미나 *-er*-명사의 의미가 인간의 경험과 상관없이 객관적으로 주어진 것도

---

98) 독일어에서 x_2가 사물인 경우는 *-er*-명사로 표현되지만, 사람인 경우는 *-ling*-명사로 표현된다.

아니고, 더욱이 몇 가지의 특정한 의미로 고정된 것도 아니라는 데에 있다. -er-명사는 (4)에 제시된 의미 외에 동물(*Frühlingsspinner, Dickhäuter, Vierbeiner*), 식물(*early bloomer*), 산물(*Lyoner, Emmentaler, Neunzehnhundertfünfziger*), 물질(*Füller*), 신문기사(*Füller*), 간주곡(*Füller*), 장소(*sleeper*), 방송프로그램(*treffic leader, sports leader*), 방송사(*the world's news leader*), 야구용어(*homer, grounder*), 주식(*big mover*), 수첩(*weekly reminder*), 과일종류(*good keeper, bad keeper*) 등 다양한 의미로 사용되며, -er-명사는 앞으로 변하게 될 세상에서 우리들의 상상을 초월할 정도로 더욱 다양한 의미로 사용될 것이라고 추측할 수 있다. 그러나 이러한 상황에서 -er-명사의 새로운 의미가 나올 때마다 그것의 출처를 접미사 -er에서 찾아야 한다면, 접미사 -er의 의미는 과연 몇 개나 되게 될 것인가? 이미 4.2.1의 (13나)와 (14가,나,다)에서 언급했듯이, 사람들의 뛰는 속도를 사람들의 일처리 속도에 비유함으로써 얻게 되는 *Renner*의 의미까지 고려한다면 접미사 -er의 의미를 산술적인 숫자로 제시하는 것이 과연 의미가 있을까? 이해를 돕기 위해 4.2.1의 (13나)의 예문을 (5)에 다시 제시한다.

(5) Der **Renner**, der die Sache immer schnell erledigt, ist im Moment sehr ärgerlich.
일을 항상 급히 처리하는 **사람**이 지금 대단히 화를 내고 있어.

따라서 인간의 세상경험과 이해를 고려하지 않은 접미사 -er의 의미규칙 (2가,나,다,라)와 이에 의거한 -er-명사의 의미해석 (4가,나,다,라)는 세상경험과의 밀접한 관련 속에서 이루어지는 -er-명사의 다의적 현상을 설명하기에는 적절하지 못하다고 하겠다.

더 심각한 문제는 축소명사에서 나타난다. 이미 7장에서 토론했듯이, 축소명사는 작은 사이즈의 개체(*Spiegellein, Lämpchen, Männlein, Würstchen, Restaurantchen*) 뿐만이 아니라 기저보다 약간 짧은 길이의 시간(*Viertelstündchen, Stündchen, Jährchen*), 짧은 음악작품(*sonatine, Opetetta*), 짧은 치마(*Röckchen*)나 장화(*Stiefelette*), 정해진 단위보다 약간 모자라는 양(*Pfündchen, Kilochen*), 덜 자란 동/식물(*Hündchen, Tännling*), 친밀감/사랑스러움(*Mütterchen, Küsschen, Schätzchen, Mamachen*), 고상함/고

풍스러움(*Mütterlein,   Kindlein,   Märlein,   Mägdelein*),   귀여움(*Köpfchen,   Kätzchen,   Stiefelette*),   부드러움(*Stimmchen*),   섬세함(*Härchen*),   경멸(*Muttersöhnchen,   Bürschchen,   Freundchen,   Dichterling*),   중요하지   않음/별볼일   없음(*Dinglein,   Dingelchen*),   강조 (*Zuckerchen, Tröpfchen, Windchen, Lüftchen*) 등 작은 사이즈의 개체에서 느낄 수 있는 화자의 여러 가지 감정들을 표현하는데 사용된다. 그런데 이러한 화자의 여러 가지 긍정적이거나 부정적인 감정과 강조의 감정은 순전히 화자가 주관적으로 느끼는 것이다. 이러한 화자의 주관적인 감정을 이미 4.2.2에서 제시한 (16)과 같 은 객관적인 의미규칙으로 설명할 수는 없을 것이다. 4.2.2의 의미규칙 (16)을 (6) 에 다시 제시해 보자.

$$(6)\ \lambda x_1 (x_1 \ \text{HAT GRÖSSE N} \ \& \ x_1 \ \text{HAT DIMENSION VON N} \ \& \ x_1 \ \text{IST MINIMAL})$$

　　(6)에 의거하면 축소명사는 임의의 명사 P의 표준사이즈 N보다 작은 x_2의 집 합으로 해석될 수 있는데, 이는 작은 사이즈의 개체로 사용되는 축소명사의 의 미만을 설명해 줄 수 있을 뿐, 작은 사이즈의 개체에서 느낄 수 있는 여러 가지 화자의 긍적적이거나 부정적인 감정, 또는 강조의 감정 등을 설명해 주지는 못 한다. 왜냐하면 축소명사로 표현되는 여러 가지 감정들은 화자의 주관적인 감정 인데, 이를 인간의 세상경험과 무관한 객관적인 규칙 (6)으로는 설명할 수 없기 때문이다. 이러한 상황에서 *-chen, -lein, -ling* 같은 축소접미사의 의미가 몇 개인 가 하고 묻는 것은 전혀 무의미한 일이 될 것이다.

　　사건접미사의 의미를 보자. 명사접미사의 의미를 기저동사의 임의의 논항의 집합으로 설명하는 (1)의 의미규칙에 의거하면 - *∅, -e, -er, -ung, -anz/-enz* 같은 사 건접미사의 의미는 (2라)에서와 같이 기저동사의 사건격 논항 x_4의 집합으로 해 석된다. (2라)를 (7)에 다시 제시한다.

$$(7)\ \lambda x_4 \exists x_1,\ x_2,\ x_3,\ x_5,\ \cdots,\ x_n\ [\text{P}'_* (x_1,\ x_2,\ \cdots,\ x_n)]$$

　　그러나 (7)은 사건명사의 다의적 현상을 설명해 주는 사건접미사의 의미규칙으로 받아들일 수 없다. 왜냐하면 이미 8에서 설명했듯이 순간사건이나 지속사건, 그리고 행위, 사실, 산물, 방법, 상태, 정도, 결과/효과, 속도 등 사건명사의 여러 가지 의미는 세상경험과 관련시켜 설명해야 할 현상으로서, 세상경험을 배제한 (7)과 같은 객관적인 규칙으로는 설명될 수 없기 때문이다. 이미 8장에서 언급했듯이 우리들은 대부분의 사건들이 독자적, 고립적으로 일어나기보다는 오히려 다른 많은 사건들과 깊게 연루되면서 일어난다는 것을 경험적으로 알고 있다. 그러므로 이러한 경험적인 세상지식에 비추어 볼 때 사건명사의 다의적 현상은 우리들이 임의의 어떤 사건 A를 임의의 사건명사 α 로 명명할 때 일상생활에서 경험하게 되는 A와 관련된 여러 가지 사건들을 함께 α 로 표현하려고 하기 때문에 생기게 되는 것으로 볼 수 있다. 그러므로 사건명사의 다의적 현상도 -er-명사나 축소명사의 다의적 현상과 같이 객관적인 의미규칙으로 설명할 수 있는 언어현상이 아니라 오히려 인간의 세상경험과 이해의 기반 위에서 인간의 사고와 관련시켜 설명해야 할 언어현상이라고 볼 수 있다.

이상과 같은 토론을 근거로 필자는 접미사 -er나 축소접미사, 사건접미사 등의 명사접미사들을 객관적으로 주어진 몇 개의 고유의미를 지니는 다의형태소로 간주할 수는 없다고 주장하고자 한다. 이는 명사접미사가 파생명사의 의미핵이 될 수 없다는 주장으로 이어지게 되는데, 이에 관해서는 10.2에서 토론할 것이다.

10.2 의미핵으로 볼 수 없는 명사접미사

생성형태론자들은 핵계층통사론자들이 문장구조를 설명하기 위해서 제시한 핵의 개념을 조어론에 그대로 받아들여 조어의 내부구조를 설명하는데 적용한다. 그런데 형식의미론자들은 통사론에서 규정한 핵의 개념을 조어의 의미를 규정하는 의미핵으로 받아들여, 이미 4.2에서 보았듯이 조어의 의미구조분석에 적용하였다. 그러나 통사론자들이 규정한 핵의 개념은 조어의 의미구조분석에 적용될 때 이미 10.1에서도 언급하였듯이 많은 문제들을 일으킨다. 그러면 먼저 통사론에서의 핵의 개념이 어떻게 조어의 의미분석에 사용되었는가, 그리고 그에 따른 문제점은 무엇인가를 보기로 하자.

10.2.1   통사론에서의 핵의 개념

원래 핵은 핵계층통사론에서 모든 구가 핵을 갖는다는 원칙에 의거하여 설정된 개념이다. 예를 들면 (8)의 통사구조에서 최대투사범주 $X^2(=XP)$는 중간투사범주 X^1을 핵으로 취하고, X^1는 X^0을 핵으로 취한다. 따라서 X^0은 X^2의 어휘핵으로 간주된다. 특히 어휘핵 X^0은 격지배자 또는 의미역표시자로서 공범주원리, 장벽 등의 통사이론으로 문장구조를 설명하는데 중요한 역할을 한다.

(8)

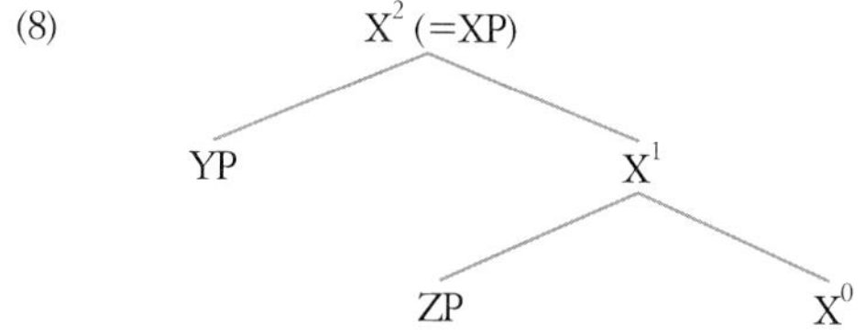

이러한 통사핵의 개념은 물론 제한된 범위이기는 하지만 조어론에 수용되어 조어의 구조분석과 의미분석에 사용되었다.

10.2.2   조어에서의 통사핵

Williams(1981:248)는 오른쪽 핵원칙을 제시함으로써 조어에서의 핵을 오른쪽 성분으로 보고, 조어의 품사와 그리고 품사가 명사일 경우 조어의 성이 핵인 오른쪽 성분에 의거 규정된다고 주장한다. 따라서 합성어에서는 피한정어가 핵으로 규정되고, 접미파생어나 접두파생어에서는 각각 접미사와 기저가 핵으로 규정된다.

Williams(1981)의 오른쪽 핵원칙은 Höhle(1982), Selkirk(1982/1984) 등에 의해 수용된다. 특히 Höhle(1982)는 접사들을 그들 고유의 범주를 갖는다는 점에서 단어와 동일하게 취급하고, 이를 통해 접사파생을 일종의 합성으로 간주한다. 그리하여 Höhle(1982)는 합성과 파생을 (9), (10), (11)에서와 같이 동일한 과정으로 생성한다.

(9가) $[[\text{Prüf}]_V\ [\text{stelle}]_N\ ]_N$
(9나) $[[\text{Prüf}]_V\ [\text{ling}]_N\ ]_N$

(10가) $[[\text{wunder}]_N\ [\text{voll}]_A\ ]_A$
(10나) $[[\text{wunder}]_N\ [\text{lich}]_A\ ]_A$

(11가) $[[\text{Fracht}]_N\ [\text{wagen}]_N\ ]_N$
(11나) $[[\text{Fracht}]_N\ [\text{er}]_N\ ]_N$

그러므로 Höhle(1982)는 (9나), (10나), (11나)에서와 같이 접미사 *-ling, -lich, -er* 가 고유품사를 지닌다는 점과 조어의 품사를 결정하는 핵이라는 점에서 (9가), (10가), (11가)의 피한정어 *Stelle, voll, Wagen*과 차이가 없다고 보고, 합성어와 파생어를 동일한 조어유형으로 간주한다.

Selkirk(1982)는 한걸음 더 나아가 문장생성을 담당하는 통사론의 구구조규칙이 조어를 포함한 단어도 생성한다고 보고, 단어생성을 위한 (12)와 같은 구구조규칙을 제시한다.

(12가) $X \rightarrow Y\quad X$　　(Wort $\rightarrow$ Wort　Wort)
(12나) $X \rightarrow Y^{af}\quad X$　　(Wort $\rightarrow$ Affix　Wort)
(12다) $X \rightarrow Y\quad X^{af}$　　(Wort $\rightarrow$ Wort　Affix)
(12라) $X^w \rightarrow Y^{af}\quad X^w$　　(Wurzel $\rightarrow$ Affix　Wurzel)
(12마) $X^w \rightarrow Y^w\quad X^{af}$　　(Wurzel $\rightarrow$ Wurzel　Affix)
(12바) $X \rightarrow X^w$　　　　(Wort $\rightarrow$ Wurzel)

(12)의 구구조규칙에 나타나는 Selkirk(1982)의 입장은 크게 두 가지로 요약된

다. 첫째는 접사가 고유의 범주를 지닌다는 점에서 그것을 X나 Y로 범주화하는 한편, 문장에 독립적으로 나타날 수 없다는 점에서 X나 Y에 윗첨자 af를 표시하였다. 둘째는 Williams(1981)의 오른쪽 핵원칙을 반영해서 화살표 오른쪽의 성분들 중에서 오른쪽 성분의 범주를 화살표 왼쪽의 성분의 범주와 동일하게 X로 표시함으로써, 핵으로 간주하였다. 그러므로 (12가)의 합성어규칙에서는 피한정어를 핵으로 간주하여 X로 표기하였고, (12다,마)의 접미파생어규칙과 (12나,라)의 접두파생어규칙에서는 각각 접미사와 기저를 핵으로 간주하여 X^{af}와 X로 표기하였다.

그러나 Lieber(1981)는 조어의 특성을 핵의 정의에 반영하여 접두파생어에서는 왼쪽성분인 접두사도 핵이 될 수 있다는 주장을 펼치면서 오른쪽 성분만을 조어의 핵으로 간주하는 Williams(1981)의 획일적인 주장을 비판한다. Lieber(1981)의 이러한 주장에 의하면 독일어의 접두파생어 *bebilder-*, *befrei-*, *verarzt-*, *veralt-*, *entgift-*, *entleer-*, *erspass-*, *erfrisch-*, *zerpulver-*, *zerklein-*, *überwinter-*에서 접두사 *be-*, *ver-*, *ent-*, *er-*, *zer- über-*와 영어의 접두파생어 *debug*, *dethrone*, *defuse*, *encase*, *enthrone*에서 접두사 *de-*, *en-*은 얼마든지 핵으로 간주될 수 있게 된다.

그로부터 11년 후 Lieber(1992)는 왼쪽 성분인 접두사도 핵이 될 수 있다는 점을 완강히 부인하는 Williams(1981)의 견해에도 문제가 있고, 왼쪽 성분인 접두사가 핵이 될 수 있을 가능성이 오른쪽 성분인 접미사나 기저보다 훨씬 적음에도 불구하고 마치 왼쪽 성분과 오른쪽 성분이 동등하게 핵이 될 수 있는 것처럼 설명하고 있는 11년 전의 자신의 견해(Lieber, 1981)에도 문제가 있다고 지적하면서, 이를 수정 보완한 것이라고 하는 이론을 제시한다. Lieber(1992)의 새로운 주장은 지면관계상 자세히 설명할 수는 없지만, 지정어, 보어, 부가어 같은 통사적인 개념들이 조어구조에도 나타난다고 보고, 이들 통사개념들을 중심으로 통사구조와 조어구조에서의 핵의 개념을 동일하게 설명할 수 있다는 것이다. 이는 조어론에서의 핵의 개념을 다시 통사적으로 설명해야 한다는 입장으로서, 결국 몇몇 학자들의 주장에서 보았듯이 조어구조에서의 핵의 개념이 통사구조에서의 핵의 개념과 크게 다르지 않다는 것을 보여주는 것이라고 하겠다.

문제는 이미 4.2, 10.1 등 여러 곳에서 언급하였듯이 통사구조분석을 위해 설정한 통사핵의 개념을 그대로 조어의 의미구조분석을 위한 의미핵의 개념으로 받아들여, 명사접미사를 명사화의 의미를 규정하는 의미핵으로 간주한다는 것이다. 이러한 문제의 상황에서 조어에서의 핵의 개념을 통사핵과 의미핵으로 구별해야 한다는 Donalises(1999)의 주장은 눈여겨볼 만하다. 이에 관한 토론이 10.2.3에서 이루어질 것이다.

10.2.3 통사핵과 의미핵에 의거한 접사의 세 가지 유형

Donalies(1999)는 품사전환을 하는 성분을 통사핵으로, 그리고 의미전환을 하는 성분을 의미핵으로 보고, 조어에서의 통사핵과 의미핵을 서로 상이한 관점에서 규정해야 한다고 주장한다. 그러므로 이러한 Donalises(1999)의 주장에 의하면 한정합성어에서 통사핵인 피한정어는 항상 바로 의미핵이 되지만, 접사파생어에서는 통사핵이 항상 의미핵이 되지 못하는 현상이 생기게 된다. 그래서 Donalies(1999)는 통사핵과 의미핵의 개념을 근거로 접사를 세 가지의 유형으로 나눈다.

첫째는 품사전환의 기능만을 하는 접사이다. 예를 들면 *Schönheit, Bergung, Banalität, ärgerlich* 등에 나타나는 접미사 *-heit. -ung. -ität, -lich* 등이 이 유형에 속하는데, 이들 접미사는 (13)에서 볼 수 있듯이 기저와 파생명사 간의 의미차이를 동반하지 않고, 다만 기저의 품사만을 변경하는 역할을 한다. 그러므로 이 접미사들은 통사핵으로 간주될 수 있고, 따라서 의미핵은 기저가 된다.

> (13) 속성 : *schön/Schönheit:, banal/Banalität, Ärger/ärgerlich*
> 행동 : *berg-/Bergung*

둘째는 품사전환은 하지 않고, 기저의 의미만을 변경하는 접사이다. 예를 들면 *unschön*의 접두사 *un-*과 *gelblich, Kindchen, Dichterling, Chemikerin* 등에 나타나는 접미사 *-lich, -chen, -ling, -in*이 이 접사의 유형에 속하는데, 이들 접사는 의미핵으로 간주될 수는 있지만, 통사핵으로 간주될 수는 없다. 왜냐하면 *unschön*은 *schön*

이 아닌 것을, *gelblich*는 *gelb*의 색깔을 띠는 것을, *Kindchen*은 사랑스러운/귀여운 *Kind*를, *Dichterling*은 수준이 떨어지는 *Dichter*를, *Chemikerin*은 여성의 *Chemiker*를 의미함으로써 접두사나 접미사가 기저의 의미를 변화시키는 역할을 하거나, 아니면 기저의 의미에 새로운 의미를 추가하는 역할을 하기 때문이다. 그러므로 이 경우 통사핵은 기저가 되고, 의미핵은 접사가 된다.

셋째는 품사전환도 하고 의미전환도 하는 접사이다. 예를 들면 *Lehrer, Schönling, Sensibelchen, bedachen* 등의 파생어에 나타나는 접미사 *-er, -ling, -chen*과 접두사 *be-*가 이 접사의 유형에 속한다. 여기서 기저인 동사 *lehr-*와, 형용사 *schön, sensibel*은 접미사 *-er, -ling, -chen*과 결합함으로써 명사로 전환된다. 그리고 의미적으로도 명사 *Lehrer, Schönling, Sensibelchen*은 기저인 *lehr-, schön, sensibel*로 규정되는 동시에 접미사 *-er, -ling, -chen*에 의거해서 명명되는 그러한 사람을 가리킨다. 접두파생어 *bedach-*를 보자. 기저인 *Dach*가 사물을 나타내는 데 반해, *bedach-*는 장식동사로서 행동을 나타낸다. Donalies(1999)는 *bedach-*가 장식동사를 나타내는 것을 *Dach*에 의거한 것이 아니라 접두사 *be-*에 의거한 것으로 본다. 그러므로 세 번째 유형에 속하는 접미사나 접두사는 통사핵인 동시에 의미핵이 된다.

간단히 소개한 Donalies(1999)는 조어에서의 핵의 개념을 통사핵과 의미핵으로 분리 설정하여 접사의 종류를 세 가지로 나누었다는 점에서 의의를 가진다고 하겠다. 그러나 Donalies(1999)의 문제는 동일한 접사라 하더라도 어떠한 기저와 결합하느냐에 따라 서로 다른 유형의 접사로 취급된다는 점이다. 예를 들면 명사접미사 *-chen*은 *Kindchen*에서는 의미핵으로 간주되고, *Sensibelchen*에서는 통사핵인 동시에 의미핵인 것으로 간주된다. 형용사접미사 *-lich*도 *ärgerlich*에서는 통사핵으로 간주되지만, *gelblich*에서는 의미핵으로 간주된다. 이러한 Donalises(1999)의 주장은 조어자료를 단지 표층적으로만 관찰한 데에서 나오는 결과로 이해할 수밖에 없다. 그리고 의미핵으로 간주되는 접사는 결국은 조어의 의미를 규정한다는 것인데, 이러한 Donalies(1999)의 주장은 4.2, 10.1 등에서 보았듯이 바로 형식의미론자들에게 귀속되는 문제로서 자주 비판되어온 것이다. 그러므로 필자는 명사접미사가 파생명사의 의미핵이 될 수 없다고 주장하고자 한다. 이제 해결해야 할 과제는 인지의미론의 입장에서 과연 명사접미사의 정체는 어떻게 규정될 수 있는가 하는 점이다. 10.3에서는 이에 관해 토론하게 될 것이다.

10.3 파생명사화의 대표의미를 규정하는 기능소로서의 명사접미사

사람들이 임의의 단어를 습득한다고 하는 것은 많은 경우 그 단어의 소리와 그 단어의 원형의미, 즉 대표의미를 함께 습득하는 것으로 볼 수 있다. 그런데 재미있는 사실은 한 번 습득된 소리는 확장되지 않지만, 제일 먼저 습득된 의미는 사람들의 세상경험과 이해 속에서 은유나 환유 같은 마음의 상상을 통해 다양한 의미로 확장된다는 것이다. 이것이 바로 다의어 형성의 근원이라고 하겠다. 즉 동일한 소리에 여러 가지 의미가 결합되는 다의어는 사람들이 이미 습득한 의미를 세상경험의 기반 위에서 확장해 나가기 때문에 생기게 되는 언어현상으로서 6장, 7장, 8장에서 보았듯이 언어 자체의 문제가 아니라 인간의 사고와 관련된 것이라고 볼 수 있다.

경험의 기반 위에서 이루어지는 언어확장이 다의어 발생의 중요한 요인이 된다면, 6장에서 토론한 바 있는 -er-명사의 다의적 현상은 원형이론에 의거하여 대표의미로 규정될 수 있는 대표의미인 사람이 도구, 사물, 사건, 인간의 소리나 행위, 장소, 동물, 식물, 산물, 물질, 신문기사. 간주곡, 방송프로그램, 방송사, 야구용어, 주식, 수첩, 과일종류 등 아주 다양한 의미로 확장됨으로써 생기게 되는 현상으로 간주될 수 있을 것이다. 이를 언어습득의 측면에서 설명한다면, 사람들은 이들 의미 중에서 경험적으로 규정된 가장 핵심적인 대표의미인 사람을 -er-명사의 의미로 제일 먼저 습득하고, 세상경험을 통해 의인화은유, 컨테이너은유, 환유 같은 마음의 인지적 상상을 통해 대표의미에서 확장된 여러 가지 주변의미들을 습득한다고 볼 수 있다.

인지의미론적인 확장과정을 통해서 본 다의어습득과정은 7장에서 설명한 축소명사의 다의적 현상에도 적용해 볼 수 있다. 즉, 사람들이 축소명사의 대표의미라 할 수 있는 작은 사이즈의 개체를 제일 먼저 습득하고, 이 대표의미를 은유적으로 그리고 환유적으로 확장하여 작은 사이즈의 개체에서 느낄 수 있는 화자의 여러 가지 긍정적이거나 부정적인 감정이나, 때로는, 강조의 감정들까지도 축소명사로 표현해 낸다는 것이다.

8장에서 토론한 사건명사의 다의적 현상을 보자. 대부분의 사건들은 독자적, 고립적으로 일어나는 것이 아니라 다른 여러 사건들과의 깊은 관련 속에서 일어난다. 여기에서 임의의 사건을 임의의 사건명사로 표현하려고 할 때 사람들은 기저동사가 나타내는 사건만을 표현하려고 하지 않고, 다른 여러 가지 관련 사건들을 함께 표현하려고 하기 때문에 사건명사의 다의적 현상이 나타나게 되는 것이다. 그러므로 이 세상에 존재하는 여러 가지 사건유형들을 사건명사화로 표현할 때 생기는 사건명사의 다의적 현상은 컨테이너은유에 의거한 개념구조를 통해 GEFÄSS, EREIGNIS-OBJEKT, SUBSTANZ 등으로 설명할 수 있었다.

결국 조어의 다의적 현상이 언어 자체의 문제가 아니라 세상경험과 이해 속에서 이루어지는 인간의 사고와 관련되는 문제라면, 과연 접미사의 정체는 무엇인가? 필자는 문장에 독자적으로 나타날 수 없는 명사접미사는 기저와 결합하지 않은 상태에서는 아무런 의미를 지니지 않으며, 기저어휘와 결합함으로써만 비로소 해당파생명사의 대표의미, 즉 원형의미를 규정하는 기능소의 역할을 하게 된다고 본다. 그러므로 접미사 -er는 기저어휘와 결합할 때에 대표의미인 사람을 규정하는 기능소의 역할을 하고, 축소접미사들은 기저어휘와 결합할 때에 대표의미인 작은 사이즈의 개체를 규정하는 기능소의 역할을 하고, 사건접미사들은 사건(여기서 사건은 8.2에서 언급한 넓은 의미의 사건을 말함)을 규정하는 기능소의 역할을 한다고 본다. 이렇게 원형적인 대표의미가 규정되면, -er-명사, 축소명사, 그리고 사건명사는 세상경험의 기반 위에서 은유적으로 그리고 환유적으로 확장되면서 다의어로 사용된다. 따라서 명사접미사는 해당파생명사의 대표의미를 규정하는 기능소로 간주되어야 한다고 본다.

명사접미사가 파생명사의 대표의미를 규정하는 기능소로 간주된다면 명사접미사는 다의형태소로 간주될 수도 없고, 의미핵으로 간주될 수도 없다. 그리고 명사화의 의미는 합성성의 원리에 의해서 규정될 수도 없다.

10.4 인지의미론적인 조어습득방법

　　원형이론에 입각하여 사람들이 대표의미를 제일 먼저 습득하고, 은유와 환
유 같은 마음의 상상을 통해 대표의미에서 확장되는 많은 주변의미를 습득한다
면, 4.3에서 언급한 Clark(1982)의 견해는 더 이상 유지될 수 없게 된다. 왜냐하면
Clark(1982)에 의하면 어린아이들은 조어를 습득하기 위해 사전에 반드시 기저어
휘와 접사를 습득해야 하므로, 기저어휘와 접사 중 어느 하나라도 사전에 미리
습득하지 않은 상태에서는 조어를 습득할 수 없기 때문이다. 그러나 우리는 지
금까지의 토론을 통해 어린아이들이 기저어휘나 접미사를 습득하지 않은 상태
에서도 얼마든지 파생명사를 습득할 수 있다고 볼 수 있게 되었다. 이와 관련하
여 (14가,나)의 대화문맥에서 B가 기저어휘 *bohr-*도 모르고 접미사 *-er*도 모르는
상태에서 *Bohrer*라는 단어를 처음 들었다고 하자.

(14가)　A : Hey! Guck mal! Der ist sehr stark.
　　　　　　야! 좀 봐봐! 저 사람 힘이 아주 세.

　　　　B : Wen meinst du?
　　　　　　누구를 말하는데?

　　　　A : Den **Bohrer** meine ich.
　　　　　　구멍을 뚫는 저 **사람**말이야.

　　　　B : (*Er zeigt auf den, der gerade bohrt.*) Meinst du den, der sich ein blaues
　　　　　　T-Shirt angezogen hat?
　　　　　　(그는 방금 구멍을 뚫는 사람을 가리키면서) 푸른색 티셔츠를 입
　　　　　　고 있는 저 사람말이니?

　　　　A : Ja! Den meine ich.
　　　　　　응! 그 사람말이야.

　　　　B : Kann man ihn einen **Bohrer** nennen?
　　　　　　그를 **구멍 뚫는 사람**이라고 부르니?

　　　　A : Ja! Wusstest du es nicht?
　　　　　　응! 몰랐니?

　　　　B : Nein, ich wusste es nicht. Du hast recht. Der Mann ist tatsächlich sehr stark.

응 몰랐어. 그렇구나. 그 남자 정말 아주 힘이 센데.

(14나) A : Ich möchte hier dieses Bild aufhängen.

나는 여기에 이 그림을 걸고 싶어

　　　B : Ich finde das eine gute Idee.

좋은 생각이야.

　　　A : Dann mussen wir in diese Wand ein Loch bohren. Bitte, bring mir

einen **Bohrer**!

그러면 이 벽에 구멍을 뚫어야 하잖아. **천공기**를 가지고 올래.

　　　B : Was ist ein **Bohrer**? Ich weiss es nicht.

천공기가 무언데? 나 잘 모르거든.

　　　A : (*Er geht in die Garage und findet ein Gerät. Er zeigt es B.*) Das ist der

Bohrer. Wenn wir an der Wand ein Bild äufhangen wollen, dann

müssen wir diesen **Bohrer** benutzen. (*Er bohrt mit dem Gerät in die*

Wand und hängt ein Bild auf.)

(그는 지하실로 가서, 도구하나를 찾는다. 그리고 그것을 B에게

보여준다.) 이것이 바로 **천공기야**. 벽에 그림을 걸려면, 이 **천공**

기를 사용해야해. (그는 이 기구로 구멍을 뚫고, 그림을 건다.)

　　　B : Aha! Das ist der **Bohrer**. Der ist sehr praktisch. Wenn ich mal ein Loch

bohren muss, dann kann ich auch den benutzen.

그래! 그것이 **천공기**구나. 아주 편리한데. 나도 구멍을 뚫을 때,

그것을 사용해야지

　　B가 *Bohrer*를 (14가)의 대화문맥에서는 구멍을 뚫는 사람으로, 그리고 대화문맥 K_2에서는 구멍을 뚫는 기구로 습득하였다고 보자. 이 경우 우리는 B가 기저어휘 *bohr-*도 모르고 접미사 *-er*도 모르는 상태에서, 아니면 둘 중 하나만 아는 상태에서, *Bohrer*를 습득하였다고 보지 못할 이유가 없다. 이는 사람들이 조어를 대화문맥에서 경험적으로 배운다고 가정한다면, B가 (14가)와 (14나)의 대화문맥에서 *Bohrer*를 하나의 단위로, 즉 기저 *bohr-*와 접미사 *-er*가 조합적으로 합성되어 이루어진 단위가 아니라 *Bohrer* 전체를 하나의 단위로 가정할 수 있게 해준다.99)

---

99) *Bohrer*를 기저동사 *bohr-*와 접미사 *-er*와의 결합으로 보는 입장은 생성문법론자들 주장하는 조합성(Modularität)에 의거한 것으로 볼 수 있고, *Bohrer* 전체를 더 이상 분석할 수 없는 하나의

그러므로 객관주의자들의 입장을 대변하는 Clark(1982)의 주장은 받아들여질 수 없다고 하겠다.

▥ 10. 5 앞으로의 연구과제

　　객관주의자들의 입장에서 인간의 언어능력은 보편적이고, 선험적이고, 외부 세계의 경험과는 무관한 것이므로, 언어의 의미는 외부세계에 관한 경험이나 이해와는 상관없이 객관적으로 주어진 것, 그리고 이미 고정된 것으로 간주되어 분석된다. 그러나 인지의미론자들의 입장에서 인간의 언어능력은 태어난 후 환경요인을 통해 경험적으로 형성되어 가는 개념과 인지기능을 표현하는 능력으로 간주되므로, 언어의 의미는 경험적으로 형성되는 인지적 개념체계을 통해 분석된다. 인지의미론자들에게서 개념은 체현(體現)을 통해 얻어지고, 마음의 상상의 구조, 즉 원형, 은유, 환유 등을 통해 사용된다.

　　인간의 언어능력을 상이하게 규정하는 두 입장이 언어의 의미를 상이하게 분석하는 것은 당연하다고 볼 수 있다. 예를 들면 이미 6장, 7장, 8장, 9장에서 보았듯이 조어의 다의적 현상은 형식의미론자들에게는 세상경험과 상관없이 이미 객관적으로 주어진 것으로서 언어 자체의 문제인 것처럼 여겨지는데, 인지의미론자들에게는 언어의 의미가 세상경험과 아주 밀접한 인간의 사고의 문제로 여겨진다. 따라서 명사접미사도 두 입장에서 다르게 규정될 수밖에 없다. 즉, 형식의미론자들의 입장에서 파생명사의 다의적 현상을 설명할 때 명사접미사는 자기 고유의 여러 가지 의미를 갖는 다의형태소인 동시에 파생명사의 의미를 규정하는 의미핵인 것으로 간주될 수 있는 반면, 인지의미론자들의 입장에서 명사접미사는 기저와 결합하지 않은 상태에서는 전혀 의미를 갖지 않고, 기저와 결합을 할 때에 비로소 해당명사의 대표의미를 규정하는 기능소의 역할을 하는 것으로 간주될 수 있다. 그러므로 객관주의자들의 입장에서 출발한 형식의미론

단위로 보는 입장은 주관주의자들이 주장하는 전체성(Totalität)에 의거한 것으로 볼 수 있다.

자나 생성문법론자들은 객관주의자들과 주관주의자들의 문제점을 상호 보완한 인지의미론자들과 언어의 의미를 완전히 상이한 관점에서 분석하고 있음을 알 수 있다.

　결국 끊임없이 변하는 것은 언어자체가 아니라 인간이 존재하는 세상이고, 인간이 존재하는 세상이 변함으로해서 인간의 사고의 구조도 변하게 된다. 그리고 인간은 끊임없이 변하는 세상을 언어로 표현해 냄으로써 변화하는 사고의 구조를 언어표현에 반영하고 있다. 그러므로 인간의 세상경험과 이로 인해 다양해지는 인간의 사고의 구조는 인간의 다양한 언어사용을 연구하는데 뿐만 아니라 언어를 통해 변하는 세상을 제조명해 보는 데에도 중요한 요인으로 간주되지 않을 수 없게 된다. 이제 언어현상의 설명에서 언어사용자의 세상경험과 이해가 중요한 요인이 된다는 것이 밝혀지게 된 만큼, 형식의미론자들이나 생성문법론자들이 제시하는, 세상경험을 고려하지 않은 일종의 닫혀진 것으로 볼 수 있는 규칙이나 도식은 다양한 세상경험과의 관련 속에서 역동적으로 발전해 가는 인간의 언어사용을 설명하는 데에 한계를 드러낸다고 하겠다.

　물론 학자들마다 형식의미론자들의 입장과 인지의미론자들의 입장 중에서 어떤 편이 언어의 의미현상을 더 적절하게 설명해 줄 수 있는가에 관해서 상이한 견해를 보일 것이다. 앞으로의 우리들의 과제는 두 입장 중 어느 한 입장을 택하는 것이 아니라 양쪽 입장의 문제점을 보완하는 새로운 의미분석방법을 모색하고, 이를 통해 학문을 발전시키는 것이라고 하겠다. 이 글도 이러한 학문발전에 일익을 담당할 수 있다면 이 글을 구성해서 출판에 이르기까지 들인 노력과 땀이 무의미하지는 않을 것이다.

　이 글에서는 주로 *-er*-명사, 축소명사, 사건명사, 합성어의 다의적 현상만을 집중적으로 토론했다. 접두파생어나 형용사파생어의 다의적 현상까지도 함께 살펴볼 수 있었더라면 좋았겠지만, 아쉽게도 다음 기회로 미루어야겠다.

오예옥(1994) "현대독일어 사건명사화의 다양한 의미변화 연구." 독일문학 제54집, 358-378.

오예옥(1995) "명사화를 핵으로 하는 독일어 명사그룹의 구조분석." 독일문학 제57집, 325-349.

오예옥(1997) "화맥적 정보구조에 의한 독일어 조어의 의미해석." 독일언어문학 제8집, 1-25.

오예옥(1998) "조어체계와 인지체계에 의한 독일어 -er-명사화의 의미연구." 독일문학 제67집, 382-412.

오예옥(1999) "인지과정을 통한 독일어 사건명사화의 의미개념분석." 독일언어문학 제11집, 43-69.

오예옥(2000a) 「어휘통사론」. 한국문화사.

오예옥(2000b) "인지체계내에서의 조어생성." 인문학 연구 제27권 제2호, 95-31.

오예옥(2000c) "독일어조어의 의미분석을 위한 새로운 인지의미론적인 모델." 독일문학 제74집, 456-478.

오예옥(2001) "은유적 사고체계에 의거한 독일어 -er-명사화의 다의어 분석." 독일언어문학 제15집, 61-84.

오예옥(2002a) "사건의 은유적 개념구조에 의거한 사건명사화의 다의어 분석." 독일언어문학 제17집, 61-80.

오예옥(2002b) "축소조어의 인지적 사용," 독일문학 제84집, 446-467.

오예옥(2003) "접미사는 접미파생어의 의미핵이 아니다". 독일언어문학 제19집, 35-57.

Allwood, J./L.-G. Andersson/Ö. Dahl(1973) *Linguistik für Linguisten*. Ins Deutsch übersetzt von M. Grabski. Tübingen : Max Niemeyer.

Bach, E.(1981) "On Time, Tense, and Aspect: An Essay in English Metaphysics," in P. Cole(ed.) *Radical Pragmatics*. New York : Academic Press.

Bach, E.(1986) "The Algebra of events." *Linguistics and Philosophy* 9, 5-16.

Bhatt, C.(1991) "Einführung in die Morphologie." *Klage* 23. Hürth-Efferen : Gabel.

Bierwisch, M.(1983) "Semantische und konzeptuelle Repräsentation lexikalischer Einheiten," in

R. Ruzicka/W. Motsch(eds.) *Untersuchungen zur Semantik(=Studia Grammatika 22)*. 61-99, Berlin : Akademie Verlag.

Bierwisch, M.(1989) "Event Nominalization : Proposals and Problems," in W. Motsch(ed.) *Linguistische Studien* Reihe A 194. Berlin : Akademie Verlag, 1-73.

Braun, P.(1997) *Personenbezeichnungen : Der Mensch in der deutschen Sprache*. Tübingen : Max Niemeyer Verlag.

Chomsky, N.(1981) *Lectures on Government and Binding*. Dordrecht : Foris Publications.

Chomsky, N.(1986a) *Knowledge of Language : It's Nature, Origin, and Use*. New York : Praeger.

Chomsky, N.(1986b) *Barriers*. Cambridge, Mass. : MIT Press.

Clark, E. V.(1981) "Lexical Innovations : How Children Learn to Create New Words," in W. Deutsch (ed.) *The Child's Constructions of Language*. London : Academic Press, 299-328.

Clark, E. V.(1982) "Learning to Coin Agent and Instrument Nouns." *Cognition* 12, 1-24.

Clark, E. V.(1998) "Morphology in Language Acquisition," in A. Spencer and A. M. Zwicky(eds.) *The Handbook of Morphology*. Oxford : Blackwell Publishers.

Davidson, D.(1967) "The Logical Form of Action Sentences," in N. Rescher(ed.) *The Logic of Decision and Action*. Pittsburgh : University of Pittsburgh Press, 81-95.

Donalies, E.(1999) "Können Wortbildungsaffixe semantische Kerne sein?." *Deutsche Sprache* 27, 195-208.

Dowty, R. D./R. E. Wall/S. Peters(1981) *Introduction to Montague Semantics*. Dordrecht : D. Reidel Publishing Company.

Dressler, W. U.(1986) "Explanation in natural morphology, illustrated with comparative and agent-noun formation." *Linguistics* 24, 519-548.

Dressler, W. U./L. Merlini Barbaresi(1994) *Morphopragmatics*. Belin/New York : Mouton de Gruyter.

Duden(1973) *Die Grammatik*. Band 4. Bibliographisches Institut. Mannhein/Wien/Zürich : Dudenverlag.

Fabricius-Hansen, C./A. von Stechow(1989) *Explikative und implikative Nominalerweiterungen*, FG Sprachwissenschaft der Universität Konstanz, Arbeitspapier 12.

Fanselow, G.(1981) Neues von der Kompoisitafront oder zu drei Paradigmata in der Kompositagrammatik. *Studium Linguistik* 11:43-57.

Fanselow, G.(1985) "What is a possible complex word?," in Toman, J.(ed.) *Studies in German Grammar*. Dordrecht : Foris. 289-318.

Fanselow, G.(1987) "Gemeinsame Prinzipien von Wort- und Phrasensemantik," in Asbach-

Schnitker, N/J. Roggenhofer (eds.) *Neuere Forschuungen und Historiographie der Linguistik. Festgabe für Herbert.* Tübingen. 177-194.

Fanselow, G.(1988a) "Word Syntax and Semantik Principle," in Booij, G./J. van Marke(eds.) *Yearbook of Morphology.* Dordrecht : Foris. 95-122.

Fanselow, G.(1988b) "German Word Order and Universal Grammar," in Reyle, U./C. Rohrer(eds.) Natural Language Parsing and Linguistic Theories. Dordrecht : Reidel. 317-355.

Fanselow, G.(1991) "Ein modulares Konzept der Lexikonerweiterung." *Arbeitspapier 6 des SFB Theorie des Lexikons.* Köln/Düsseldorf/Wuppertal. 1-35.

Fillmore, C. J.(1971) "Kasustheorie," übersetzt von Abraham W. in Abraham, W./W. Klein/C. Schwarze/D. Wunderlich (eds.) *Schwerpunkte Linguistik und Kommunikationswissenschaft.* Frankfurt am Main : Athenäum.

Gier, A./J. Keller/H. Leuninger/N. Rüfler/U. Steinhardt(1988) *Einführung in die Government-Binding-Theorie.* Frankfurter Linguistische Forschungen. Sonderheft 1. Zweite Auflage.

Grewendorf, G./F. Hamm/W. Sternefeld(1987) *Sprachliches Wissen.* Frankfurt am Main: Suhrkamp.

Grimshaw, J.(1990) *Argument Structure.* Massachusetts : The MIT Press.

Hall, D. J.(1995) "Formal Linguistics and Mental Representation : Psycholinguistic Contributions to the Identification and Explanation of Morphological and Syntactic Competence." *Language and Cognitive Proecesses* 10(2), 169-187.

Hauser, R.(1994) *Grundlagen der Computerlinguistik.* ms.

Höhle, T. M.(1982) *Lexikalische Syntax.* Tübingen : Niemeyer.

Katz, J. J./J. A. Fodor(1963) "The Structure of a Semantic Theory." *Language* 39 : 170-210.

Katz, J. J./Postal, P.(1964) *An Integrated Theory of Linguistic Description.* Cambridge, Mass : The MIT Press.

Lakoff, G./M. Johnson(1980) *Metaphors we live by.* Chicago and London : The University of Chicago Press.

Lakoff. G./M. Johnson(1998) *Leben in Metaphern,* ubersetzt von A. Hildenbrand. Heidelberg : Carl-Auer-System.

Lakoff. G./M. Johnson(1999) *Philosophy in the Flesch.* New York : Basic Books.

Lakoff, G./M. Johnson(2002) 「몸의 철학」. 임지룡, 윤희수, 노양진, 나익주 옮김. 도서출판 박이정.

Langacker, R. W.(1992) *Foundations of Cognitive Grammar: Theoretical Prerequisites* Vol I.

Stanford, California : Stanford University Press.

Lewis, D.(1972) "General Semantics," in D. Davidson and G. Harman (eds.) *Semantics of Natural Language*, 169-218.

Lieber, R.(1981) *On the Organization of the Lexicon*. Bloomington, Indiana : Indiana University Linguistics Club.

Lieber, R.(1992) *Deconstructing Morphology*. Chicago University Press.

Linke, A./M. Nussbaumer/P. R. Portmann(1991) *Studienbuch Linguistik*. Tübingen : Max Niemeyer Verlag.

Meibauer, J.(1995a) "Wortbildung und Kognition : Überlegungen zum deutschen *-er*-Suffix." *Sprache und Pragmatik*. 37, 1-34.

Meibauer, J.(1995b) "Neugebildete *-er*-Derivate im Spracherwerb : Ergebnisse einer Langzeitstudie." *Sprache und Kognition* 14, 3, 138-160.

Meibauer, J.(1999) "Über Nomen-Verb-Beziehungen im frühen Wortbildungserwerb," in Meibauer, J./M. Rothweiler(eds.) *Das Lexikon im Spracherwerb*, 184-205. Tübingen and Basel : A. Francke Verlag.

Miller, G. A./Johnson-Laird, P. N.(1976) *Language and Perception*. Cambridge, Mass. : Harvard University Press.

Montauge, R.(1970) "Universal Grammar," in R. H. Thomason (ed.), *Formal Philosophy*, 222-246, New Haven & London : Yale University Press.

Montague, R.(1973) "The Proper Treatment of Quantification in ordinary English," in R, H. Thomason (ed.) *Formal Philosophy*, 222-246, New Haven & London : Yale University Press.

Motsch, W.(1999) *Deutsche Wortbildung in Grundzügen*. Berlin, New York : Walter de Gruyter.

Muthmann, G.(1988) *Rückläufiges deutsches Wörterbuch*. Tübingen : Max Niemeyer Verlag.

Nikiforidou, K.(1999) "Nominalization, metonymy and lexicographic practice," in L. de Stadler & C. Eyrich. *Issues in Cognitive Linguistics*. Berlin, New York : Mouton de Gruyter.

Ogden, C. K./I. A. Richards(1923) *The Meaning of Meaning*. London.

Oh, Ye-Ok(1985) *Wortsyntax und Semantik der Nominalisierungen im Gegenwartsdeutsch*. Konstanz : Hartung-Gorre Verlg.

Oh, Ye-Ok(1988) "Erzeugungen und semantische Interpretationen der Nominalisierungen im Gegenwartsdeutsch." *Linguistische Berichte* 114, 163-174.

Oh, Ye-Ok(2003) "Untersuchungen der polysemen Ableitungen in der kognitiven Semantik." *Interdisciplinary Journal for Germanic Linguistics and Semiotic Analysis* 8, 1, 43-63.

Olsen, S.(1986) *Wortbildung im Deutschen.* Stuttgart : Kröner.

Olsen, S.(1992) "Zur Grammatik des Worts." *Linguistische Berichte* 137, 3-32.

Parson, T.(1990) *Events in the Semantics of English : A Study in Subatomic Semantics.* Cambridge, Massachusetts : The MIT Press

Pelz, H.(1990) *Linguistik für Anfänger.* Hamburg : Hoffmann und Campe.

Reis, M.(1988) "Word structure and argument inheritance : How much is semantics? Comments on the paper by F. Fanselow." *Linguistische Studien* A 179, 53-67.

Rosch, E.(1977) "Human Categorization," in N. Warren(ed.) *Advances in Cross-Cultural Psychology* Vol.1, 1-49. New York : Academic Press.

Schippan, T.(1984) *Lexikologie der deutschen Gegenwartssprache.* VEB Bibliographisches Institut Leipzig.

Schwarz, M./J. Chur(1993) *Semantik.* Tübingen : Gunter Narr Verlag.

Schwarze. C.(1980) *Einführung in die Sprachwissenschaft.* 3. überarbeitete Auflage. Königstein : Scriptor.

Selkirk, E.(1982) *The Syntax of Words.* Cambridge, Mass : MIT-Press.

Selkirk, E.(1984) *Phonology and Syntax : The Relation between Sound and Structure.* Cambridge : MIT-Press.

Sowa, J. F.(1993) "Lexical Structures and Conceptual Structures," in Pustejovsky, J.(ed.) *Semantics and the Lexicon.* Netherlands : Kluver Academic Publishers. 223-262.

Storch, G.(1978) *Semantische Untersuchungen zu den inchoativen Verben im Deutschen.* Braunschweig : Vieweg.

Strawson, P. E.(1950) "Truth," in A. Flew(ed.) *Essays in Conceptual Analysis.* London : MacMillan

Taylor, J. R.(1995) *Linguistic Categorization.* Oxford : Clarendon Press.

Tesniére, L.(1959) *Eléments des Syntaxe structurale.* Paris.

Van der Elst, G.(1990) *Syntaktische Analyse.* Erlangen : Palm&Enke.

Vater, H.(1994) *Einführung in die Sprachwissenschaft.* München : Wilhelm Fink Verlag.

Wellmann, H.(1975) *Deutsche Wortbildung : Gegenwartssprache. Zweiter Hauptteil Das Substantiv.* Düsseldorf : Pädagogischer Verlag Schwann.

Williams, E.(1981) "On the Notions 'Lexically Related' and 'Head of a word'." *Linguistic Inquiry* 26, 183-193.

Wittgenstein, L.(1969) *Philosophische Untersuchungen.* Frankfurt am Main : Suhrkamp.

Wittgenstein, L.(1994) 철학적 탐구. 이영철 옮김. 서광사.

Wolf, N. R.(1997) "Diminutive im Kontext," in I. Barz/M. Schröder(eds.) *Nominalisierungen im*

Deutschen. Festschrift für Wolfgang Fleischer zum 75. Geburtstag. Frankfurt am Main : Lang.

Wunderlich, D.(1987) An Investigation of lexical Composition : The Case of German *be*-Verbs. *Linguistics* 25, 283-331.

Zimmermann, L.(1987) "Die Argumentstruktur lexikalischer Einheiten und ihre Veränderung in Wortformenbildung, Derivation und Komposition," in I. Zimmermann/W. Motsch(eds.) *Das Lexikon als Autonome Komponente der Grammatik* (Linguistische Studien 163), 85-125.

찾아보기

저자약력

오·예·옥(吳禮玉)

이화여자대학교 독어독문학과(B.A)
이화여자대학교 대학원(M.A)
독일 Konstanz대학교 철학박사(Ph.D)
현 충남대학교 독어독문학과 교수

<저서> : Wortsyntax und Semantik der Nominalisierungen im Gegenwartsdeutsch
　　　　 어휘통사론
<역서> : 현대독일어 조어론, 독일어조어론의 새로운 이해
<논문> : Erzeugungen und semantische Interpretationen der Nominalisierungen
　　　　 im Gegenwartsdeutsch
　　　　 Untersuchungen der polysemen Ableitungen in der kognitiven Semantik
　　　　 은유적 사고체계에 의거한 독일어 -er-명사화의 다의어 분석
　　　　 사건의 은유적 개념구조에 의거한 사건명사화의 다의어 분석
　　　　 축소소어의 인지적 사용
　　　　 접미사는 접미파생어의 의미핵이 아니다 등 다수

형식의미론과 인지의미론에서 본 어휘의미론

인 쇄　2004년 02월 10일
발 행　2004년 02월 16일
저 자　오 예 옥
펴낸이　이 대 현
편 집　박 윤 정
펴낸곳　도서출판 역락 / 서울 성동구 성수2가 3동 301-80
　　　　(주)지시코별관 3층(우 133-835)
TEL　대표·영업 3409-2058　편집부 3409-2060　FAX 3409-2059
E-MAIL youkrack@hanmail.net / yk3888@kornet.net
등 록　1999년 4월 19일 제2-2803호
ISBN　89-5556-263-2-93750

정가　12,000원

* 잘못된 책은 교환해 드립니다.